Ludwig Mühe

Schlußakkord

Ludwig Mühe

Schlußakkord

Leben in bewegter Zeit

Universitas

Schutzumschlag: Atelier Bachmann & Seidel, Reischach
Schutzumschlagmotiv: Bild oben (Köln, 1945):
Archiv für Kunst und Geschichte, Berlin
Bild unten: Bildarchiv des Süddeutschen Verlages, München
Lektorat: Literatur-Agentur Axel Poldner
Satz: Fotosatz Völkl, Puchheim
Druck: Jos. C. Huber KG, Dießen
Binden: R. Oldenbourg, München
Printed in Germany
ISBN 3-8004-1382-5

Schlußakkord

*Le bonheur n'est pas chose aisée:
il est très difficile de le trouver en nous,
et impossible de le trouver ailleurs.*

*Das Glück ist keine leichte Sache:
es ist sehr schwer, es in uns,
und unmöglich, es anderswo zu finden.*

Chamfort (eigentlich Nicolas Sébastian Roch)
1741–1794

Letzte Befehlsverweigerung

4000 Männer sangen am Freitag, dem 10. Mai 1945, in früher Morgenstunde mit ernsten Gesichtern und Ergriffenheit die Nationalhymne an Bord des Tankers »Rudolf Albrecht«, während die Reichskriegsflagge zum letzten Male feierlich niedergeholt wurde. Das vollkommen überfüllte Schiff lag im grauen Wasser der Ostsee vor der Insel Gotland, die Wolken hingen tief, und der auffrischende Wind trug den brausenden Gesang über die kleinen Wellen mit ihren weißlichen Schaumkronen. Dennoch war es irgendwie sehr still. Die Schiffsmaschinen arbeiteten nicht, nur der Wind und unser Gesang waren wahrnehmbar, eine Stille wie sonst nur auf einem hohen Berg. Und eine große Stille kehrte in unsere jungen Gemüter ein, weil der Krieg nun zu Ende war. Mit meinen 21 Lebensjahren überraschte mich die allgemeine Befehlsverweigerung; denn alle sangen, was soeben ausdrücklich verboten worden war:

*»Kameraden, die Rotfront und Reaktion erschossen,
marschiert im Geist in uns'ren Reihen mit.«*

Und sie sangen es laut und inbrünstig – auch ich sang mit. Warum, muß man fragen. Das ist nicht so leicht zu beantworten. Mein Bericht soll dennoch interessant und glaubwürdig werden. Er betrifft eine bedeutende Zeit, deren Auswirkungen noch lange fortdauern werden.

Vor wenigen Tagen, am Dienstag, dem 7. Mai 1945, um 2.41 Uhr, kapitulierte die deutsche Wehrmacht bedingungslos gegenüber den Westalliierten. Ein vom OKW (Oberkommando der Wehrmacht) an die Heeresgruppe Kurland gerichteter Funkspruch verlangte, daß bis zum Donnerstag, dem 9. Mai 1945, um ein Uhr noch möglichst viele Soldaten in die Heimat abtransportiert werden sollten. Die Waffenruhe an den Fronten war für Mittwoch um 14 Uhr angesetzt. An diesem Tage hatte unser Schiff den Hafen Windau in Lettland bei einbrechender Dunkelheit verlassen.

Ein Oberst führte das Kommando. Ihn kannte keiner meiner Kameraden. Am Freitag gegen acht Uhr sprach er zu uns. Seine Worte konnten nicht immer den böigen Wind übertönen, nur einzelne Sätze waren in meiner Position auf dem hinteren Flakturm verständlich. Alle Kameraden hörten genau hin:

»*Soldaten, Kameraden!*

Der Krieg ist nun zu Ende … dennoch wird unser Schiff durch feindliche Unterseeboote bedroht … Wegen der herrschenden Waffenruhe haben wir unsere Waffen außer Betrieb gesetzt … uns bleibt nur die Vorsicht. Wir liegen hier im Schutz der schwedischen Küstengewässer vor der Insel Gotland. Die kleineren Schiffe unseres Geleitzuges sind schon vorausgefahren Richtung Heimat … Wir wollen jetzt gemeinsam zum letztenmal unsere Flagge niederholen und das mit Würde tun. Wir gedenken dabei aller Kameraden unserer Heeresgruppe, die nicht aus Kurland herausgekommen sind und deren Schicksal äußerst ungewiß ist … Wir müssen uns bewußt sein, was es bedeutet, dem Zugriff der Roten Armee entkommen zu sein … Unsere soldatische Disziplin und Ordnung soll auch weiterhin Bestand haben. So können wir dem, was uns erwartet, gemeinsam am besten widerstehen. Ab sofort ist die traditionelle militärische Ehrenbezeigung wieder eingeführt … Der an ihre Stelle getretene sogenannte ›deutsche Gruß‹ ist zu unterlassen … Auch wird hiermit befohlen, als Nationalhymne nur noch zu singen:

›Deutschland, Deutschland über alles …‹ und nicht *mehr das Horst-Wessel-Lied anzuschließen.*

Diese Zeit ist jetzt endgültig vorbei, aber Deutschland ist und bleibt unser geliebtes Vaterland …«

Alle Männer waren vom Ernst der Stunde sichtbar ergriffen und machten Front zur Flagge. Sie sangen inbrünstig das Deutschlandlied. Eine Mehrheit befolgte den gegebenen Befehl und hörte danach auf zu singen. Ganz wenige jedoch wechselten unüberhörbar in die Marschrhythmik:

»Die Fahne hoch, die Reihen dicht geschlossen,
SA marschiert mit ruhig festem Tritt ...«

Jeder bemerkte das und war erstaunt. Wie von Geisterhand betätigt aber öffneten sich spontan die verschlossenen Münder, um aus voller Kehle in den Gesang der wenigen einzufallen, als diese an der Stelle angekommen waren:

»... die Rotfront ... erschossen ...«

Intuitiv hatte jeder begriffen, daß die »roten« Unterseeboote uns noch immer – trotz des Waffenstillstandes – erledigen wollten. Das reichte aus, den Befehl des Obersten spontan zu verweigern. Und das war die einzige und letzte Befehlsverweigerung.

Die aus zwei Armeen bestehende Heeresgruppe Kurland mit deutlich über einer halben Million deutscher Soldaten hatte noch geschlossen und diszipliniert gekämpft, als an allen anderen Stellen der Front in Europa schon alle deutschen Verbände zerschlagen waren. Dieser Großverband der deutschen Wehrmacht wurde als einziger im Zweiten Weltkrieg nicht besiegt.

Eine Befehlsverweigerung haben die deutschen Soldaten, mit denen ich in Berührung gekommen bin, nie in Erwägung gezogen. Wir hielten das für unanständig, weil wir unseren Offizieren vertrauten. Wir waren auch bereit, solche Befehle ganz genau auszuführen, die wir von unserem Standpunkt aus nicht einzusehen vermochten. Nur dieser Befehl wurde verweigert, als hätten wir ihn einfach anders interpretiert – als sein Gegenteil. Mein Bericht wird zeigen, daß es mancherlei Gewissenskonflikte gegeben hat. Aber nie haben wir es unterlassen, an den Wert der deutschen Tugenden zu glauben, zu denen wir erzogen worden waren – bis heute.

Aus dem Kessel Kurland konnten in den letzten Kriegstagen nur 25.700 Mann in die freie Ostsee entweichen. Das sind etwa 4,6 Prozent der Mannschaftsstärke. Mein Freund Helmut und ich waren dabei – ein Umstand, den wir voll Dankbarkeit lebendig in Erinnerung behalten haben.

Daß der Krieg bald mit der Niederlage Deutschlands enden würde, das war uns allen klar. Aber wie, das konnten wir uns nicht ausdenken. Eingekesselt in Kurland, hegten wir die schlimmsten Befürchtungen und sprachen schon von mindestens »fünf Jahren Sibirien« – erschaudernd in Angst und Schrecken. Wir, Helmut und ich, machten für diesen Notfall schon Monate vorher Pläne. Es ging aber alles ganz unerwartet schnell.

Am Mittwoch, dem 8. Mai 1945, hatte ich Funkdienst im Bunker. Plötzlich stand der Fahrer des Kommandeurs vor mir und übermittelte den Befehl, mich sofort marschfertig zu machen. Ich solle dann in den Kübelwagen an der Waldecke einsteigen, der mit laufendem Motor warte. Darin saß unser Kommandeur, wie immer in straffer Haltung und mit unnahbarem Gesichtsausdruck. Er war ein wortkarger Mann, gerecht und klug. Seine klaren und schnellen Entscheidungen hatten in mancher Situation unsere Haut gerettet. Wir alle standen hinter ihm und waren bereit, für ihn durchs Feuer zu gehen. Politisch verhielt er sich neutral, er stand über den Dingen, vielleicht für uns einer der Gründe, ihm vorbehaltlos zu vertrauen. Seit über einem Jahr war ich bei seiner Abteilung, der B 62. Das war eine Heerestruppe, die als Beobachtungsabteilung arbeitete. Major Grams stammte aus Ostdeutschland und war Textilindustrieller. Heute muß ich erkennen, daß seine Persönlichkeit geprägt worden war durch seinen Zivilberuf als bewährter Industriemanager, der das Machbare schnell erkannte und ohne Emotion zielstrebig realisieren konnte. Grams war unermüdlich, vorbildlich und zeigte keinerlei menschliche Schwächen.

Ich meldete mich mit hochrotem Kopf, während der Kübel schnell anfuhr. Major Grams sagte dann, daß der Krieg zu Ende sei und er mich jetzt zu unseren Lkws bringen werde, die eine Gefechtseinheit unserer Abteilung zum Schutz der Hafenanlagen nach Windau transportieren müßten. Wir fuhren schnell, und Grams schwieg. Als ich mich abmeldete, da bemerkte er:

> *»... vielleicht hätten sie dich bei dem Durcheinander noch umgelegt ...«*

Ehe mir alles klar wurde, war der Kübel weg. Offensichtlich hatte der NSFO (Nationalsozialistischer Führungsoffizier), Hauptmann Dr. Woike, mit ihm über meine Situation gesprochen.

Auf der Rollbahn nach Windau gab es Straßensperren der Feldgendarmerie. Wir fuhren gegen 19 Uhr zügig bis zum Marktplatz und wunderten uns über das Treiben in der Stadt: Alle Leute liefen, niemand ging normal. Eine ganz besondere Hektik strahlte von all dem aus. Im Hafen erwarteten wir die Einteilung zum Sicherungsauftrag für das mit Maschendraht hoch eingezäunte Gelände an den Piers. Innerhalb dieser Einzäunung befanden sich einige tausend bewaffnete Soldaten, dicht gedrängt und ohne erkennbare Ordnung. Vor den Toren mit Feldgendarmerieposten kurvten unsere Lkws in zügiger Fahrt in ihre Positionen, dicht nebeneinander stehend. Wir hatten uns bereitgemacht, mit unseren Waffen und dem Sturmgepäck schnell die Fahrzeuge zu verlassen und im Laufschritt batterieweise anzutreten. Die Batteriechefs meldeten dem Kommandeur ihre Einheiten fast gleichzeitig, diszipliniert und zackig. Unsere Mannschaftsstärke betrug etwa 200, das war ungefähr ein Drittel unserer Abteilung, der B 62. Dann mußten wir ein Karree bilden, und der Kommandeur sprach mit ernster und eher farbloser Stimme, nur so laut, daß er noch gerade verständlich war:

»Männer und Soldaten!

Der Krieg ist zu Ende gegangen.
Jetzt geht es allein darum, für unser weiteres Ergehen gute Bedingungen zu schaffen. Der Kommandierende General hat mir zugesichert, daß wir Plätze auf den heute abend auslaufenden Schiffen erhalten.
Diese sollen versuchen, uns heim ins Reich zu bringen.
Aber wer will, der kann sich jetzt anderweitig absetzen.
Sofort batterieweise zum Pier vorrücken.«

Die Kommandos erschallten, die Tore öffneten sich, die Soldaten in der Absperrung machten Platz, und wir rückten im Eiltempo vor. Ich sah keinen Kameraden, der alleine sein Glück versuchen wollte. Noch während dieser Operation tauchten plötzlich sowjetische Schlachtflieger auf und gingen in Tiefflug über. Alle Soldaten versuchten, gegen den Bordwaffenbeschuß eine Deckung zu finden, die es aber in dem Gelände, wo die Männer dicht an dicht standen, gar nicht gab. Uns blieb nichts übrig, als im Laufschritt zur Hafenmauer vorzustürmen, wo wir uns sicherer fühlten. Schon war der Spuk vorbei, die Schlachtflieger hatten es ganz offensichtlich nicht auf uns abgesehen, wir lagen nur in der Anflugschneise zum Munitionslager auf der anderen Hafenbeckenseite. Dort plazierte jeder Schlachtflieger seine beiden Bomben. Das Lager geriet in Brand, Munition explodierte laufend. Ein Munitionszug auf den Eisenbahnschienen vor den Lagerhallen wurde auch getroffen, seine Waggons brannten und explodierten. Die Trümmer flogen bis zur Hafenmauer, an der nur ein größeres Schiff lag: der Tanker »Rudolf Albrecht«. Niemand wagte es, sich zu erheben, da sich einzelne Waggons, die nicht miteinander verkuppelt waren, durch die Explosionswellen langsam in Bewegung setzten. Kamen sie dem Brandherd zu nahe, dann explodierten auch sie.

Am Pier lagen keine anderen Schiffe. Es hieß, diese warteten auf der Reede, es gebe genügend Schiffe für alle ...

Die Landser glaubten das auch, sie verhielten sich diszipliniert und korrekt. Denn es kamen immer einige kleine Schiffe, um Soldaten einzuladen. Schnell verließen sie wieder den Hafen. Der Tanker hatte 5000 Bruttoregistertonnen und war mit Menschen voll beladen. Wir erhielten den Befehl, uns schnell an Bord zu begeben. Das ging zügig vonstatten, niemand behinderte uns. Vielleicht lag das auch daran, daß wir als disziplinierte Einheit auftraten, geleitet von lauten und klaren Kommandos.

Unser Geleitzug umfaßte 45 Pionierlandungsboote, 13 Kriegsfischkutter der 31. Minensuch- und der 14. Sicherungsflottille und den Tanker »Rudolf Albrecht«. An Bord befanden sich zusammen 4500 Soldaten. Der Führer des Geleits war Kapitänleutnant Prater. Gegen 21 Uhr verließen wir abgedunkelt das äußere Hafenbecken. Wegen erwarteter sowjetischer Angriffe herrschte Rauchverbot. Die Schiffe formierten sich nun ganz weit auseinandergezogen. Der Seegang nahm zu, und die kleineren Schiffe hatten die See an Deck. Die Soldaten wurden sofort seekrank und hingen, bemitleidenswert strapaziert, über der Reling.

Wir waren das letzte Geleit, dem die Ausfahrt in die freie Ostsee gelang. Zwei Stunden später, also gegen 23 Uhr, erreichten sowjetische Einheiten den Hafen Windau.

Helmut und ich trennten uns auf dem Schiff sofort. Helmut strebte ins Schiffsinnere. Ich versprach mir davon nichts, weil sich ja schon auf Deck etwa vier Menschen pro Quadratmeter um den Platz bewarben. Ich überlegte genau, wo ich gut aufgehoben sein könnte. Da sah ich den hinteren Flakturm, eine nachträglich angeschweißte, einfache Stahlkonstruktion mit einer Leiter. Ich stieg hinauf und kam in den Geschützstand. Dort war es wider Erwarten geräumig: Mittig stand eine Vierlingsflak mit demontierten Verschlüssen, die unter der umlaufenden Bank lagen. Peinlich genau haben es die Deutschen mit der »Waffenruhe« genommen ...

Alle Munitionsvorräte waren weggeräumt. Der umlaufende Splitterschutz hielt den Wind vorzüglich ab. Ich räumte die Maschinenteile um und baute mir unter der Bank mit meinen Zeltplanen einen kleinen Unterschlupf, ausgelegt mit Mantel und Decke.

Unter meinem Kopf befand sich mein Gepäck, das hauptsächlich aus Fluchtverpflegung bestand – von mir zusammen mit Helmut vorausschauend in einer abenteuerlichen Aktion organisiert. Noch zwei oder drei Kameraden haben dann auch auf den Flakturm gefunden und sich eingerichtet. Es waren tadellose Menschen, denen ich vertrauen konnte. Denn in einer solchen Situation ist sich jeder selbst der Nächste, es wird also geklaut, was erreichbar ist, besonders dann, wenn der Magen knurrt. Jeder von uns mußte zur Verrichtung der Notdurft den Turm verlassen, um sich auf die hohe Schiffsreling zu setzen – freihändig im Seegang die Balance haltend. Unsere kleine Gemeinschaft funktionierte prächtig, so wie wir erzogen worden waren.

Unser Schiff war nun offensichtlich das letzte im Geleitzug, für auf der Lauer liegende Unterseeboote gewiß das beste Ziel. Um Mitternacht lagen wir still. Der Wind hatte nachgelassen, und man konnte alles hören – auch vielerlei Schnarchtöne der müden Soldaten. Ich schlief gut mit aufgesetztem Stahlhelm als weicher Kopfunterlage und Schutz für Notfälle. Durch den Hilferuf eines Mannes, der offensichtlich über Bord gefallen war, wurde ich wach. Es war zum Erbarmen, aber wir konnten wegen der Enge nicht vom Flakturm hinabsteigen. Der Mann war dem Ertrinken nahe, denn sein Rufen ging in Gurgeln über. Dann rief er wieder ganz deutlich:

»Helft mir, ich ertrinke ...«

Viele mußten das hören, aber keiner kümmerte sich um ihn. Da ertönte die laute Stimme eines Ausländers:

»Warum du nicht helfen deine Kamerad?«

Die Landser brüllten jetzt zurück:

»Halt die Schnauze, sei still! Ruhe jetzt!«

Der Ausländer aber ließ nicht locker. Da drohten ihm die Landser Prügel an, wenn er nicht augenblicklich schweige. So als hätte der Ausländer nur auf diese Gelegenheit gewartet, rief er zurück:

»Das kannst du bei mir ja mal versuchen … Ich bin Gorilla!«

Jeder Kurlandkämpfer wußte nun, wer das war. Hinter diesem Pseudonym verbarg sich der legendäre Chef einer aus lettischen Freiwilligen rekrutierten Kampfgruppe für besondere Einsätze, bekannt durch unglaubliches Draufgängertum und noch größere Härte. Gorilla hatte oftmals hinter den feindlichen Linien Versprengte gerettet und waghalsige Stoßtruppunternehmen erfolgreich durchgeführt.

Totenstille – Gorilla sprang ins Wasser und zog den Mann raus. Auch diejenigen, die ihn angepöbelt hatten, spendeten nun großen Beifall.

Abhauen?

Nach den Ereignissen in der Wolfsschanze am 20. Juli 1944 und den Verhandlungen vor dem Volksgerichtshof versammelte unser NSFO (Nationalsozialistischer Führungsoffizier), Hauptmann Dr. Woike, so nach und nach alle Bunkerbesatzungen in ihrer gewohnten Umgebung zu einem »vertraulichen« Gespräch über die politische Lage, so ganz zwanglos und mit dem Angebot von Alkohol. Wir wußten, daß er den Befehl dazu hatte, und äußerten uns entsprechend vorsichtig. Ganz linientreue Kameraden konnten das auch anders auffassen. Sie sahen darin die Aufrechterhaltung des alten NS-Geistes, das Ziel ihrer Wünsche. Die wenigen Linientreuen spitzten ihre Ohren ganz besonders, wenn Helmut oder ich etwas Kritisches sagten. Und weil wir beide »kleine Intellektuelle« waren, machten wir uns unbeliebt.

Mit dem gleichaltrigen Kameraden Helmut hat mich immer die gleiche weltanschauliche Wellenlänge verbunden. Ich sah ihn dann 43 Jahre nicht, weil er nach den USA ausgewandert war und dort ein wechselvolles Schicksal erlebte, das sich aber schließlich für ihn und seine Familie zum Guten entwickelte. Dann trat er in den Ruhestand und ließ mich suchen, wir trafen uns, und es war so, als hätten wir uns noch in der Woche vorher gesprochen.

In den letzten Kriegsmonaten waren die Kurlandkämpfer normalerweise von aller Information über die Situation abgeschnitten.

Es gab keine Post, und die Rundfunkempfänger waren eingezogen worden. Ich selbst aber hatte meinen Dienst im Funktrupp zu versehen, wo es natürlich Empfänger gab – und man konnte auch den Deutschlanddienst von »Radio London« abhören. Aber darüber sprechen und diskutieren konnte ich nur mit Helmut.

Mit unseren 21 Lebensjahren hatten wir schon wochenlang hin und her überlegt, was wir tun könnten, um dem sicheren Untergang zu entgehen. Helmut und ich lagen damals im Bunker abends auf unseren Betten und sprachen leise, weil verschiedene Kameraden bereits schliefen. Dieser Bunker war von uns in Ruhe und mit Liebe gebaut worden, er war unser Heim und sehr gut ausgestaltet. Die Wände schmuck mit Holzschindeln verkleidet, auf denen jeder über seinem Bett die Fotos seiner Lieben anheftete, um ihnen wenigstens auf diese Weise nahe sein zu können. Außer unseren Waffen gab es keine Dekorationen politischer oder militärischer Art – siegreiche Kriegsschauplätze gab es nicht mehr, und ein Bild von Adolf Hitler wollte keiner. Wir hatten nicht darüber gesprochen, stillschweigend hatte es niemand mehr riskiert, das sonst obligate »Führerbild« anzunageln. Unsere Offiziere hatten das auch bemerkt, aber nicht bemängelt, sogar der NSFO nicht. Er lobte unseren schönen großen Ofen aus Ziegelsteinen, der wie ein mächtiger Kachelofen unseren Bunker heimelig machte.

Wir beide überlegten laut, wie es weitergehen könne und wie wir unsere eigene Haut vielleicht retten könnten. Wir dachten an Flucht durch die Wälder und über die Landverbindung nach Schweden. Karten konnten wir uns in unserer Beobachtungsabteilung leicht besorgen. Die zu überwindenden Entfernungen aber stellten sich als ganz beträchtlich heraus, als wir sie nachgemessen hatten – die benutzten unterschiedlichen Maßstäbe hatten nämlich sehr getäuscht. Die drohende Gefangenschaft spornte zu größten Anstrengungen an. Wir beschlossen also, die Flucht weiter vorzubereiten. Dazu waren verschiedene Ausrüstungsgegenstände nötig, welche sich verhältnismäßig leicht organisieren ließen, wenn auch nicht ganz legal! So kamen wir in den Besitz einer zerlegbaren Maschinenpistole sowie einer FN-Pistole Kaliber 9 mm – beide mit gleicher Munitionsart. Zwei Dolche gehörten auch zu dieser Ausrüstung und noch ein gefährlicher, größerer Dolch, den wir aus einem Beutesäbel zurechtgeschliffen hatten. Viele Kleinteile waren leicht zu beschaffen, während wir an konzentrierte Marschverpflegung nicht so leicht kommen konnten. Heute denken wir, daß wir das alles unternommen haben, um überhaupt irgend etwas zu tun, um nicht total ausgeliefert zu sein – und um unser Nervensystem intakt zu halten.

Wir beschlossen also, bei einem lettischen Bauern die Räucherkammer auszuräubern – gut geplant und perfekt durchgeführt. Das war nicht so einfach, da der Bauer schlau seinen Besitz zu schützen wußte. Viele Soldaten waren scharf auf die dort hängenden Köstlichkeiten, überlegten aber nicht so gründlich wie wir beide. Die Gegebenheiten wurden planmäßig ausbaldowert, die alltäglichen Gewohnheiten des Bauern scharf beobachtet. Nach wenigen Tagen wußten wir, wo der Bauer seinen großen und unhandlichen Räucherkammerschlüssel versteckte und wann er sich an welchen Stellen aufhielt, denn auf seinem Hof lebten noch eine Menge Flüchtlinge. Die Eventualitäten wurden einschließlich passender Gegenmaßnahmen genau erörtert. Der frühe Abend war die optimale Gelegenheit – wären unsere Gewissensbisse nicht gewesen. Feierlich leisteten wir beide uns gegenüber den Schwur, die Räucherwaren nur allein für unsere Flucht zu verwenden und nicht schon vorher aufzuessen. Der lettische Bauer war ja selbst nicht unser Feind, weil er zu einer befreundeten Nation gehörte. Unsere Militärgerichtsbarkeit hätte einen solchen Diebstahl streng bestraft – sehr streng, daran gemessen, wie man heute in Deutschland Diebstähle ahndet.

Alles konnte perfekt durchgeführt werden. Erst einen Tag später wurde unser Raub entdeckt, aber niemand hatte einen Verdacht. Die beiden Säcke mit Räucherwaren blieben trotz ernsthafter Suche unauffindbar – wir hatten sie gut »gebunkert«. Der Bauer konnte ja viel behaupten, niemand hatte seine Sachen vorher gesehen, und schließlich dachten alle, der Bauer übertreibe gewaltig. Nach einer Woche etwa nahmen wir unsere Beute selbst bei Tageslicht in Augenschein. Unsere Erwartungen waren übertroffen worden. Alles war als Fluchtverpflegung sehr gut geeignet, wenn auch beträchtlich an Gewicht. Deshalb entbanden wir uns bei dem minderwertigsten Stück gegenseitig von unserem Schwur: Es war ein mächtiger geräucherter Schweinskopf.

Auch alle anderen Vorbereitungen zum »Abhauen« liefen wunschgemäß. Uns wurde angesichts des Vorhabens schon etwas bange … Nun fehlte nur noch die Festlegung des genauen Zeitpunktes – dagegen »stand« unsere Rahmenplanung für den eigentlichen Absetzvorgang unter minutiöser Berücksichtigung aller direkten Risiken. Schließlich war Helmut der beste Schachspieler der Abteilung.

Wehrkraftzersetzung

Der zu wählende Zeitpunkt für unsere »private Absetzbewegung« mußte nicht nur genau bestimmt werden, er mußte auch »der richtige« sein. Denn Helmut und ich waren uns darüber einig, daß es ganz unfair wäre, die eigene Truppe heimlich bei Nacht und Nebel zu verlassen. Dann würde unseren Kameraden ja unsere Kampfkraft bei der letzten Verteidigung fehlen. Es sei denn, es gäbe keinen Kampf mehr. Aber wann würde das sein? Und unehrenhaft wollte sich keiner von uns verhalten.

Meine Bedenken waren geringfügiger als die von Helmut, weil ich mir nicht sicher war, ob ein solcher letzter Kampf irgend jemandem wirklichen Nutzen bringen konnte.

Die Diskussion im abendlichen Bunker von Bett zu Bett, im Schein einer kleinen Petroleumfunzel, wurde nun immer lebhafter, was uns unvorsichtig werden ließ. Konnten wir sicher sein, daß alle Kameraden bereits tief schliefen?

Helmut steigerte nun seine Argumentation:

»Das ist auch deshalb unmöglich, weil wir beide doch den Fahneneid geschworen haben!«

»Ich bin da ganz anderer Ansicht, weil der heute für uns gültige Fahneneid erst im vergangenen Jahr nach dem Anschlag auf den Führer abgelegt werden mußte. Und dabei gab es Begleitumstände, die diesen Eid zum erzwungenen und damit moraltheoretisch ungültigen machten«, war meine Entgegnung.

»Warum ist das denn ein unechter Eid, den man nicht vor Gott zu halten verpflichtet ist?«

»Weil wir für den Fall des Eidbruchs ganz ernsthaft mit Sippenhaftung bedroht worden sind. Sippenhaftung aber ist in einem ordentlichen Rechtssystem unmöglich. Unser Staat wurde dadurch zu einem Unrechtsstaat, dem wir auch als Christen keinerlei Gehorsam mehr schulden.«

»Wenn ich da an meine Eltern und Geschwister denke, die dann an meiner Stelle zu leiden hätten und ins KZ kommen würden, dann muß ich dir zustimmen«, entgegnete Helmut.

»Du weißt, daß ich weniger Bedenken wegen unserer ausfallenden Kampfkraft in einem sinnlosen letzten Gefecht habe als du. Aber ich habe Bedenken wegen der Vogelfreiheit, der wir uns durch eine solch lange Flucht aussetzen.«

»Ja, das könnte uns in große Schwulitäten bringen, weil wir doch jeden Menschen vorsorglich umbringen müßten, der mit uns in Kontakt kommt. Sonst kommen wir nicht weit«, setzte Helmut meinen Gedankengang fort.

»Da aber auch die Leichen uns verraten könnten, müßten wir diese noch verschwinden lassen wie in einem Krimi. Ich bezweifele, daß mein Nervenkostüm dabei mitmacht – bei allem Überlebenswillen. Denn das ist kein ehrenhafter Kampf mehr, bei dem ich die Zielkoordinaten genau und ruhig berechnen kann.« Und diese Tätigkeit übten wir ja bei der Beobachtungsabteilung ohne moralische Hemmungen aus. Darüber sind wir beide dann ruhig eingeschlafen, das Problem blieb offen.

Am nächsten Morgen gab es für mich ein schreckhaftes Erwachen wie nach einem schlimmen Traum. Denn es kam ein Läufer von der Schreibstube in unseren Bunker und befahl mich zum Rapport beim NSFO. Das konnte nichts Gutes bedeuten. Waren das die Folgen unseres Bettgesprächs? Ich überlegte fieberhaft beim Wienern von Koppel und Stiefeln. Vorsorglich rasierte ich mich auch noch, um nur ja keinen ungünstigen Eindruck zu machen. Ich bat Helmut, mir zu helfen und genau nachzusehen, ob alle Knöpfe geschlossen seien, die Kragenbinde sauber und die Uniform gebürstet. Er polierte meinen Stahlhelm noch und machte eine ganz ernste Miene dazu.

Der Schreibstubenhengst hatte schon auf mich gewartet und öffnete die Tür zum Raum von Hauptmann Dr. Woike, den ich eigentlich recht gut kannte, denn die Vorliebe für Zigarren hatte uns beide oft in ein vertrauliches Privatgespräch gebracht.

Ich stand in Grundstellung und machte meine vorgeschriebene Meldung. Dabei registrierte ich sofort, daß der Hauptmann auch in vollem Dienstanzug vor mir stand. Es wurde also ernst. Dr. Woike griff nach einem Papier auf seinem Schreibtisch und verlas eine Meldung, die mich betraf. Dann führte er aus:

»Sie haben gehört, daß Sie beschuldigt werden, defätistische Äußerungen getan zu haben. Insbesondere sollen Sie die Kameraden zur Mißachtung des Fahneneides aufgefordert haben. Damit wären Sie der Wehrkraftzersetzung schuldig. Sollte ich Ihre Schuld feststellen können, dann würde ich Sie standrechtlich aburteilen und sofort zu einer Strafkompanie versetzen. Sie wissen ja, daß die Verurteilten dort ohne eigene Waffen im Niemandsland Minen verlegen müssen. Was haben Sie dazu zu sagen?«

Noch immer in Grundstellung verharrend, brachte ich vor:

»Herr Hauptmann, ich bekenne, mich fast so geäußert zu haben, wie es der Obergefreite J. gemeldet hat. Meine Worte waren an den Obergefreiten A. gerichtet und hatten einen neutralen Diskussionsbeitrag zum internationalen Recht zum Gegenstand. Sie waren auf keinen Fall eine Aufforderung an die Kameraden zum Handeln.«

Die Gesichtszüge des Hauptmanns entspannten sich, und er sagte:

»Stehen Sie bequem. So etwas habe ich mir auch schon gedacht, da ich Sie doch sehr gut kenne. Aber ich bin verpflichtet, diese Meldung binnen 24 Stunden weiterzuleiten – es sei denn, der Obergefreite J. nimmt sie zurück. Jetzt ist es Ihre Sache, ihn dazu zu bringen. Deshalb werde ich Sie beide zusammen eine Nacht lang einsperren.«

Dann trat er zu seinem Schreibtisch und entnahm ein Paket, das er mir übergab.

»Darin befinden sich zwei Flaschen Wodka, die Sie nächste Nacht brauchen werden. Melden Sie sich heute abend auf der Schreibstube.«

Ich sagte: »Jawohl, Herr Hauptmann!«, nahm Grundstellung an, erwies den »deutschen Gruß« und machte zackig kehrt.

Beim Mittagessen traf ich Helmut, dem ich genau berichtete. Ich hatte mich schon gewaltig aufgeregt. Helmut sprach dann gewiß mit anderen Kameraden über den Vorfall. Das wird auch zum Obergefreiten Bernd Jägers gedrungen sein und eine Überprüfung seiner Handlungsweise eingeleitet haben.

Heute kann ich mich noch ganz genau an den Rapport beim NSFO erinnern, aber an die »Schnapsnacht« im verschlossenen Bunker nur sehr lückenhaft. Bernhard saß mir dann an dem kleinen Tisch gegenüber, zwischen uns die immer gefüllten Schnapsgläser und eine kleine Petroleumlampe. Wir erzählten uns gegenseitig unser Leben. Seines war ja viel länger als meines. J. hatte eine hübsche Frau und kleine Kinder, von denen er Fotos vorzeigte. Er lebte in komfortablen Verhältnissen und zeigte auch ein Bild von seinem Auto. Bernhard war im Zivilberuf Abteilungsleiter bei Agfa, dem bekannten Hersteller von Fotomaterial. Er war für den durch die Machtergreifung eingeleiteten Wirtschaftsaufschwung sehr dankbar und schon früh NSDAP-Mitglied geworden. Als Parteigenosse habe er die vaterländische Pflicht gehabt, mein Gespräch mit Helmut zu melden:

»Denn willst du, daß wir den Krieg verlieren und untergehen?«

Ich berichtete ihm von meinem Wunsch, Chemiker zu werden, und den auf diesem Gebiet bereits erzielten Anfangserfolgen. Damit hatte ich bei ihm eine schwache Stelle getroffen. Offensichtlich waren bei Agfa seine Vorgesetzten Chemiker, und er selbst verstand von Chemie viel weniger als ich, weil er Kaufmann war. Ich merkte, wie er unausgesprochen meinen Sachverstand bewunderte, war er doch über 15 Jahre älter als ich. Dann sagte er:

»Sicherlich, ich gebe zu, daß die Kriegslage augenblicklich sehr ungünstig für uns ist. Aber noch ist nicht der Zeitpunkt gekommen, daß die Geheimwaffen eingesetzt werden. Und von diesen weiß ich auch als Geheimnisträger der IG-Farbenindustrie. Ich kann dir sagen, der Führer weiß, was er tut. Nur er allein hat den wirklichen Überblick. Seiner Genialität können wir vertrauen. Jetzt müssen wir ganz besonders zu ihm halten. Denn wenn alle untreu werden, so bleiben wir doch treu – ist mein Wahlspruch. Stell dir doch einmal vor, die Waffenbrüderschaft mit den Engländern wird Realität. Dann haben wir Flottenunterstützung und wieder ausreichend Munition. Die 42-cm-Schiffsgeschütze würden uns doch gewiß eine Gasse freischießen können, damit die 500.000 hier untätig eingeschlossenen Kurlandkämpfer die Rote Armee wieder aus Deutschland hinausjagen ... Das schaffen wir dann mit Bravour, und das Vaterland wird uns ewig dankbar sein ... Stell dir das doch einmal so richtig vor!«

So sprach er und redete sich immer mehr in Begeisterung.

Schließlich versprach er mir in die Hand, dem NSFO gegenüber seine Meldung vom Vortag zurückzuziehen, weil er sich überzeugt habe, daß meine persönliche Einstellung doch tadellos sei, wenn gewiß auch noch verbesserungsfähig. Er wolle meiner Zukunft nicht im Wege stehen.

Das war für mich also noch einmal gut abgegangen ... Aber ich habe auch daraus gelernt, daß es eben nicht genügt, selbst die richtige Überzeugung zu haben, die, im Einklang mit Gewissen und

Wertesystem, die Fakten sieht. Man muß immer nochmals die gleiche Energie aufwenden, um diese im Leben praktikabel zu machen, um sie also auch tatsächlich »leben« zu können.

Vorschnelle Meinungsäußerungen helfen keineswegs, die eigene Überzeugung zu testen. Solches Verhalten wäre wirklich kindisch.

So lernt das Kind, immer mehr »erwachsen« zu werden, und kann sich deshalb großer Nachsicht durch alle Erwachsenen erfreuen. Wir waren damals noch sehr jung – ich war 21 – und mußten dennoch in voller Eigenverantwortung mit allen Konsequenzen handeln. Auch später hat mir meine oft unklug zur Schau gestellte Intellektualität manchen Widersacher eingebracht, der sich nicht traute, mir offen gegenüberzutreten. Viel schlimmer: Er tat das dann hinter meinem Rücken – auch wenn es um Leben und Tod ging. Aber die uns aufgezwungene Schule des Dritten Reiches hat mich *vergütet*, so wie ein Spezialstahl durch Legierungsbestandteile, Bad und Sonderbehandlung befähigt werden kann, gegenüber ganz bestimmten Beanspruchungsarten besonders widerstandsfähig zu werden. Es gibt heute mehr als 1000 verschiedene Stahlsorten, jede hoch entwickelt, aber es gibt keinen *Universalstahl* für alle Fälle.

So stellt sich meine eigene Persönlichkeit auch nur als ein Fall unter sehr vielen anderen dar, aber durch das Dritte Reich auf dem Gebiet Lebensbewältigung zwangsweise ertüchtigt.

Das althochdeutsche Wort »stahal« bedeutet das Standfeste, das Widerstandsfähige.

Adolf Hitler gab den jungen Männern als Ziel vor, schnell zu werden wie die Windhunde und hart wie Krupp-Stahl. Das war keine Schleichwerbung. Er verstand Stahl als Sinnbild für Härte und Kraft. Man spricht ja auch von gestählten Nerven und Muskeln ...

Im Lexikon steht unter »Stahlbad«:

> *»Bad in eisenhaltigem Quellwasser.«*

Wie hatte sich unser Musik-Studienrat ausgedrückt?

> *»Wenn ich an meinem Flügel sitze,*
> *dann ist mir das wie ein geistiges Stahlbad ...«*

Das blieb in meinem Unterbewußtsein haften – war doch die mich umgebende Luft oftmals ziemlich stahlhaltig und in ihrer Wirkung prägend für ein ganzes Leben.

In die Gasse geworfen

Schau nach den Sternen, gib acht auf die Gasse.

Wilhelm Raabe, 1831–1910

Frühe Kunde von Hakenkreuz

Die Buchstaben K und V konnte ich im Vorschulalter schon erkennen, weil das nötig war, um unsere Zeitung aus dem Briefkasten zu holen: die KV, »Kölnische Volkszeitung«. Ein Treppenlauf führte von der Haustür zur Küche mit angrenzendem Wohnzimmerchen im Hinterhaus, wo wir immer frühstückten.

Diese Zeitung vertrat die Meinung des »Zentrums« und übte auf meinen Vater eine solche Faszination aus, daß er sie ständig griffbereit hielt. Die Zeitungsränder fanden oftmals einen Zusatznutzen, wenn mein Vater mir mittels Bleistiftzeichnung etwas erklären wollte. Aus seiner Westentasche zog er dann einen kleinen schwarzen Drehbleistift heraus und bedeckte die Zeitungsränder – oftmals umlaufend – mit Skizzen aller Art. So lernte ich auch die Stellungen der Uhrzeiger …

An einem Herbstmorgen ging es beim Frühstücksgespräch meiner Eltern um die Ereignisse der letzten Nacht an der nahen Ecke unserer Straße, die sich allerdings »Gasse« nannte. Dort befand sich ein Versammlungslokal der kommunistischen Partei, welches besonders nach Einbruch der Dunkelheit von vielen Männern aufgesucht wurde. Ich konnte diese allerdings nie ganz genau sehen, da ich zu dieser Stunde nicht mehr auf die Straße und auch nicht mehr auf unseren Balkon durfte. Ich mußte widerstrebend akzeptieren, das sei für mich zu gefährlich, weil man auch – ganz selten – mal einen Pistolenschuß hören konnte. Und Pistolen interessierten mich auch.

Am nächsten Morgen sah ich dann immer die Spuren des geheimnisvollen nächtlichen Treibens: Die benachbarten Hauswände waren angepinkelt worden – allerdings mit großen Mengen, vor denen ich als kleiner Junge nur staunend und etwas neidisch stehen konnte. Der viele Schaum fiel mir auf, weil er auch morgens noch die Gehsteige so stark bedeckte, daß man dort nicht gehen konnte. Man sagte mir, daß der Biergenuß die Ursache sei – offensichtlich gehörte es also zur kommunistischen Partei, viel Bier zu trinken.

Auch die Fronleichnamsprozession unserer Pfarrkirche St. Kunibert hatte letzthin ein absonderliches Verhalten gezeigt: Sie zog an unserem Haus vorbei bis zum übernächsten Haus, der bewußten Ecke, und machte dann auf der Stelle kehrt! Das hatte ich noch nie erlebt. Die Fortsetzung unserer Gasse hieß »Altes Ufer«, und dorthin konnte zu dieser Zeit keine Prozession unangefochten gehen. Mir war es sowieso verboten, diesen Bereich aufzusuchen, wenn ich allein war. Ich fand nämlich die vielen kleinen Schaufenster dort so interessant, die zu kleinen Läden, den »Alträuchern«, gehörten, wo gebrauchte Sachen (und Pistolen) angeboten wurden.

Meine Mutter bemerkte dann weiter, daß mein Spielkamerad Fränzchen, der mit seinen Eltern unter uns wohnte und der wohl um vier Jahre älter als ich war, gestern ein Hakenkreuz-Abzeichen an seiner Jacke getragen habe ... Ich hatte das bei ihm noch nicht gesehen, es mußte wohl neu sein. Ich wollte ihn baldigst danach fragen, denn Fränzchen war ja viel älter als ich, und ich meinte immer, von ihm viel lernen zu können. So hatte ich ihn mit Erfolg bereits um Auskunft über das Pinkeln der Kommunisten gebeten. Er sagte mir, die beobachtete Leistungsfähigkeit läge tatsächlich am Bier, aber auch am Alter. So zeigte er mir, daß er viel weiter pinkeln konnte als ich.

Um nun für meine Fragen bei Fränzchen besser gerüstet zu sein, holte ich mir sofort eine Auskunft von meinem Vater:

»Was ist eigentlich ein Hakenkreuz? Und warum ist das was Besonderes, wenn Fränzchen es ansteckt?«

Der kleine Drehbleistift trat sofort auf dem Rand der KV in Aktion, und ich sah und hörte erstmals etwas über das Hakenkreuz. Daran sollte ich oft zurückdenken.

Wenn es aber ein Kreuz sei, so wollte ich weiter wissen, warum könne ich es dann nicht auch in unserer Kirche in einem der vielen Wandgemälde erblicken? Mein Vater antwortete, das sei nichts Besonderes, denn das Hakenkreuz sei ein »umstrittenes« Zeichen. Darunter aber konnte ich mir wirklich nichts mehr vorstellen. Allerdings spitzte ich die Ohren, als mein Vater mir erklärte, daß das Hakenkreuz das Zeichen einer Partei sei, die mit den Kommunisten an unserer Ecke im Kriegszustand lebe. Jetzt bewunderte ich Fränzchen sofort wegen seines Mutes, sagte aber nichts davon.

Zunehmende Erweiterung des Gesichtsfeldes

In den Auslagen der geliebten »Alträucher« entdeckte ich nun mit geschärften Sinnen neben den Pistolen, Handschellen und Totschlägern auch Hakenkreuzabzeichen. Es handelte sich um Nadeln mit Hakenkreuzen aus silbrigem Metall in den unterschiedlichsten Größen: Die kleinsten waren mit vielleicht etwa fünf Millimeter langen Balken ausgestattet, und die größten maßen etwa 25 Millimeter. Fränzchen hatte eines der klitzekleinen Hakenkreuze. Er trug es auch nur dann an seiner Jacke, wenn die Kommunisten es nicht sehen konnten – sonst hatte er es innen stecken. Ich hätte natürlich gerne auch ein solches Abzeichen gehabt, aber meine Eltern und ebenso meine Tante lehnten es ab, mir dafür Geld zu geben.

Fränzchen hatte das Abzeichen von seinem Vater, einem Mann mit einer Lederjacke und einem von mir sehr bewunderten Motorrad. Es war eine NSU. Er hatte auch einen Beiwagen dazu – aber mitgenommen hat er mich leider nie. Ich wagte auch nicht, ihn darum zu bitten.

Eines Tages aber hörte ich, daß das Gespann von Fränzchens Vater gestohlen worden sei. Fränzchen und ich gingen an die Rheinuferstraße und versuchten, die vorbeifahrenden Fahrzeuge nach Motorrädern mit der betreffenden Nummer zu unterscheiden. Das war nur 100 Meter von unserem Haus; wir hielten es bis in den späten Nachmittag aus. Dann mußte ich nach Hause und erzählte davon.

Am nächsten Tag aber war das Gespann wieder da. Das Motorrad stand wie auch früher seitlich im Flur, der Beiwagen stand auf dem Hof. Mein Vater erzählte mir, daß Fränzchens Vater am vergangenen Abend zu Leuten von der »Unterwelt« gegangen sei, die ihm durch ihre Beziehungen dann das Gespann wieder hatten zurückbringen lassen. Ich wunderte mich nur darüber, was alles möglich war.

Obwohl ich gerne auf der Straße und im Garten mit Fränzchen spielte, mußte ich regelmäßig mit unserem Mädchen in feinen Kleidern einen Spaziergang machen. Wir gingen dann längs der Uferpromenade und sahen den Schleppzügen auf dem Rhein zu. Mehr aber interessierte es mich, wenn auf der nahen Hohenzollernbrücke der Expreßzug »Rheingold« auf seine Einfahrt in den Hauptbahnhof wartete, denn ich spielte gerne mit meiner Eisenbahn. Ich durfte sie wochenlang auf dem Flur im Dachgeschoß aufbauen und an den Winterabenden mit beleuchteten Bahnsteigen und Signalen bis zur Erschöpfung der Batterien spielen. Es war für mich nicht leicht, die Groschen für die Batterien zusammenzubetteln, denn mein Batteriebedarf war enorm, weil ich außerdem noch Taschenlampen über alles liebte. Im dunklen Haus spielte ich dann »Gespenst« und versuchte, Leute zu erschrecken – obwohl ich selbst viel Angst vor dem »Buhmann« hatte. Unsere geliebte Martha nähte mir dazu aus alten Tüchern auch noch einen Gespensteranzug. Kein Wunder, daß sie mir über alles ging und ich mich traute, sie alles zu fragen, was ich wissen wollte. Und das war vielerlei.

In der letzten Zeit hatte mir Martha des öfteren gesagt, die Zeit der Verwöhnung sei nun bald für mich vorbei. Der »Ernst des Lebens« würde auch für mich beginnen, weil ich Ostern in die Schule käme. Ich versuchte durch Hinterfragen, dieses auf mich zukommende Neuland zu erforschen. Jedenfalls wurde mir so viel klar, daß in der Schule die Hauptperson der Lehrer ist. Ich wollte nun gerne einmal einen persönlichen Eindruck von einem solchen Lehrer bekommen und sagte:

»Martha, zeig mir bitte doch einmal einen Lehrer.«

Sie aber meinte: »Schaue dir doch deinen Vater an, der ist ein Lehrer – allerdings an einer höheren Schule, während du jetzt zuerst einmal auf die Volksschule kommst.«

»Nein«, entgegnete ich, »zeig mir bitte einen richtigen Lehrer, beim Vater kann ich mir nicht vorstellen, wie mit ihm der Ernst des Lebens anfangen soll.«

Mit diesen Gefühlen wurde ich zur Einschulung in die Machabäerstraße gebracht und dem Lehrer Tielscher anvertraut. Dieser gefiel mir gut, und so ging ich gerne in die Schule. Auf dem Nachhauseweg konnte ich dann immer noch eine Pause bei meiner geliebten Patentante einlegen, was stets mit irgendwelchen Leckereien endete, da sie solchen ebenfalls gerne zusprach. Sie war die Schwester meines Vaters und führte ihrem geistlichen Bruder den Haushalt. Der war am Generalvikariat tätig und ein kleingewachsener, aber behender und geistig reger Priester. Die Berichte über seine alpinistischen Fähigkeiten beeindruckten mich schon früh. Oft brachte ich ganze Tage und Nächte bei der Tante zu, da ich dort viele Spielsachen hatte und manches durfte, was zu Hause verboten war.

Im Haushalt meines Onkels traf ich so zwangsläufig auf bestimmte Herren, die in korrekter Kleidung in regelmäßigen Abständen vorsprachen, sich zehn Minuten in das beste Zimmer setzten und meiner Tante etwas erzählten. Beim Abschied erhielten diese Besucher dann ein Geldgeschenk. Ich schnappte so viel auf, daß sie bessere Zeiten gesehen hatten, und aus ihren Erzählungen hörte ich nach und nach heraus, was sich so alles politisch ereignete und was nicht in der Zeitung stand.

Politisieren

Mein Vater hatte drei Brüder und zwei Schwestern, von denen eine nicht zu den zahlreichen Familienzusammenkünften kommen konnte, weil sie Nonne in Düsseldorf war. Alle anderen aber trafen sich oft samt ihren Familien in Köln, da es von Essen aus nicht so weit war. An solchen Festtagen wurde gut gekocht, weitere Verwandte kamen noch hinzu, so daß wir oftmals mehr als zehn Erwachsene und vier Kinder waren, wobei allerdings mein Brüderchen noch in den Windeln steckte. Da sich aber die Männer bereits von Beginn an zum Politisieren absonderten – wobei sie in ihren Kreis noch eine meiner Tanten aufgenommen hatten, die ihre politischen Meinungen mit besonderer Entschiedenheit vertrat –, konnten die festlichen Mahlzeiten immer nur verspätet beginnen.

So bekam ich in meinem Eckchen temperamentvolle Debatten mit, die ich nicht verstehen konnte. Und so ging es noch viele Jahre. Ich habe nur verstanden, daß es sich um sehr wichtige Sachen handeln müsse.

Wenn ich meine Tante bei ihren Besorgungen in den Geschäften der Altstadt begleitete, hörte ich ebenfalls viele Dinge, die ich nicht verstehen konnte. Die Tante hatte viele Freundinnen und Bekannte, da sie einige Jahre am Altermarkt gewohnt hatte. Die Damen führten uns häufig in ein kleines Besuchszimmerchen über winklige Treppen und geheimnisvoll dunkle Verbindungsgänge, wie sie nur ganz alte Häuser haben und wie ich sie liebte.

Mit verhaltenen Stimmen war unter den Damen dann immer die Rede von Nazis und von Schlimmem, worüber man nicht laut reden dürfe. Da ich noch nie einen Nazi zu Gesicht bekommen hatte, ging es mir damit wie mit den Lehrern. Denn mein Freund Fränzchen war ja kein wirklicher Nazi und sein Vater auch nicht, wie mir meine Eltern versicherten. Es blieb dabei, einen echten Nazi konnte mir niemand vorführen.

Erste Schulerfahrungen

Neben dem Erlernen des Lesens und Schreibens spielte im Unterricht der Sandkasten eine besondere Rolle. Dort wurden vielerlei Sachen aufgebaut, an die ich mich nicht mehr erinnern kann. Doch als wir aufgefordert wurden, unsere Spielsachen – und zwar speziell unsere Burgen und Soldaten – mitzubringen und im Sandkasten schön aufzubauen, trat ein Ereignis ein, das ich nicht vergaß.

Nachdem meine Burg tagelang im Sandkasten neben anderen gestanden hatte, trat ich hinzu, um festzustellen, ob noch alles »richtig« aufgebaut war. Es fehlten alle meine Soldaten, sie hatten offensichtlich einen Liebhaber gefunden. Ich war zuerst sehr traurig, kam aber leicht darüber hinweg. Neue Soldaten habe ich mir nie mehr schenken lassen, auf sie konnte ich gut verzichten. Ich hatte sie eigentlich nur akzeptiert, weil sie eben zur Burg gehörten. Diese aber liebte ich, weil sie so schöne Türmchen, Zinnen, Fenster und auch Schießscharten hatte. Mit meinen Baukästen habe ich immer Häuser und Burgen gebaut und es dabei nicht als Mangel empfunden, keine Figuren zu haben. Später habe ich diese Burg meinem Bruder abgetreten, der viele Soldaten aufmarschieren lassen konnte. Mich interessierten von diesen Spielsachen nur die Kanonen, mit denen man »richtig« schießen konnte. Es machte mir Spaß, mit dem Gummipfropfen ein Ziel zu treffen.

In unserer Klasse gab es auch Jungen, die nicht zur Schule kommen wollten, so daß sie mit der Polizei geholt werden mußten. Da aber die Beamten diese Jungen nicht von Angesicht kannten, wurde ich mehrmals beauftragt, zwecks Identifizierung mitzugehen. So kam ich erstmals in Gegenden, die ich allein nicht betreten durfte. In den Häusern dort roch es anders als zu Hause, und es sah auch anders aus. Ich hatte bisher nicht gewußt, daß es so etwas gab.

Ich wußte, es gab arme Leute, dann gab es solche, wie wir es waren, und reiche Leute. Die Eltern unserer Martha waren arme Leute, sie wohnten »Unter Kahlen Hausen« – genannt UKH – nicht weit von »Unter Krahnen Bäumen« – genannt UKB. Ins UKH durfte ich alleine gehen, wenn ich bestimmte Straßen benutzte. Durchs UKB zu gehen, war mir verboten. Als Begleiter der Polizeibeamten aber kam ich dann doch ganz ohne Übertretung elterlicher Verbote ins UKB.

Die Wohnung von Marthas Eltern hatte keine unsympathischen Gerüche, alles war blitzsauber. Der große Küchenherd mit seinen vernickelten Verzierungen und dem blitzenden Warmwasserbehälter imponierte mir, weil wir einen solchen nicht hatten. Auch das Rennrad von Marthas Bruder Paul machte großen Eindruck auf mich, und das große Grammophon mit Platten – »Die Stimme seines Herrn« – war mir eine neue Erfahrung. Wir hatten nur ein Radio zu Hause, was in diesen Jahren keineswegs normal war. Viele Besucher meinten, wir hätten noch anderen Besuch, wenn das Radio im Nachbarzimmer lief. Ich hörte gerne Musik aus dem Radio, da ich die Wortsendungen erst langsam verstehen lernte. Dennoch wurde später das Radio für mich das unmittelbare Verbindungsglied mit den politischen Kräften.

Ich war sieben Jahre alt, als wir nach Neu-Ehrenfeld umzogen. In der »Reichsheimstättensiedlung« konnte mein Vater ein schönes Reihenhaus erwerben, wenn auch unter schweren finanziellen Opfern. Ein Mädchen, wie die geliebte Martha es war, konnte vom Haushaltsgeld nun nicht mehr bezahlt werden. Ich war darüber sehr traurig. Die Besuche bei Marthas Eltern fielen nun weg, ich konnte dort nicht mehr mit dem schönen, großen Steinbaukasten spielen und Grammophon hören. Auf beiden Seiten gab es viele Tränen, wie denn auch die persönliche Verbindung zur Martha lebenslang nie abgerissen ist.

Unser neues Haus stand im sogenannten »Rote-Tinten-Viertel«, denn unter den Nachbarn waren viele Studienräte und Juristen. Das nächste Parteibüro der Kommunisten war weit weg, es war in »Klein Moskau« – gelegen zwischen der Subbelrather und der Venloer Straße. Die Jugend aus »Klein Moskau« zog es zum Blücherpark, der unmittelbar an das »Rote-Tinten-Viertel« grenzte. Diese Jungen waren streitsüchtig, wurden von uns »Kluten« genannt und versuchten andauernd, uns zu ärgern, indem sie uns den Ball fortnahmen. »Völkerball« war damals das Hauptspiel auf unserer Straße.

Die neue Schule war nur 150 Meter weit entfernt. Es war eine Barackenschule mit einem wunderbaren Lehrer, Herrn Deister. Ich konnte ihn sofort sehr gut leiden. Einer seiner Söhne war mein

Klassenkamerad, wir gingen gerne in den Unterricht. Ich kann mich noch sehr gut erinnern an die Sandkastenmodelle von den Häusern der alten Germanen und an die regelmäßigen Besuche eines Försters, der Tiere seines Waldes mitbrachte. So führte er einen zahmen Fuchs vor, der sogar Zigaretten rauchen konnte, einen sehr schönen Mäusebussard und viele andere.

Da die Schulen konfessionell getrennt waren, spielten wir auf der Straße mit vielen Kindern, die nicht in die katholische Schule gingen. Und spielen konnte man in unserer Gegend so schön wie sonst nirgends. Denn wir hatten ruhige, asphaltierte Straßen, zahlreiche Neubauten im Entstehungszustand, viel Freiland und den Blücherpark.

Orientierungen

Machtergreifung

Meine Tante wohnte nach wie vor in der Machabäerstraße, und ich besuchte sie oft. Ich konnte schon allein mit der Straßenbahn dort hinfahren und blieb dann einige Nächte oder die Ferien über. An einem denkwürdigen Wochenende bekam ich eine fiebrige Erkältung und wurde ins Bett gesteckt. Am Tage aber durfte ich auf einem Sofa im großen Wohnzimmer liegen und dort Radio hören, was ich gerne tat. Auch von den Nachrichten konnte ich jetzt mehr verstehen. Und so hörte ich, daß der neue Reichskanzler Adolf Hitler heiße. Man sagte mir, er sei ein Nazi, und diese wollte ich doch schon jahrelang so gerne kennenlernen. Mein geistlicher Onkel machte ein bedenkliches Gesicht und mein Vater später auch. Das Politisieren in unserer Verwandtschaft bekam durch die »Machtergreifung« zusätzliche Impulse und wurde schier endlos. Aber verstanden habe ich immer noch nichts.

Unser Lehrer Deister brachte uns dann bei, daß für Deutschland eine neue Zeit begonnen habe. Er sprach von der Ungerechtigkeit des »Versailler Diktates«, besonders vom Verlust der Kolonien und der großen Arbeitslosigkeit im Lande. Es sei nun nötig, alle Kräfte unter dem Zeichen des Hakenkreuzes zu einen, fleißig zu sein und viel zu lernen, damit wir einmal die Hoffnung des Vaterlandes werden könnten.

Der Schulunterricht änderte sich durch die Machtergreifung praktisch nicht. Neben dem Kruzifix im Klassenraum wurde nun an der gegenüberliegenden Seite ein Reichsadler aus silbrig glänzendem Metallguß aufgehängt. Er war auf eine schwarze Holzplatte montiert, auf deren Rückseite Lehrer Deister mit Tusche alle unsere Namen und das Jahr vermerkte. Das Besondere dieses Emblems bestand in dem silbrigen Hakenkreuz, von einem Eichenkranz umzogen, das sich in den Fängen des Adlers befand. So sah das Hoheitszeichen der NSDAP aus, das dann 1936 an die Stelle des Reichswappens von 1919 trat. Wir alle fanden diesen neuen Klassenschmuck schön und beteiligten uns gerne mit unserem Taschengeld an seiner Anschaffung. Das Morgengebet zu Beginn des Unterrichts fand wie gewohnt statt, und Schulmessen in der Pfarrkirche St. Barbara waren auch regelmäßig. Wenn man zu spät oder überhaupt nicht zur Messe kam, dann wurde das bestraft. Für schlimmere schulische Vergehen war die Prügelstrafe neben Nachsitzen oder Strafarbeiten üblich. Der Vollzug geschah mit dem »Gelben Onkel«, einem Riedstock aus dem Schrank im Klassenzimmer.

Lehrer Deister vollzog die Prügelstrafe mehr symbolisch und ohne persönliche Emotion, was man nicht von allen Lehrern behaupten konnte. Man mußte sich zur Entgegennahme über die erste Bank beugen, bekam den Hosenboden vom Lehrer straff gezogen und dann je nach Verurteilung ein, zwei oder drei »Prügel«. Ohrfeigen dagegen gab es stets spontan, etwa nach dem Prinzip, wonach man Hunde unmittelbar nach der »Tat« strafen soll. Wir lebten ganz gut mit diesem Strafsystem und empfanden es nicht als ehrenrührig. Es gab aber unter den Klassenkameraden auch renitente Sünder, die offensichtlich eine regelmäßige Prügelstrafe zur dauerhaften Einordnung in den Klassenverband nötig hatten. Unserem Gerechtigkeitsempfinden entsprach das durchaus. Denn warum sollten wir alle uns anstrengen, die kleinen Pflichten mühselig zu erfüllen, wenn andere dem ein Schnippchen schlagen konnten? Die Delinquenten dieser Art wußten ganz genau, was ihnen blühte, und beugten deshalb den beißenden Riedstockschlägen durch Polsterung vor. Bewährt hatten sich dazu die kleinen Steppdeckchen aus den Puppenwagen der Schwestern. Lehrer Deister aber ließ sich nicht überlisten. Die Polsterung mußte raus, und dann gab es einen kleinen »Feuerstoß« mit dem »Gelben Onkel«.

Für unseren Lehrer gingen wir alle durchs Feuer, besonders nachdem wir eine schöne neue Schule bekommen hatten mit vielen großzügigen Einrichtungen: die »Baadenbergerschule«. Die Geige von Lehrer Deister klang in den schönen, großen Klassenräumen zu den Liedern, die wir singen mußten, wie »Droben stehet die Kapelle, schauet still ins Tal hinab ...« oder auch zu den Kirchenliedern, die zum Musikunterricht gehörten.

Die typischen Nazi-Lieder aber sind mir von der Schule her nicht in Erinnerung, weil sie dort auch nicht geübt wurden. Dagegen gehörte »Deutschland, Deutschland über alles in der Welt ...« und »Die Fahne hoch, die Reihen dicht geschlossen ...« zum Programm neben Wanderliedern wie »Schwarzbraun ist die Haselnuß ...«.

Lehrer Deister trug schon recht frühzeitig das Parteiabzeichen der NSDAP am Rockaufschlag und brachte uns auch den »deutschen Gruß« bei. Dabei wurde uns erst bewußt, daß ihm ein Zeigefinger fehlte. Wir erfuhren nie, warum es zur Amputation dieses Gliedes gekommen war. Unser Respekt verbot es uns auch, direkt danach zu fragen. Hinter vorgehaltener Hand wurde das Gerücht verbreitet, das sei eine Verwundung aus dem Ersten Weltkrieg, Ergebnis einer Heldentat. Wir ließen es dabei, weil es gut zu unserer hohen Meinung von unserem Lehrer paßte. Der war dann auch nicht engstirnig, wenn wir den uns eigentlich »blöd« vorkommenden »deutschen Gruß« von *»Heil Hitler«* in kölnischer Unbekümmertheit modifizierten in *»Drei Liter«*. Aber damit sollte es dann später mit anderen Respektspersonen noch Ärger geben. Wir stellten nur ganz naiv fest, daß offensichtlich in dieser Zeit viele Erwachsene ihre Persönlichkeit ganz eigentümlich veränderten. Und das setzte sie aus unserer Sicht im Ansehen eher herab, nach der Redeweise: »Die haben das wohl nötig.«

Unser Pastor Hinsenkamp

Er war im wörtlichen Sinne eine gewichtige Persönlichkeit, allzeit heiter mit rosigem Gesicht und einer alles durchdringenden Baßstimme. Er genoß in seiner ganzen Pfarre St. Barbara bei allen Leuten hohes Ansehen und war bei den Kindern ausgesprochen beliebt. Wenn er sich durch die Straßen bewegte, dann unterbrachen die Kinder ihre Spiele, gaben ihm die Hand und ließen ihn auch den Anstoß für die nächste Fußballrunde machen.

Später, als allgemein bekannt geworden war, daß es einen »Ortsgruppenleiter« gab, der das NS-Parteileben befehligte, wußte jeder, daß sich dessen Ansehen nicht entfernt mit dem von Pastor Hinsenkamp messen konnte. Die Leute wußten angeblich genau: Keine NS-Parteiversammlung findet statt ohne Terminabstimmung mit dem Pastor! Denn der Ortsgruppenleiter hätte es sonst riskiert, vor fast leeren Bänken zu stehen. Damals wurden ja die Schulräume auch für die Parteiangelegenheiten benutzt.

Die in der Öffentlichkeit stattfindenden kirchlichen Veranstaltungen waren ein Bestandteil des Lebens in Neu-Ehrenfeld. Die Fronleichnamsprozession nahm ihren Weg durch reichgeschmückte Straßen; jedes katholische Haus hatte schwarz-weiß-rot geflaggt und entweder im größten Fenster oder im Vorgarten einen Altar; an den Stationsaltären empfingen viele Teilnehmer und Zuschauer den Segen. Hier gab es keine Straßen, durch die die Prozession nicht gehen konnte. – Auch erinnere ich mich an den Martinszug, an dem fast alle katholischen Kinder mit ihren Lampions teilnahmen, um aus der Hand unseres Pastors den Martinsweck zu erhalten.

Gegenüber den evangelischen Spielgefährten unseres Viertels waren wir stolz auf unseren Pastor, da sie einen solchen nicht vorzuweisen hatten. Das aber störte nicht das Einvernehmen beim Martinssingen vor allen Nachbarhaustüren. Das war überkonfessionell. Wir versuchten uns gegenseitig zu übertreffen mit kunstvoll geschnitzten Zuckerrübengesichtern unter Basthaaren, die wir auf einer Stange mit einer innen brennenden Kerze trugen.

Refugio-Bande

An den Karnevalstagen, die in Köln von praktisch allen Bürgern begangen werden, beteiligten sich die Kinder durch Umherstreifen in den Straßen, wobei sie Gruppen von zehn bis 20 bildeten. Natürlich wurden auch die verschiedenen Umzüge angesehen – der Rosenmontagszug ist ja der Höhepunkt dieser Art von Karneval. Mit kölscher Mentalität nahmen wir Kinder diese Art in Kauf, hatten unsere gewisse Freude daran, weil »man« eben die Züge gesehen haben mußte, zu denen die Familien mit Eltern und allen Geschwistern gingen. Auch war es ein Erlebnis, die Karnevalslieder zu singen und sich über Köln zu freuen. Später, als Soldat im fernen Rußland, erkannten sich die Landser im dunklen Viehtransportwagen als »Kölsche« sofort an dem Ruf »Heidewitzka«, und auch andere Kameraden stimmten ein, wenn dann:

»Wenn ich so an ming Heimat denke
und sinn der Dom so für mer stonn,
möch ich direk op Heim an schwenke,
ich möch zo Foß noh Kölle gon«

inbrünstig gesungen wurde, denn Heimweh hatten sie alle.

Den Jungen von etwa neun bis vielleicht 15 Jahren aber kam es an Karneval hauptsächlich auf etwas ganz anderes an. Sie konnten sich dann verkleiden und Gestalten annehmen, welche ihnen bei Karl May begegneten und mit denen sie sich begeistert identifizierten. Die Kleineren vernahmen diese Kunde aus den farbenprächtigen Berichten der Größeren und fingen an, Flitzebögen, Messer (aus Blech vorerst), Pistolen und allerlei Schießwerkzeuge zu lieben. Eine Grenze wurde nur von den Eltern gesetzt, die ständig in Sorge waren wegen »gefährlicher« Gegenstände. Wir aber waren rege und findig, um solche Verbote zu umgehen, und wurden nur durch unsere bescheidenen materiellen Möglichkeiten eingeengt. Die Kostüme der »Babaditzcher« – wie wir die Kleinkinder nannten – besaßen für uns keinen Stellenwert mehr. Ich kann mich noch an mein erstes Kostüm erinnern als »Bäuerlein«: mit weißer Zipfelmütze, rotem Halstuch, blauem Wams, schwarzen Bundhosen, weißen Strümpfen und einer Kiepe auf dem Buckel, gefüllt mit ausgeblasenen Eiern und leeren Käseschachteln, in der Hand eine Pritsche.

In unserer Gruppe waren zuerst alle als »Indianer« maskiert, später als »Mexikaner«. Das hatte den Vorteil, die unhandlichen Federn los zu sein, weil sie beim Laufen behinderten. Und Pistolen waren mehr nach unserem Geschmack, weil sie eben die hauptsächliche Ausrüstung der Mexikaner ausmachten.

Zu unserem Leidwesen kamen alle diese schönen Dinge, mit denen wir an den Karnevalstagen von früh bis spät spielen konnten, dann wieder auf den Speicher bis zum nächsten Jahr. Ganz unbemerkt von den Eltern aber nahmen wir aus diesem Sammelsurium nach und nach verschiedene Dinge heraus, um sie das ganze Jahr über zu benutzen. Das waren die Mexikanerhüte, Halstücher und natürlich die Pistolen. Zwar fanden wir die Knallkorkenpistolen nicht so gut, weil es außerhalb der Saison dafür keine

Munition gab, und erstrebten deshalb Schreckschuß-Trommelrevolver – was aber nicht allen Eltern genehm war.

Da alle unsere Familien in Einfamilienhäusern wohnten, gab es in den Kellern und den zum Garten hin vorgelagerten sogenannten Trockenräumen Platz für unsere Zusammenkünfte zu jeder Jahreszeit. Dort hatten wir eine große Kiste mit all unseren Utensilien, zu denen noch die sehr wirkungsvollen Steinschleudern kamen. Hier schlossen wir uns zusammen zu einer Bande, die wir dank des Lateinunterrichtes Refugio-Bande nannten. Das sagt wohl alles. Es gab sogar Statuten und Treueverpflichtungen.

In der Sommerzeit, insbesondere während der Ferien, verlegten wir unsere Tätigkeit auf die unbebauten Flächen unseres Viertels. Dort konnten wir Lagerfeuer machen und Unterstände bauen. Die Bretter dazu fanden sich auf den nahen Baustellen. Wir brieten im Feuer Kartoffeln, und unsere Eltern wunderten sich über den mangelnden Appetit bei den Mahlzeiten. Wir hätten uns gerne von der uns so genau bekannten Umgebung unseres Viertels entfernt, was wir aber nicht durften, weil eine »Aufsichtsperson« fehlte. Denn eigentliche Sommerreisen waren eine große Seltenheit. Sie fanden nur in begüterten Familien statt. Manche unserer Freunde hatten Verwandte mit einem Bauernhof, worum wir sie sehr beneideten. Eine Gruppenorganisation zu finden, die unseren kleinen Freundeskreis »geschlossen« – denn darauf legten wir besonderen Wert – aufnehmen konnte, scheiterte, da alle diese Gruppierungen einseitig konfessionell gebunden waren. Die »Jungschar PX« unserer Pfarre schied deshalb aus.

Bei dieser Gelegenheit mag es interessant sein, die Umstände aufzuführen, welche zur Bildung von Freundesgruppen führten. Da war einmal die Nachbarschaft, dann die Schulklasse und schließlich auch die gesellschaftliche, die Klassenzugehörigkeit. Jeder von uns hatte einen persönlichen engen Freund. In der Gruppe zog sich die Grenze schon weiter, dennoch war der Gruppenzusammenhalt enorm – andauernd das ganze Leben. Als Ersatzlösung für eine passende Gruppenorganisation bot sich nun das »Deutsche Jungvolk« an, in das wir bereits im Jahre 1933 alle eintraten. Wie sich noch herausstellen sollte, durfte aber die »Freundesgruppe« nicht verwechselt werden mit der »Jungvolkgruppe«. Die Freundesgruppe stand weit darüber, hatte zeitweise eine Einbettung in die Jungvolkgruppe, aber führte über Jahre hinweg dennoch ein intensives Eigenleben. Und mit Politik hatte das alles nichts zu tun.

Deutsches Jungvolk

Edgar war ein »großer« Junge aus der Tieckstraße, schätzungsweise acht Jahre älter als wir, den wir vom Sehen her kannten und der »Fähnleinführer« war. Ein Fähnlein umfaßte etwa 120 Jungen und gliederte sich in vier Jungzüge, die ihrerseits wieder aus je vier Jungenschaften bestanden. Die Einteilung erfolgte in etwa nach der Körperlänge der Jungen. Mein Freund Walter und ich waren fast gleich groß und daher in derselben Jungenschaft. Unsere Eltern kauften uns Neunjährigen eine Uniform, die aus nur wenigen Teilen bestand: Schiffchen, Braunhemd, Halstuch mit Lederknoten, Koppel mit Schulterriemen und Cordhose. Dazu kamen dann noch ein einfacher Brotbeutel und eine Feldflasche für die »Verpflegung«, wenn wir »auf Fahrt« gingen, was soviel bedeutete, daß wir mit der Vorortbahn in den rechtsrheinischen Wald fuhren. Das war schon aus Kostengründen die Ausnahme, jedoch ständig Gegenstand unserer Träume und auch unserer zielgerichteten Übungen dafür. Denn im Wald wurde dann ein Lager gebaut mit einer Feuerstelle. Im »Hordentopf« brodelte eine dicke Suppe für die hungrigen Mägen, die wir den Butterbroten von zu Hause unbedingt vorzogen. Wir streiften durch das Gelände, dauernd bereit, neue Entdeckungen zu machen. Deshalb liebten wir besonders die verwilderten Gegenden wie etwa aufgegebene Steinbrüche, geschleifte Forts des Ersten Weltkrieges und verlassene Fabriken.

Auf dem Appellplatz des Fähnleins war regelmäßig »Antreten«, mindestens zweimal pro Woche war das »Pflicht«. Dann übten wir marschieren und singen. Es waren die sogenannten »Kampflieder«, die lautstark in den Straßen erklangen und die später dann aus offensichtlich guten Gründen verschwunden sind. Ich erinnere mich an Texte wie

»Es zittern die morschen Knochen der Welt vor dem großen Krieg«

oder an

»Die Straße frei, SA marschiert mit ruhig festem Tritt«.

Wir sangen mit und waren von der Markigkeit begeistert, ohne allerdings den Sinn zu verstehen. Dazu waren wir noch viel zu jung. Unser Jungenschaftsführer war vielleicht vier Jahre älter als wir und konnte uns auch keine wirklichen Erklärungen geben, die unserem Auffassungsvermögen angepaßt gewesen wären. So stand uns für die politische Meinungsbildung nur das Elternhaus zur Verfügung, und das war bei allen meinen Freunden sehr konservativ.

Der Fähnleinführer Edgar begeisterte uns unsagbar. Heute würde man die von ihm ausgehende Faszination »Personenkult« nennen. So sahen das offensichtlich auch die höheren Organe des Jungvolks, und das war gewiß der Grund für seine frühe Ablösung. Was dann als Fähnleinführer kam, war mit dem geliebten Edgar nicht vergleichbar. Wohl aber mit den höheren Führern, die wir kennenlernten: dem »Stammführer« und dem »Jungbannführer«.

Für die Sonnwendfeier in einem alten Fort bei Longerich im äußeren »Grüngürtel«, dem äußeren alten Befestigungsring um Köln, begannen die Vorbereitungen schon früh am Tage mit einem Aufmarsch von über 1000 Jungen. Diese »Pimpfe« kamen aus den verschiedenen Stadtvierteln, mehrere Fähnlein bildeten einen Stamm und mehrere Stämme einen Jungbann. Der Jungbannführer war an seiner besonderen Uniform zu erkennen und trug eine Pistolentasche mit Waffe. Die Stammführer waren ebenfalls bewaffnet. Später haben wir dieses offensichtliche Waffentragen nicht mehr bemerkt. Man sagte uns, daß die »Kampfzeit« ständige Gefahren für Leib und Leben bedeutet habe. Sicherlich wollten sich die anderen Führer auch irgendwie bewaffnen und taten dies wegen des fehlenden Waffenscheines mit einem großen feststehenden Messer am Gürtel. Viele Sorten Hirschfänger und Dolche wurden in einschlägigen Geschäften angeboten, an deren Fenstern wir uns die Nasen platt drückten. Erst sehr viel später hatte jeder Hitlerjunge am Koppel das typische HJ-Messer. Es war ein stark verkleinertes Seitengewehr (äußerlich) und hatte eine Klinge wie ein sehr schlechtes, stumpfes Brotmesser. Diese harmlose Klinge trug einen Schriftzug eingeätzt: »Blut und Ehre«, wenn ich mich richtig erinnern kann. Die Messer taugten weder zum Brotschneiden noch zum Schnitzen von Stöcken, was alle Jungen gerne taten. Dafür benötigte man ein viel schärferes Messer, das wir also in der Tasche trugen und mit dem sich jeder von uns bestimmt irgendwann einmal in den Finger geschnitten hat. Später, in einem Zeltlager zum Beispiel, gebrauchten viele Jungen das »offizielle« Messer zum Auftragen der roten Marmelade auf das Kommißbrot. Dazu war es wegen der breiten Klinge tatsächlich gut geeignet, und dabei wurde es auch so schön rot. Als ich dann einmal vorwitzig gegenüber einem fremden Fähnleinführer bemerkte: »Jetzt weiß ich endlich, warum auf diesem Käsemesser ›Blut und Ehre‹ steht«, da wurde dieser doch ernsthaft böse und verlangte von mir, diese Worte am Lagerfeuer offiziell zurückzunehmen. Ich tat das am Abend dann auch, wütend zwar, konnte aber den großen Heiterkeitsausbruch bei den im Halbdunkel lagernden Kameraden nicht verhindern.

Wie später zu berichten sein wird, gab es oft Situationen der Konfrontation zwischen dem gesunden »kölschen Freiheitsstreben« und der politischen Indoktrination der Nazis, dem diese nicht gewachsen sein konnten. Beim Arbeitsdienst mußte sogar ein Oberstfeldmeister und »Blutordenträger« den kürzeren ziehen.

»Blutorden« nannte man das numerierte NS-Ehrenzeichen für die Teilnehmer am Hitlerputsch – Marsch auf die Feldherrnhalle in München – am 9. November 1923; nach dem »Anschluß« Österreichs wurden damit auch PGs ausgezeichnet, die »um der Sache der Partei willen« länger als ein Jahr in Strafhaft gewesen waren; zu unterscheiden vom »goldenen Parteiabzeichen«, das den ersten 100.000 PGs, bewährten Kämpfern aus der NSDAP-Kampfzeit, verliehen worden und später bei den höchsten Würdenträgern des NS-Staates noch immer sehr begehrt war.

Der Jungbannführer und die Stammführer jener Zeit fielen mir zuerst auf durch die roten Köpfe, die sie hatten, als ich sie vor der Sonnwendfeier sah. An der ausgelassenen Stimmung glaubte ich zu erkennen, daß die Herren unter Alkohol standen, was ja an sich nicht weiter schlimm gewesen wäre. Nur konnte ich es nicht vermeiden, sofort an die Kommunisten von der Ecke Machabäerstraße zu denken. Dann stellte ich mir vor, wie diese Rotfrontler wohl in einer braunen Uniform ausgesehen hätten. Das Ergebnis war frappant: Sie unterschieden sich nicht mehr voneinander. Ich hatte aber keine Erfahrung mit diesen Menschentypen, weil sie in unserem Viertel nicht vorkamen, auch in der Schule nicht und ebenso nicht unter den gelegentlichen Handwerkern, Müllmännern, Schornsteinfegern, welche ich ja alle einmal zu Hause erleben konnte. Heute würde ich sagen, daß diese Führertypen am ehesten mit dem Bild von Cowboys aus den Westernfilmen verglichen werden können, unter denen es ja auch dünne, dicke, unsympathische und sehr sympathische gibt. Den Jungbannführer sollte ich dann einige Jahre später bei einer politischen Wochenendschulung in der Jugendherberge Köln-Kalk in rhetorischer Aktion erleben. Wir hörten als Zwölfjährige viel über die Verworfenheit der Juden und mußten rufen »Juda verrecke«, was allerdings kein Außenstehender hören konnte, weil es im geschlossenen Raum gerufen wurde. Offensichtlich war das als »Übung« gedacht für spätere praktische Anwendung in der Öffentlichkeit, was wir allerdings nie praktizierten, weil es uns nicht gefiel. Dagegen muß ich bekennen, daß wir das Lied:

»Tööf, tööf, tööf, da kütt dä Jud gefahre,
tööf, tööf, tööf in sinnem Kinderwage ...
tööf, tööf, tööf, wo will dä Jud denn hin ...«

öffentlich gesungen haben, nicht als Bekenntnis, sondern eher als eine Art Karnevalslied. Aber auch das ist ja schon nicht mehr ganz in Ordnung.

Dagegen entstand in uns sofort heftiger innerer Widerstand, als dieser Jungbannführer anfing, die Verabscheuungswürdigkeit der »Pfaffen« zu brandmarken – was überhaupt nicht zum Bild von unserem Pastor Hinsenkamp passen wollte. Dann ging es weiter mit Schimpfkanonaden über die Ordensleute, besonders die von »Waldbreitbach«. Was allerdings für schlimme Dinge in diesem Kloster in der Eifel sich ereignet haben sollten, das konnten wir in unserem Alter und wegen der unklaren Auskünfte des Jungbannführers nicht annähernd verstehen. Viel später erst hörten wir von homosexuellen Neigungen bestimmter Klosterbrüder und Vergehen im Zusammenhang mit den ihnen anvertrauten Schülern. So richtig scheint diese Waldbreitbach-Affäre damals nicht aufgeklärt worden zu sein. Meinen Onkel, den Prälaten, der mit dem Kirchengericht zu tun hatte, bestürmte ich mit Fragen, allerdings ohne ein überzeugendes Resultat, das mir in Erinnerung geblieben wäre. Im »Stürmer«, einer antisemitischen NS-Zeitschrift, die man an Straßenecken in Schaukästen lesen konnte, fand ich mit geschärften Sinnen jedoch Wochen später in dicken Lettern die Headline: *»Monsignore Ernst ein Kaftanjude«* über einem Artikel, der über unsere Familie keinerlei wahre Fakten enthielt. Diese Schmierblattjournalisten waren offensichtlich schlechte Rechercheure; denn sonst hätten sie gewußt, wie man eine Hetze glaubhaft »aufmachen« muß. Oder es hatte ihnen einfach an der Zeit zu Recherchen gefehlt, weil der Wille übermächtig geworden war, eine erlittene

Schlappe auszuwetzen. Ich kann mir das sogar ganz gut vorstellen, da mein Onkel gewitzt war: Vor seinem Theologiestudium hatte er den Posten des Finanzchefs in der Düsseldorfer Baufirma meines Großvaters brillant ausgefüllt.

Diese und viele andere Erfahrungen ließen uns fast alle auf innere Distanz zum Deutschen Jungvolk gehen, wobei durch unsere fortschreitende schulische Erziehung das kritische Bewußtsein geschärft wurde – in Paarung mit »kölscher Mentalität« wahrhaftig ein schlechter Nährboden für NS-Erziehungsmaßnahmen. Und dabei blieb es auch bis zum Ende des Dritten Reiches. Wir aber trauerten immer solchen Menschen wie Edgar und Lehrer Deister nach.

Dreikönigsgymnasium

Im 13. Jahrhundert gründete der Dominikanerorden in Köln sein Generalstudium, das Albertus Magnus 1248–1254 leitete. Thomas von Aquin war dort dessen Schüler. Später wurde es vom Jesuitenorden übernommen und »Tricoronatum« genannt. Auch Carl Schurz, der deutschamerikanische Staatsmann, war ein Schüler dieses Gymnasiums. Noch viele wären aufzuzählen, doch ich möchte es bewenden lassen mit dem Hinweis auf Georg Simon Ohm, der an dieser Anstalt als Physiklehrer gewirkt hatte und später das berühmte, nach ihm benannte Gesetz entdeckte. Ursprünglich lag das Tricoronatum gegenüber der Kirche St. Mariae Himmelfahrt, in der ich getauft wurde, dann wurde es verstaatlicht und in Dreikönigsgymnasium umbenannt. Es bezog einen Neubau am Thürmchenswall, nahe der Gegend UKH, UKB und dem Gebäude des Rundfunks. Diese Gegend war mir vertraut und acht Jahre lang Ziel der Schulgänge. Zuerst mit der Straßenbahn und später mit dem Fahrrad legten wir täglich den Schulweg von Neu-Ehrenfeld zurück, froh, in eine der besten höheren Schulen Kölns gehen zu können. Unsere Schülermützen machten uns für jeden Menschen als Schüler des Dreikönigsgymnasiums identifizierbar, was uns eigentlich gar nicht so paßte, weil alle unsere Jungenstreiche unnachsichtig die Täterermittlung zur Folge hatten. Als Sextaner trugen wir eine schwarze Mütze mit drei seitlich angebrachten, kleinen goldenen Kronen.

Das Lehrerkollegium war – aus heutiger Sicht beurteilt – von hoher Qualität und trachtete ständig danach, uns gemäß diesem Qualitätsanspruch zu erziehen. Und das war bisweilen hart.

Es gab für kleinere Vergehen einfache Schulstrafen wie Strafarbeiten, Nachsitzen, zu absolvieren morgens um sieben Uhr im Hebräischunterricht – oder, viel unangenehmer: Nach Schulschluß gegen 13 Uhr mußten wir in einer Klasse sitzen und ein langes Gedicht auswendig lernen. Dieses Strafnachsitzen war für denjenigen beendet, welcher das Gedicht fehlerfrei aufsagen konnte. Es war deprimierend, wenn man sich nicht konzentrieren konnte und eines der Schlußlichter bildete. Wir gelobten dann immer Besserung, damit uns nicht die schlimmste Strafe treffen konnte: das Consilium abeundi. Wurde man nämlich vom Dreikönigsgymnasium verwiesen, dann hatte man bei anderen erstklassigen höheren Schulen keine Chance, zur Fortsetzung der Schulausbildung aufgenommen zu werden. Und das Ansehen unter den Altersgenossen erlitt irreparablen Schaden. Dann war es schon ein leichteres Los, wenn man das Ziel der Klasse nicht erreichte, also »sitzenblieb«. Das beeinträchtigte zwar das Ansehen vorübergehend, wurde aber ausgewetzt, wenn man mittels einer »Quetsche« das verlorene Jahr aufholen und nach einer Aufnahmeprüfung wieder in den alten Klassenverband zurückkehren konnte. Heute würde man sagen, daß der Leistungsdruck beachtlich war.

Leistungsdruck aber ist nur dann praktizierbar, wenn er als Notwendigkeit von den Zöglingen akzeptiert wird. Und wir büffelten also, was das Zeug hielt. Unsere Eltern haben dabei mit uns beträchtliche Schwierigkeiten gehabt, weil sie dafür sorgen mußten, daß wir nach einer Mittagspause praktisch ununterbrochen bis zum Schlafengehen hinter unseren Büchern saßen. Deshalb waren wir froh, wenn »Jungvolk-Dienst« war, der in diesen Jahren mehr und mehr zu einer »Pflicht« wurde, an deren Ausübung uns die Eltern nicht hindern »durften«, was sie auch wohl wegen der Politisierung des allgemeinen Lebens nicht riskieren wollten. Denn die »Führer« waren stets darauf bedacht, solche Eltern ausfindig zu machen, denen sie einmal einen offiziellen Besuch spendieren konnten. Und das hatten unsere Eltern gar nicht gerne, wenn eine braununiformierte Delegation in die Wohnungen kam. So etwas vermied man besser, wo es doch schon vorgekommen war, daß die eigenen Kinder ihre Eltern bei der Partei über die Jungvolkführer angezeigt hatten wegen »politisch unerwünschten Verhaltens«. In unserem Freundeskreis ist mir allerdings ein solcher Fall nie bekannt geworden. Jeder aber wußte, was passieren konnte.

Unsere Motivation als Schüler des Dreikönigsgymnasiums verdient deshalb besondere Beachtung, weil sie der Schlüssel ist zum vollen Verständnis des großen Einflusses, welcher von unseren Lehrern ausging. Wir begannen mit Latein, und unsere Mütter konnten schließlich die Vokabeln besser als wir, dann kam ab Quarta Französisch dazu.

Dr. Melchior Oster brachte uns diese Sprache mit Intensität bei und war oft mit unserem Fleiß überhaupt nicht zufrieden. Dann rief er aus:

»Ihr seid der Ruin Deutschlands ...«

Bei jedem anderen hätten wir über solche Rufe gelacht, nicht aber beim »Oster«, weil wir ihn aus verschiedenen Gründen bewunderten. Er hatte auch keinen Spitznamen, was immer ein Zeichen dafür war, wie ernst ein Lehrer genommen wurde. Der »Oster« war Junggeselle und vermögend. Er verfügte über eine universale Bildung und über hohe Fähigkeiten in seinem Beruf. Er war klein und muskulös, hatte eine Glatze und trug eine goldene Brille. Seine Haut trug stets gesunde Bräune, weil er passionierter Bergsteiger war. Die Klassenkameraden erzählten sich, daß in den Alpen ein »Oster-Kamin« existiere, von ihm erstmals bestiegen. Seine Sprachkenntnisse hatte er im Lande erworben – später erlernten wir bei ihm auch die englische Sprache. Obwohl mir damals Sprachen überhaupt keine Freude machten, bin ich ihm allein wegen der Fertigkeiten im Englischen dankbar. »Oster« war ein Weltbürger und kein Nazi, er war ein Schöngeist und irgendwie etwas sonderlich, wie sich auch in seinem traurigen Ende zeigen sollte.

Wenn man eines der französischen unregelmäßigen Verben nicht richtig anwandte, dann gab es bei jedem Verstoß eine schlimme Strafarbeit. Man mußte alle unregelmäßigen Verben einschließlich der damit verbundenen Redewendungen zehnmal (!) abschreiben. Das war viel Papier, welches sauber beschrieben werden mußte, denn der »Oster« kontrollierte genau, um unser Elaborat erst dann zerrissen in den Papierkorb zu werfen. Diese Fetzen trotzten all unseren Bemühungen, sie für den nächsten Fall zu »retten«.

An einem Abend saß ich noch spät über dieser Strafarbeit, die ich am nächsten Morgen abzuliefern hatte, als mein Vater nach mir sah. Auch er war ein strenger Studienrat, aber an einer anderen Schule tätig, weil er unbedingt vermeiden wollte, daß ich aus seiner Tätigkeit ungerechtfertigte Vorteile zog. Er meinte, an »seiner« Schule wäre eine solche Strafarbeit deshalb nicht möglich, weil es mit Sicherheit Elternproteste geben würde. Er aber protestierte nicht.

Während des Bombenkrieges – ich war damals bereits als Soldat in Rußland – wurde vom traurigen Ende des Dr. Melchior Oster berichtet. Die Bomben hatten sein großes Haus nahe der Friesenstraße getroffen und alle seine Bücher und Kunstschätze vernichtet. Er und seine Haushälterin aber waren entkommen und wurden beide auf einem Pferdewagen mit etwas restlichem Hausrat gesehen, als sie Köln verließen. Einige Tage später wurde Dr. Oster am Grabe seiner Mutter auf dem Friedhof Melaten erschossen aufgefunden. Er hatte seinem Leben selbst ein Ende gesetzt.

Diese Persönlichkeit war eine von der Handvoll Lehrer, denen wir die Grundlage unserer Erziehung zu verdanken haben und die wir später nicht hoch genug schätzen konnten. Die Ausprägung unserer charakterlichen Anlagen und unsere Persönlichkeitsfindung geschah hauptsächlich in diesen Jahren bis zu unserem Abitur, die Intensität dieser Einwirkungen aber nahm immer mehr zu, je älter wir wurden. Es war ein komplizierter Prozeß, wie mir auch heute noch scheinen will und weshalb Näheres zu den einzelnen Lehrern gesagt werden muß. Darüber soll aber nicht der Einfluß der Freundschaft mit Gleichaltrigen vergessen werden.

Meine Freunde

Während der Volksschulzeit bezeichnete ich Walter als meinen Freund. Sein Vater war Beamter in der Reichsbahndirektion und konnte uns so ausgedientes nachrichtentechnisches Material zugänglich machen. Zwischen unseren Häusern, quer über die Straße über Eck, spannten wir einen Draht als Telefonleitung. So standen wir ständig in Verbindung, auch wenn wir nicht aus dem Haus durften. Denn Freunde wollen ja immer alles zusammen machen. Unser Hauptspiel im Hause war »Büro«, mit allem, was dazugehört: Stempel, eine alte Schreibmaschine und Aktenordner. Damit organisierten wir aber erst unsere eigentlichen Spiele: Refugio-Bande, Bau von technischen Modellen aller Art (mittels Reichsbahnmaterial und Märklinbaukästen) und Filmvorführung. Edgar kam auch öfter dazu, denn er hatte einen viel besseren Filmprojektor als wir und viele, viele Filme von Charlie Chaplin und anderen Stars der zwanziger Jahre.

Da Walter auf eine andere Schule als ich geschickt wurde, kühlte diese Freundschaft mehr und mehr ab, denn die Mittelschule erzog anders als ein Gymnasium; er gewann neue Freunde, und wir hielten lose Verbindung, bis er aus dem Felde nicht mehr zurückkehrte. Unsere gemeinsamen Jahre aber blieben in guter Erinnerung. Er war der erste aus unserem Kreis, der dahinging, und hinterließ herbe Trauer. Alle die anderen zu nennen, die sein Schicksal teilten und mit mir irgendwie enger verbunden waren, würde den Rahmen sprengen. Es waren ja sehr viele, zu viele.

Zwei andere Freunde aus dieser Zeit mit dem gleichen Schicksal wie Walter aber dürfen nicht übergangen werden, weil sie zwei gegensätzliche Spielarten verkörpern unter den uns damals gegebenen Entwicklungsmöglichkeiten. Jeder von uns war letztlich mit seinen Entscheidungen allein, er mußte seinen eigenen Weg finden und tat sich schwer dabei. Die Ideale, zu denen wir hinerzogen worden waren, führten manchen in ein auswegloses Dilemma. Jeder wollte unbedingt so anständig und ehrenhaft bleiben, wie er es mit äußerster Anstrengung konnte. Seine schwachen eigenen Kräfte wurden ihm bewußt, und offiziell gab es nur eine Orientierungsphilosophie, und die wurde mit jedem Tag des Krieges »brauner«. Wieviel leichter hatten es da jene, die auf bewunderte Vorbilder blicken konnten, welchen es dank ihrer Lebenserfahrung gegeben war, zwischen Zeitwert und Ewigkeitswerten deutliche Unterschiede zu machen. In der Rückschau sieht das ja viel einfacher aus, als es war. Jedem blieben bei seiner Orientierung Zweifel, und er war ganz allein, um mit ihnen fertig zu werden. Denn das Leben ging weiter, und die politischen Ereignisse eskalierten in atemberaubendem Tempo. Jeder mußte sorgfältig mit seinem Gewissen zu Rate gehen, nur wenig Zeit stand ihm für lebensprägende Entscheidungen zur Verfügung. Machte er alles wirklich richtig? Hin und her gerissen fand mancher nirgends Trost. Auch heute sind wir alle aus diesen Tagen noch immer damit beschäftigt »aufzuarbeiten«. – Was war denn schon »normal« im Dritten Reich?

Jürgen hatte eine ältere Schwester, die hübsch und blond war. Sie konnte steppen, wir beide mochten sie sehr gern. Oft lieh sie uns ihr Koffergrammophon mit vielen Tanzplatten, die wir beide alle auswendig konnten und bei jeder Gelegenheit vokal intonierten. Jürgen war ein Junge mit sehr guten sportlichen Leistungen, weshalb er von mir bewundert wurde, denn ich habe Sport nie gemocht. Er konnte auch in der Schule überdurchschnittliche Leistungen vorweisen und besuchte das Realgymnasium Spießergasse, an dem mein Vater einmal tätig gewesen war. Mit Jürgen kam ich eigentlich zusammen, weil wir grundlegende gemeinsame Interessen hatten: Wir interessierten uns für das Ingenieurwesen. Durch Jürgens Vater, der Diplomingenieur beim TÜV war, standen uns manche Unterlagen zur Verfügung. Auch durfte mein Freund ein Luftgewehr haben, was mir verboten war. Wir konnten nach Herzenslust jeden Tag so viel schießen, wie wir wollten, da Jürgens Mutter eine sehr verständnisvolle Frau war und uns beiden unseren Freiraum ließ. Die Schießübungen waren allerdings nicht immer unbedenklich, weil wir versuchten, die Kunstschützen zu imitieren: Zwischen die Finger jeder Hand wurde je ein Holzklötzchen gesteckt, das der andere dann aus fünf Metern Entfernung – so lang war der verfügbare Raum in Jürgens Zimmer – treffen mußte. Nie schoß einer von uns daneben. Dann bekam Jürgen einen wunderbaren Schreckschuß-Trommelrevolver, einen zehnschüssigen. Das war einfach Spitze. Ich durfte so ein Ding nicht haben, weil meine Eltern dagegen waren. Dennoch habe ich einen Trommelrevolver bekommen, wenn auch auf Umwegen: Den Grundbetrag zweigte ich vom Lohn für gute Klassenarbeiten ab, den Rest lieh ich bei Jürgen und stotterte ihn ab. Es war ein sechsschüssiger Revolver, verchromt und mit schwarzen Griffschalen. Ich suchte lange nach diesem Modell, denn es hatte den Ausschuß vorne, so wie bei »scharfen« Waffen. Der Lauf war innen verjüngt, so daß man keine Flobbertmunition verschießen konnte, leider. Wir halfen uns dann mit einem kleinen Kaliber, bestehend aus Bleikügelchen, die mit Wachs befestigt in die Patronenlager der Trommel eingesetzt werden mußten. Das war ein Gefühl, ein solches Schießgerät zu besitzen! Fortan spielten wir »Detektiv«. Unsere Aufgabe bestand darin, gewisse Mitmenschen zu beobachten. Das waren hauptsächlich solche, deren Verhalten von der Norm gemäß unserem Verständnis abwich. Wir schrieben das dann in langen Berichten unseres »DK«-Büros nieder, denn das war der Name. Auch verpflichteten wir andere Jungen als »DK-Gehilfen«, die wegen der Geheimnistuerei der beiden »kleinen Chefs« begeistert mitmachten. Nachdem aber die Begrenztheit in den Wirkungen unserer

Anstrengungen überdeutlich geworden war, verlor zuerst Jürgen den Spaß an der Sache.

Inzwischen waren wir beide beim »Deutschen Jungvolk« Führer einer Jungenschaft geworden. Solange ging unser Verhältnis noch gut. Dann wurde Jürgen schnell in höhere Chargen befördert, ich aber blieb, was ich war. Jürgen ließ sich jetzt von der NS-Ideologie begeistern und folgte damit dem Trend seiner Familie. Bei der war die SS »das Höchste«, bei mir nicht. Als Soldat gab Jürgen sein Bestes und blieb auf dem Schlachtfeld, von mir auch heute noch wehmütig betrauert, weil ich ihn liebte und weil er mir in so vielen Dingen Vorbild gewesen war. Dabei hatte es mich nie gestört, daß er evangelisch gewesen war, weil er die Verpflichtungen eines Katholiken stets akzeptiert hatte. Die als innig zu bezeichnende Freundschaft mit Jürgen kann auch dadurch gekennzeichnet werden, daß sie eine Periode währte, in der wir noch nicht mit Interesse nach Mädchen sahen. Wir waren nur mit uns selbst beschäftigt und träumten von unseren zukünftigen Verdiensten für das Wohl unserer Mitmenschen. Dabei stellten wir an uns hohe Anforderungen und erzogen uns durch gegenseitige Kontrolle beim Ablegen schlechter Eigenschaften. Und diese Kontrolle funktionierte viel besser als von irgendeinem anderen Menschen, weil ja die uns heilige Freundschaft dahinterstand.

Da ich auch heute zu jedem Termin – genau wie damals – immer erst im letzten Moment erscheine, stelle ich mir oft vor, um wie vieles später ich kommen würde, wenn Jürgen nicht gewesen wäre. In anderer Beziehung hat diese Art von Erziehung aber wohl besser funktioniert, denn meine schulischen Leistungen besserten sich, auch für meine Eltern dokumentarisch sichtbar, ganz erheblich. Jürgen verkörperte also die NS-Spielart des Freundes, obwohl wir während unserer Beziehung noch zu unreif waren, um politisch überhaupt mit einem geringen Tiefgang zu diskutieren. Wir nahmen das, was in den Heimabenden erzählt wurde, mehr oder weniger passiv entgegen. Die uns unterrichtenden Jungvolkführer waren sowieso nicht mit Prestige versehen, weil wir wußten, daß sie in der Schule deutlich schlechter waren als wir beide. Unsere eigene Tätigkeit als Jungenschaftsführer bestand darin, die Jungenschaft antreten zu lassen, Uniform und Körperpflege zu kontrollieren, die Strichliste für die Anwesenheit zu führen und mit den

Jungen zu exerzieren. Ein eigentlicher Unterricht fand durch uns nicht statt, es sei denn das Lehren von Liedern. Wir beide lernten so sehr gut, allein vorzusingen, was ja auch in den Studentenverbindungen alten Stils wegen des pädagogischen Wertes geschätzt wurde. Schließlich mußten wir noch die Beiträge bei den Eltern der Jungen einsammeln, was uns in manchen Fällen in ein Milieu führte, das wir noch nicht kannten. Wir sprachen oft darüber, was man tun müsse, um diese Menschen in Zukunft zum Besseren zu ändern.

Die andere Spielart des Freundes kann man als »Anti-NS« bezeichnen. Sie wurde verkörpert durch »Hänschen«. Natürlich hieß er Hans, aber so nannte ihn keiner. Er war zwar ein Klassenkamerad von Jürgen, aber weder sportlich noch waffenbegeistert, noch NS-ideologisiert. Er war ein kleiner Intellektueller mit glänzenden schulischen Leistungen, musikalisch, von empfindsamem Charakter und aufrichtigem Wesen. Auch er hatte eine ältere Schwester, die Bibliothekarin war, an Tanzmusik uninteressiert und feingeistig. Sie konnte uns alle Literaturwünsche erfüllen und kommentieren. Ihre Anregungen kamen aus einem nie versiegenden Quell, wir konnten uns nur ständig bemühen, sie an Belesenheit einzuholen, was uns aber nie gelang. Hänschen war eigentlich nicht allein mein Freund. Wir bildeten ein »Triumvirat«, es war noch ein Dritter im Bunde. Und der hieß Gerd, charakterlich von Hänschen und mir grundverschieden, aber mit mir in einer Klasse. Er lebte erst seit einiger Zeit in unserem Viertel. Sein Vater war Studienrat am Dreikönigsgymnasium und Altphilologe; wir hatten bisweilen bei ihm Unterricht. Da unsere Lateinkenntnisse viel zu wünschen übrigließen, gab er uns Nachhilfe in diesem Fach. Zum Ausgleich unterrichtete mein Vater Gerd, der zu dieser Wissenschaft nie ein Verhältnis finden konnte, in Mathematik. Ich mußte natürlich aus Paritätsgründen an diesen Stunden ebenfalls teilnehmen, obwohl ich im Fach selbst keinerlei Schwierigkeiten hatte. Dafür aber diente ich meinem Vater dann als Blitzableiter: Ich bezog alle die Ohrfeigen, die eigentlich meinem Freunde Gerd zugedacht waren, wenn meinem Vater wegen der Sturheit von Gerd – nicht wegen der Dummheit, denn das traf nicht zu – der Geduldsfaden riß.

Gerds Vater hatte in Latein auch mit mir seine liebe Not, verlor jedoch niemals die Geduld. Wenn die Angst vor der drohenden Lateinarbeit übermächtig wurde, dann tippte er mir zu guter Letzt noch einen Spickzettel auf seiner Reiseschreibmaschine. Diese ruhte dann auf seinen Knien, und seine Finger flogen so schnell wie seine stets wohlformulierten Reden über die Tasten. Diese Art, Schreibmaschine in allen Lebenslagen zu schreiben, war Journalistenart. Und Gerds Vater hatte in den zwanziger Jahren als Leitartikler bei einer angesehenen Kölner Tageszeitung reüssiert, ehe er dann bei sich wieder verbessernden Einstellungsbedingungen in den Schuldienst trat. Seine Kontakte zu den Journalisten dieser Zeit aber rissen auch bei verändertem politischem Umfeld nie ab bis zu seinem Tode. Er besaß eine für einen Privatmann ungewöhnlich umfangreiche Bibliothek, hatte viele Buchbesprechungen verfaßt und trauerte immer noch der journalistischen Freiheit nach. Seine Dissertation *»Voltaires Stellung zum Optimismus«* wirft ein Licht auf seine universal angelegte Bildung, bei der allerdings Naturwissenschaften keine Rolle spielten – zu meinem Leidwesen, weil sich meine eigenen Interessen mehr und mehr auf dieses Feld konzentrierten. Daneben aber hielt ich die Philosophie im Zusammenwirken mit den Naturwissenschaften für sehr wichtig, was auch Hänschen tat. Uns beiden aber war es nie gegeben, unsere Gedanken so vollkommen zu Papier zu bringen, wie es Gerds Vater vermochte. Später leistete er mir noch bisweilen Formulierungshilfe.

Schon viel früher konnte ich Erfahrungen mit dem gedruckten eigenen Wort sammeln, aber es war nicht das »eigene«. Und das kam so: Inzwischen war die Mitgliedschaft im Jungvolk bzw. der Hitlerjugend Pflicht geworden; der »Staatsjugendtag« bescherte uns einen schulfreien Samstag; mein Interesse am Jungvolk war unter den Nullpunkt gesunken, was meinen »Führern« auch nicht verborgen blieb. Clever genug gab ich nie Anlaß zu direkten disziplinarischen Maßnahmen, aber ich wurde zum »Problem« für meine »Führer«, denen es irgendwie nicht gegeben war, mich zu »fassen«. Man ernannte mich also kurzerhand zum *»Pressereferenten«*.

Das war wohl auch dadurch gekommen, weil ich in den bisweilen veranstalteten »Erzählerwettbewerben« glänzen konnte – allerdings mit Themen, die mit der NS-Philosophie nichts zu tun hatten. Ich erinnere mich noch an einen Auftritt als Zwölfjähriger in einem Zeltlager: »Kampf den Wilddieben und Waldfrevlern«. Da konnte ich meine Begeisterung für die Natur in spannende Kurzweil umsetzen und bekam entsprechenden Beifall. Als Pressereferent hatte ich es schwerer. Die Themenstellungen wurden vorgegeben. Allerdings konnte man aus jedem Thema etwas machen, wenn man es mit einem »Freßreiz« für Jungen ausstattete. Schließlich wurde ich dafür bekannt, spannend über Ereignisse zu schreiben, an denen ich selbst nachweislich nicht teilgenommen hatte, wie Aufmärsche oder Umzüge in früher Morgenstunde bei nationalen Ereignissen, die sinnigerweise »Wecken« genannt wurden.

Man ließ mich aber gerne schreiben und weniger marschieren. Als »Pressereferent« benötigte ich natürlich auch eine gewisse Ausbildung, wie meine Führer meinten. Ich wurde also zu Lehrgängen im Rahmen der örtlichen Vertretung der Reichsschrifttumskammer geschickt. Dort traf ich nur selten Gleichaltrige, vielleicht hatten die anderen jungen Pressereferenten die Umerziehung nicht so nötig wie ich. Mit gespitzten Ohren und wachen Augen nahm ich die sich mir bietenden neuen Eindrücke kritisch auf. Allerdings fiel es mir in den Abendstunden oftmals schwer, die Augen offenzuhalten, nicht wegen der Müdigkeit, sondern wegen des blauen Dunstes. Alle diese Journalisten waren starke Raucher – wie ich selbst viel später leider auch. Der blaue Dunst wurde von mir sinnbildlich gewertet, obwohl er dann wohl besser als »brauner Dunst« zu bezeichnen gewesen wäre. Ich stand vor dieser Welt des NS-Journalismus mit kritischem Staunen und benötigte dringend normsetzende Informationen. Alles habe ich natürlich damals nicht begriffen, wohl aber die mir erkennbaren Bemühungen dieser NS-Journalisten, es hauptsächlich zu Fertigkeiten in der wirkungsvollen Verpackung der vorgeschriebenen Nachrichten zu bringen. Naiv meinte ich, daß eine Nachricht erst dann gut sei, wenn sie kritisch recherchiert würde. Vor solchen Aktivitäten aber warnte man offiziell sehr. Jungen haben ja eine ausgeprägte Wahrheitsliebe – und diese wurde bei diesen Schulungen grob enttäuscht. Aber nicht nur die Recherchen wurden verboten, wenn sie auf eigene Faust geschahen, auch die eigenen Gedanken zu den vorgesetzten Nachrichten waren unerwünscht. Es kam einzig und allein darauf an, die diktierte Nachricht gut zu verkaufen – egal, was man selbst dachte. Sogar bei offensichtlichen Nachrichtenpannen – denn wo gibt es diese nicht – durfte auch nicht eine Spur von Humor oder Witz durchscheinen. Kein Wunder also, daß die Leser der Gazetten dieser Zeit zu der Meinung kamen: Alles ist wohlgeordnet, die »neudeutschen« Bemühungen und Verhaltensmuster sind die edelsten der Welt und die nordische Rasse sowieso. Alles wurde blitzsauber präsentiert. Und fiel einmal ein Rußkörnchen auf eine der wunderbaren »neudeutschen Errungenschaften«, so sagten diese Leser: »Wenn das der *Führer* wüßte!«

Und tatsächlich, die nationalsozialistische Ideologie wurde »gut verkauft«. Da »denken lassen« viel risikoloser ist als »selbst denken«, bildete sich erstaunlich schnell das sogenannte »gesunde Volksempfinden« dieser Zeit und übte einen Sog auf alle Zauderer aus, deren Gehirne dann auch »gebräunt« wurden. Ich stand immer fassungslos vor dieser massensuggestiven Wirkung, verlieh sie dem Opfer doch eine hohe Meinung von sich selbst. Bei jungen Leuten unseres Schlages aber funktionierte das nicht so einfach – wir hinterfragten mehr, als die Partei erlaubte.

Gerds Vater konnte mir ein ganz anderes Bild von echtem und verantwortungsvollem Journalismus zeichnen. Sicherlich hätte ich mich später diesem Beruf voll engagiert zugewandt, wenn mir nicht schon damals die Grenzen meiner schriftlichen Ausdrucksfähigkeit klar geworden wären. Gerd dagegen schrieb einen gefälligen, flüssigen Stil und war auch sonst ein netter Kerl. Sein Interesse galt mehr der Realität als dem Spintisieren. Er war sich aber dennoch nicht zu schade, die langen philosophischen Exkurse von Hänschen und mir über sich ergehen zu lassen, um uns dann, wenn wir fast rettungslos ausuferten, wieder auf den soliden Boden der Tatsachen zurückzuführen. Auch bei den Mädchen kam seine Art besser an, vielleicht deshalb, weil Frauen wohl mehr Spaß haben wollen, als kleine Philosophen ihn im Repertoire führen. Ausnahmen bestätigen die Regel natürlich auch hier: Doch diese Mädchen waren dann deutlich weniger hübsch, neigten zur Melancholie oder waren viel älter als wir. Das registrierten wir schnell, konnten uns aber der Faszination solcher Frauen, die eben keine Mädchen mehr waren, nicht entziehen. Unsere Dreierbeziehung, die wir ja Triumvirat nannten, war also recht vielseitig angelegt und besaß ein beachtliches Spektrum an Erlebnismöglichkeiten, die wir wohl nutzten. Es war nie langweilig. Entweder gingen wir auf Gerds Rat dorthin, »wo was los war«, oder wir standen nächtens stundenlang an den Straßenecken und diskutierten. Immer bestrebt, unseren Horizont zu erweitern, besuchten wir gemeinsam Vorträge, Theateraufführungen, Konzerte und – leidenschaftlich! – Buchhandlungen und Antiquariate. Oder wir gingen bei der Luftschutzverdunkelung einfach mit zwei Mädchen durch die Straßen und plauderten. Deshalb hat der helle Mondschein im Herbst auch heute noch für mich süße Reize, die nur ohne Straßenbeleuchtung wach werden. Es war eine Zeit der großen Erwartungen.

Das traurige Ende von Hänschen warf seine Schatten weit voraus, wie wir nachträglich zu erkennen glaubten. Er hatte später Medizin studieren wollen und wäre gewiß ein sehr guter Arzt geworden mit einer besonderen Antenne für die psychosomatischen Einflüsse, wie ich mir vorstellen kann. Aber es sollte anders kommen. Zunächst sah alles für ihn sehr vielversprechend aus, weil er bei der Musterung für das Militär als »bedingt k.v.« eingestuft wurde, während Gerd und ich »voll k.v.« waren. »K.v.« bedeutet »kriegsverwendungsfähig«. Während Gerd und ich nach dem Abitur sofort zum Arbeitsdienst eingezogen wurden, konnte Hänschen mit seinem Studium beginnen. Fortan besorgte die Feldpost unsere nunmehr schriftlich ausgetragenen Diskussionen, und wir beneideten unseren Freund um seine Möglichkeiten.

Die gesundheitliche Beeinträchtigung von Hänschen ging auf einen Unfall während einer Fahrradtour durch den Thüringer Wald zurück, welche wir drei gemeinsam unternommen hatten. Bei der Talfahrt nach Hildburghausen verfing sich seine Brotbeutelklammer im Hinterrad, so daß er bei hoher Geschwindigkeit stürzte und den Oberschenkelhals unglücklich brach. Der Heilungsprozeß verlief nur schleppend, was aber unser aller Lebensfreude dennoch keinen grundlegenden Abbruch tat.

Die Kriegslage verschlechterte sich, und die »uk« gestellten Studenten wurden eingezogen. Jetzt waren sie also abkömmlich. Und sie kamen sofort zu Truppenteilen, die einem besonderen Verschleiß ausgesetzt waren. Die mittlere Lebenserwartung eines Infanteristen betrug bekanntlich nur *drei* Monate, wenn er richtig ausgebildet ins Feld zog. Hänschen aber war zu einer Landsturmeinheit eingezogen worden und wurde dann zu einer Alarmeinheit versetzt. Jeder wußte, daß das nur Kanonenfutter war. Hänschen erreichte die statistisch zu erwartende mittlere Verweildauer nicht, er wurde in Rußland als »vermißt« gemeldet. Gerd und ich hoffen, daß ihm ein noch qualvolleres Ende erspart geblieben ist, und halten ihn in ehrendem Gedenken und lieber Erinnerung. Er hatte so hohe Ansprüche an sich gestellt, und er konnte nur so bitter wenig davon realisieren.

Es ist Krieg

Adolf Hitler sprach aus dem Lautsprecher des »Großdeutschen Rundfunks« mit markiger, suggestiver Rhetorik, daß nun gegen »die Polen zurückgeschossen« werde, umrahmt von rauschender Marschmusik. Mir war als 15jährigem zuerst »erhebend« zumute, dann sah ich meine weinende Mutter, und mir kamen Zweifel. Als ich nun hörte: »Junge, jetzt ist Krieg«, versuchte ich zu verstehen, was die Erwachsenen meiner Unerfahrenheit voraushatten. Jahrelang sollte ich mich dieser Szene in unserer Küche erinnern.

Radio hieß nun Rundfunk und hatte als Medium im letzten Jahrzehnt eine rasante Verbreitung gefunden. Die preiswerten »Volksempfänger« standen in praktisch jeder Familie, wir hatten bereits das zweite Radio fortschrittlicher Technologie. Auch bei uns war bei den »wichtigen« Sendungen immer die ganze Familie um den Lautsprecher versammelt, der in der Durchreiche zwischen Küche und Wohnzimmer stand. Die Türen dieser ursprünglich für Speisen und Geschirr bestimmten Öffnung waren von der Küche aus zuklappbar – damit konnten die »langweiligeren« politischen Sendungen von den Frauen und Kindern leicht separiert werden. Auf der anderen Seite, verborgen hinter einem Wandbehang, ertönte der Lautsprecher unbeschadet des Küchenlärms und fand stundenlange, konzentrierte Aufmerksamkeit bei meinem Vater. Denn dort stand auch eine Chaiselongue, auf der er nach dem Schuldienst wieder frische Kräfte zu sammeln pflegte. Seine Aufmerksamkeit war ständig angespannt, keines der gesendeten Wörter wollte er überhören, weil es ja »Information aus erster Hand« war. Übrigens hat er auch nach dem Kriege diese Eigenschaft nie abgelegt – trotz meiner gelegentlichen Bemerkungen über die »Nachrichten« mit täglich konstanter Sendedauer, so als habe der liebe Gott dafür gesorgt, daß jeden Tag nur so viel Wichtiges passiert, wie die Sendedauer zu berichten erlaubt. Damit ich aber nicht recht behielt, wurden ja die »Sondermeldungen« eingerichtet, an charakteristischen Orchesterklängen deutlich erkennbar. Ganz im Gegensatz zu dieser Ankündigung stand das Zeichen von »Radio London«, es waren nur einfache Trommelschläge in unverwechselbarem Rhythmus. Offiziell war es unter Strafandrohung verboten, diesen und andere Auslandssender mit deutschen Nachrichten zu empfangen. Man mußte deshalb unbedingt verhindern, daß die falschen Ohren mithörten. So machten es »alle« Leute, der allgemeine Nachrichtenhunger war enorm.

In unserer Familie war es immer üblich, daß beim Tischgespräch alle Erlebnisse der Familienmitglieder recht ausführlich abgehandelt und diskutiert wurden. Diese Gespräche waren wichtiger Teil unserer Erziehung, uns als solche aber weniger bewußt. Je turbulenter das Weltgeschehen wurde, desto länger saßen wir dann auch nach Tisch noch zusammen. Mein Vater verleugnete nie seine Berufung zum Studienrat, fand aber in mir mit zunehmendem Alter einen immer hartnäckiger werdenden Diskussionspartner. Natürlich blieben uns dabei keine Schwierigkeiten erspart. Ich vertrat meinen jeweiligen Standpunkt ausdauernd auch gegen Widerstand und schleppte schließlich zu meiner Rechtfertigung Literatur aller Art an den Mittagstisch! Wenn ich auch dann nicht zu überzeugen vermochte, beendete zu meinem Leidwesen ein Machtwort meines Vaters die Diskussion: »Ich habe recht, denn ich habe die größere Lebenserfahrung.«

Auch das paßte mir natürlich nicht. Es gab harte Rügen, die mich empfindlich in meinem Selbstwertgefühl trafen. Ich habe nie vergessen, sondern die nächste Gelegenheit beim Schopfe ergriffen und versucht, weiterzudiskutieren. Dann konnten zweierlei Dinge passieren: Entweder vergriff ich mich im respektvollen Ton – dann sagte er stets: *»C'est le ton qui fait la musique ...«*, oder ich beachtete sorgsam die Formen, dann war die Rüge: *»Da kannst du dir so viel zusammenlesen, wie du willst, mit zunehmender Reife wirst auch du einsehen müssen, daß deine Ansicht nicht richtig ist.«*

Es waren keine leichten Zeiten für mich, zumal ich meinen Vater liebte und wegen seiner intellektuellen Fähigkeiten auch bewunderte. Seine Haltung war stets aufrecht und tapfer, seine Entscheidungen traf er mit viel Bedacht. So fragten wir ihn einmal, warum er nicht wie so viele andere Nachbarn in die NSDAP eintrete. Er machte uns klar, wie sehr jeder Mensch seiner wahren Überzeugung verpflichtet sei, und die »Partei« entspreche dieser in sehr vielen Punkten nicht. Wir meinten dann, daß damit für ihn doch Nachteile verbunden sein müßten. Er sehe diese nicht, war seine Antwort. Jedoch dürfe man heute nicht völlig abseits stehen, dann würde man als »Drückeberger« gelten. Deshalb habe er für seine Schule die Obmannschaft für den VDA (Verein der Deutschen im Ausland) übernommen. So blieb es dann bis zum Ende des Dritten Reiches: VDA statt NSDAP. Irgendwelche Nachteile sind meinem Vater aus dieser Entscheidung nicht entstanden.

In diesem ganzen Zusammenhang muß die Funktion der Medien im Dritten Reich betrachtet werden. Die Printmedien erreichen ja einen isolierten Leser, der also fast ausschließlich durch das gedruckte Wort beeinflußt werden kann. Die ansprechende Wiedergabe von Bildern in damaliger Zeit besaß nämlich nicht die heutige Perfektion. Die Audiomedien boten bereits sehr viel mehr an Suggestion, weil musikalische Umrahmung, Ton der Berichterstatter und besonders das von einem wirkungsvollen Redner ausgehende Fluidum Wirkungen in das Unterbewußtsein hinein auslösten, denen fast alle – mindestens zeitweise – total erlagen. Denn der Rundfunk wurde immer von mehreren Leuten, die miteinander agierten, gehört, und sein Abhören in Gemeinschaft war sogar während der Schulzeit angeordnet. Die Teilnahme an politischen Veranstaltungen bei »Großkundgebungen« zeitigte natürlich noch größere Wirkungen; diese Spektakel wären aber ohne Lautsprecherübertragungen als Massenveranstaltung unmöglich gewesen. Ich bin heute der Meinung, daß man die deutsche Massenideologisierung durch die NS-Thesen erst mittels der mehr oder weniger zufällig gleichzeitigen Fortschritte in der Rundfunktechnik ermöglichen konnte. Das war ja ganz neu, das hatte vorher nicht seinesgleichen, und das war eine Wirkung, die auch zukünftig kein anderes Medium mehr wird erreichen können, weil ein so großer Vertrauensvorschuß sich bei den Menschen in unserem Lande nur einmal bewirken läßt. Die Menschen wurden durch die »Gleichschaltung« dieses neuen Mediums mit doppelter Wucht getroffen, sie wären überfordert gewesen, wenn sie hätten widerstehen wollen. In dieser Medientechnik mag eines der Geheimnisse dieser tragischen Massenbeeinflussung in so wenigen Jahren liegen: eine plausible Erklärung, wie mir auch heute scheinen mag, keine Entschuldigung aber für das Umsetzen in Taten. Der zentral gesteuerte »Großdeutsche Rundfunk« war für die Deutschen schicksalhaft und einmalig.

Diktaturen leben von der Gleichschaltung aller Gedanken der Untertanen. An sich waren die Gedanken natürlich »frei«, aber es war unter Strafandrohung verboten, mit anderen über »Gedanken« zu reden, die von der offiziellen NS-Ideologie abwichen. Und es wurde intensiv dafür gesorgt, daß alle wußten, wie die offizielle Meinung zu lauten hatte. Alle Menschen dieser Zeit konnten ganz genau unterscheiden, bei wem sie »frei« reden durften ohne Gefahr für Leib und Leben. Besonders den Heranwachsenden machte diese Beschränkung viel zu schaffen, denn bei ihnen ist die individuelle Meinung ja noch im Entstehungsprozeß, der zu seinem Ablauf unbedingt der Erprobung in der Diskussion bedarf. Diese aber war sehr eingeschränkt. Die Menschen halfen sich in dieser Einengung auf mannigfache Weise. So war das Erzählen von Witzen über die »braunen« Machthaber sehr beliebt, weil man darüber tatsächlich sehr befreiend lachen konnte, mehr als über die meisten Witze heute. Aber auch das brachte manchen ins KZ (Konzentrationslager), wobei es allerdings sehr darauf ankam, wer welchen Witz erzählt hatte. Es gab nämlich einen gewissen Idiotenbonus, den mancher schlau zu nutzen verstand. Beliebt war es auch, die Machthaber in Stimme und Redefall täuschend echt zu imitieren und dabei nur unverfängliche Sachen zu erzählen. Später hörte ich in Rußland ganz ähnliche Geschichten von der einheimischen Bevölkerung. Denn diese stand auch unter einem unabwendbaren Nachrichtenterror. In den Dörfern der Ukraine beispielsweise hing in allen Häusern ein einfacher Lautsprecher ohne Gehäuse unter der Lampe, der mit einer dörflichen Zentrale verbunden war. Das war billig (heutiger Marktpreis wäre um drei Mark) und vielleicht in einer möglichen Doppelfunktion sogar teuflisch. Denn ein Lautsprecher kann sehr wohl als Mikrofon dienen, was ich allerdings nie habe tatsächlich am Ort nachweisen können. Da waren wir mit den »Volksempfängern« schon besser dran, denn diese hatten auch keine plombierten Wellenbereiche. Bei Radiogeräten in der Tschechoslowakei habe ich nach dem Kriege aber solche Wellenbereichssperren selbst gesehen. Und uns als Bastler hätten damals derartige Mätzchen auch nicht abgehalten, weil Radiobasteln allgemein Mode war.

Die Zeit vor der »Machtergreifung« war für jeden sichtbar durch große elementare Not weiter Kreise der Bevölkerung gekennzeichnet. Diese litten nicht nur unter materiellen Mängeln aller Art, sie hatten bohrenden Hunger! Als wir noch in der Altstadt wohnten, wurde ich oft Sonntag nachmittags nach dem Essen mit den eingepackten Resten zu einer uns bekannten Familie geschickt. Sicherlich taten meine Eltern das deshalb, weil die Annahme des Paketes von einem unverständigen Kind diesen Leuten keine Beugung ihres Stolzes abverlangte. Ich konnte ja auch gar nicht verstehen, was da eigentlich los war. Jedesmal habe ich dann kleine Geschenke erhalten wie ein Zigarettenbildchen oder ein Bonbon. Nachdem das WHW (Winterhilfswerk) eingeführt worden war und alle Familien an einem Sonntag im Monat verpflichtet waren, nur Eintopf auf den Tisch zu bringen, da brauchte ich auch keine Essensreste mehr auszutragen. Diese armen Leute erhielten von der Partei sauber verpackte Lebensmittel. Ich habe die Tüten mit Zucker und mit Hülsenfrüchten selbst gesehen, als diese Leute sie ohne Arg meiner Mutter bei einem Besuch zeigten. Der »Blockwart« war ein Beauftragter der NSDAP und wußte genau, wie die Verhältnisse hinter den Wohnungstüren in seinem Block waren. Einen Antrag auf Zusatzverpflegung zu stellen, war daher für niemanden nötig. Die »Volksgemeinschaft« funktionierte, die einen aßen etwas weniger und spendeten bei den Haussammlungen, die anderen konnten sich wieder satt essen. Dasselbe fand mit abgelegten Kleidern statt, die von den Mitgliedern der NSDAP-Ortsgruppe der NS-Frauenschaft schön repariert und auf »neu« bearbeitet wurden. Die Arbeitslosen verschwanden von den Straßen, weil es wieder Arbeit gab. Heute sagt man oft, das sei bereits Kriegsvorbereitung gewesen. Ich muß diese Behauptung zurückweisen, wenn ein bescheidenes Wohlergehen eines Volkes bereits als Vorbereitung eines Angriffskrieges gedeutet werden soll. Natürlich wäre dieser Krieg ohne einen bescheidenen Wohlstand der Allgemeinheit nicht möglich gewesen. Aber soll man deshalb zukünftig Wohlergehen vermeiden, um Kriege zu verhindern?

Die ganze Bevölkerung atmete in den Vorkriegsjahren auf, weil wieder »Recht und Ordnung« herrschten und weil sich die planmäßige Ordnung der eigenen Hilfsquellen erfolgreich bewährt hatte. Es waren doch dieselben Menschen wie in den zwanziger Jahren ... Warum wohl gelang es aber erst der NS-Ideologie, wirksam Übel abzustellen? Die Antwort ist leicht: Weil alle mitmachten oder mitmachen mußten! Das konnte doch kein Fehler sein. Alle haben sich gebeugt, als der Genuß von Schlagsahne verboten wurde. Wirklich ist doch, daß die Lebensqualität unmöglich von Schlagsahne abhängen kann, die kann ersetzt werden. Und an »Ersatz« kann man sich gut gewöhnen, wenn dadurch die geringen eigenen Devisenvorräte verschont bleiben. Den Pimpfen machte es Spaß, ab und zu Altmaterial zu sammeln oder öffentliche Anlagen aufzuräumen. Niemandem hat das geschadet, und jeder dachte getreu dem englischen Sprichwort: »Man kann nicht alles haben.«

»Es geht wieder aufwärts« war die Rede unter den Menschen. Die Kinder wurden dazu erzogen, fleißig zu lernen, um etwas leisten zu können für die »Volksgemeinschaft«. Über den materiellen Gegenwert für die individuelle Leistung zu sprechen, war verpönt, weil mehr Leistung mehr Ansehen erbrachte. Und wer mehr Ansehen hatte, dem fielen auch andere, mehr materielle Vorteile zu. Das hielt jeder für gerecht. Darüber lohnte es sich nicht, lange zu reden. Jedermann hatte die Chance, sein Leben zu verbessern, wenn er hart und treu arbeitete. So konnte er bereits für 8000 Reichsmark ein schönes Reihenhaus einfacher Bauweise einschließlich Grundstück am Blücherpark erwerben, ob er nun in der Partei war oder nicht. Zum Vergleich sei angeführt, daß ein einfacheres Mercedes-Personenauto damals zwischen 3000 und 4000 Reichsmark kostete. Aber das mußte man ja nicht unbedingt haben, weil Autos eine Seltenheit waren und zum Leben keineswegs nötig. Heute werden diese Häuser immer noch benutzt und machen nach den Renovierungen einen schmucken Eindruck. Ausgeprägter Sozialneid wurde damals planmäßig unterdrückt und nicht wie heute bewußt im Wahlkampf eingesetzt.

Mein Elternhaus war etwas aufwendiger und größer, es war 1930 gebaut worden und hatte 30.000 Reichsmark gekostet. Gemessen an den 8000-Reichsmark-Häusern aber war es höchstens noch 20.000 Reichsmark wert. *»Ja, wenn das kein Fortschritt ist«*, so sagten alle Leute.

Die Klassenunterschiede schmolzen in dieser Zeit zusammen, was niemand als Nachteil empfand. Man benötigte einen schärferen Blick, um aus dem Äußeren eines Menschen die Klassenzugehörigkeit zu erkennen – solange er seinen Mund nicht aufmachte. Das ist heute auch nicht anders. Die braunen Uniformen oder Teile davon wurden zumindest bei den Heranwachsenden im Alltag so benutzt, wie es heute die Bluejeans werden. Sie sind klassenlos. Nur wurde damals viel mehr darauf geachtet, daß die Körperpflege nicht zu kurz kam. Der Haarschnitt war ein Steckenpferd der NS-Organisationen. Der Fingerappell kontrollierte die Nägel und den Sauberkeitszustand, und einen Fußappell gab es auch. Sauberkeit an den Menschen und auf den öffentlichen Straßen wie auch in den Wohnungen war »normal«, und man erwartete, daß auch die Gesinnung »sauber« war. Seine Schularbeiten hatte man gefälligst sauber zu machen und seine Bücher sauberzuhalten.

Nur hinter vorgehaltener Hand sprach man von Mißständen des NS-Regimes, besonders wurden die Konzentrationslager erwähnt. In diese kamen einmal die sonst die Gefängnisse »verstopfenden« Kriminellen, ferner die »Nichtlinientreuen« und leider auch die Juden, wenn sie sich nicht nach den für sie erlassenen Anordnungen richteten. So sagte man. Das mit den Juden konnten wir als Heranwachsende am wenigsten verstehen, lernten aber später ganz objektiv, daß Judenverfolgungen so alt wie dieses Geschlecht sind und immer emotional bedingt. Verstanden haben wir das nicht, weil doch unsere wenigen, inzwischen von den Schulen verbannten jüdischen Mitschüler uns nie verdammenswert vorgekommen waren. Wohl aber hatten wir durchweg festgestellt, daß sie etwas anders waren als wir. Auch vor der NS-Zeit wußten wir deshalb immer, welcher Junge jüdisch war. Ausnahmen waren ganz selten. Niemand aber wäre auf die Idee gekommen, die von den Nazis introduzierten offensichtlichen Fortschritte des Volkswohls wegen der »NS-Marotte« des Judenhasses weniger zu achten. Das Verbot, bei Juden zu kaufen, war unserem jugendlichen Rechtsempfinden unzugänglich. Es wurde irgendwie hingenommen, wenn auch widerstrebend. Man konnte es nicht ändern, es war für uns das »kleinere Übel«. Als dann in der »Reichskristallnacht« jüdische Einrichtungen zerstört wurden, schrieben wir das auf das Konto von »Kluten«, die ja inzwischen von den NS-Organisationen absorbiert worden waren. Wir billigten es keineswegs, uns war es aber auch nicht so viel wert, daß wir revoltiert hätten.

Hitlers Buch »Mein Kampf« war dem Durchschnitt der Menschen nur vom Buchdeckel her bekannt. Das Buch konnte man ja in allen Buchläden sehen, jedes Paar bekam es kostenlos zur Trauung. Wenn ein Durchschnittsmensch versuchte, auch nur einige Seiten zu lesen, so legte er es schnell beiseite. Der Text war mit keinerlei »Freßreiz« versehen, er war unpopulär aufgemacht, und um das tägliche Leben zu bestehen, brauchte man es ja auch nicht gelesen zu haben. Es genügte, wenn man die letzten politischen Reden einigermaßen im Gedächtnis hatte, das reichte vollauf. Noch unverdaulicher aber war Alfred Rosenbergs »Mythus des zwanzigsten Jahrhunderts« (1930), die sogenannte Bibel der »Gottgläubigen«, wie alle Leute genannt wurden, die aus einer Kirche ausgetreten waren. 1946 wurde Rosenberg als »Urheber des Rassenhasses« vom Internationalen Militärtribunal in Nürnberg zum Tode verurteilt. Hoffentlich haben wenigstens die damaligen Richter das Buch ganz gelesen.

Wir hörten über einige Kapitel eigentlich nur etwas in der Kirche bei der Sonntagsmesse, wenn ein Hirtenbrief verlesen wurde. Die Themenstellungen trafen aber nur selten Probleme, die alle Leute im praktischen Leben bedrängten. So wurde es von uns als Heranwachsenden empfunden, nicht unähnlich manchen Lehren, die wir im Religionsunterricht aufzunehmen hatten. Wir erkannten zwar ihre prinzipielle Bedeutung an, waren aber noch nicht reif genug, um ihre Tragweite richtig einzuschätzen. Auch die sehr offenen Worte eines Erzbischofs Graf von Gahlen machten da keine Ausnahme. Erst mit dem mittäglichen Kommentar meines Vaters – beim Sonntagsessen wurde gern über die Predigt gesprochen – wurden mir diese Dinge verständlicher, er war eben ein guter Pädagoge.

Der Nationalsozialismus brachte selbst keineswegs eine in sich geschlossene Doktrin hervor, er faßte nur extremistische, zeitgenössische geistig-politische Tendenzen zusammen. Latent waren also in Deutschland vor der Gründung der NSDAP bereits alle NS-Lehren vorhanden. Sie brauchten nur noch wirkungsvoll dem Volke »eingebleut« zu werden. Hitler schreibt ja auch, daß es nicht darauf ankomme, umfangreiche Gesellschaftstheorien zu lehren – es sei aber wichtig, einige einfache »Grundlehren« ständig zu wiederholen. Dann fänden sie den Weg, Bestandteil des »gesunden Volksempfindens« zu werden. Hitler selbst besaß nachweislich eine sehr große Intelligenz, die sich paarte mit einer mächtigen Gabe zur Menschenbeeinflussung durch sein Rednertalent. Und Hitler »bewachte« sein »Sammelsurium« aus den zeitgenössischen Tendenzen so gut, daß es tatsächlich niemandem gelungen ist, an seiner Konstruktion der NS-Weltanschauung eigenmächtige Änderungen vorzunehmen! Denn mancher seiner Gefolgsleute hätte sich persönlich sicher gerne mit Spezialmodifikationen des NS-Geistes hervorgetan – Hitler aber wußte das immer zu verhindern.

Vergleiche mit den Gebilden des Leninismus und Marxismus sind da schon sehr interessant. Stalins Modifikation dieser Grundlehren schaffte dann nachweislich das mächtige Fundament für ungenannte und grauenhafte Verbrechen – Hitler aber berief sich nicht auf irgendwelche »Vordenker«, er baute nur zusammen, was ohnehin schon vorhanden war. Das ist schon eine »geniale Leistung«, wenn sie mit unbarmherziger Konsequenz betrieben wird, und ein Garant für sehr schnelle praktische Erfolge. Neigt die Mehrzahl der Menschen doch dazu, lieber einem Vordenker blind zu folgen, als selbst zu denken, wenn es ihnen nur »gutgeht«.

Als der Krieg begonnen hatte, wurde zu Hause ständig vom Krieg geredet. Meine Eltern und meine gute Tante erzählten vom Ersten Weltkrieg viele, viele Geschichten. Diese Zeit 25 Jahre früher war für uns junge Leute aber sehr, sehr weit weg. Dennoch hörten wir begierig zu, weil es so ganz anders klang als das, was wir sonst offiziell zu hören bekamen. Ich kam schon recht bald zu dem Schluß, daß Krieg nur als ein unabwendbares Naturereignis zu verstehen sein könne. Vielen ging es wie mir. Um nun meine innere Haltung irgendwie zu klassifizieren – denn junge Leute glauben ja immer noch, daß es irgendein rationales System geben müsse, das einem die ganze Welt verständlicher erscheinen lasse –, ordnete ich meine Haltung unter dem Etikett »Weltbürgertum« ein. Ich kultivierte diese Ideen in den nächsten Jahren immer mehr und fand viele Vorbilder für meine Überzeugung.

Was mein Vater berichtete über seine Freiwilligenmeldung im Ersten Weltkrieg, über den deutschen Kaiser und die allgemeine Begeisterung des Volkes über die damalige Kriegserklärung, hörte ich staunend und konnte es in keiner Weise nachvollziehen. Dabei blieb es immer. Diese Haltung bestimmte alle meine Reaktionen. Schon jetzt konnte ich deutlich erkennen, daß alle mir bekannten Erwachsenen für den soeben begonnenen Krieg nur eine oberflächliche Begeisterung zeigten. Mit den Berichten über die Stimmung im Ersten Weltkrieg war das alles nicht entfernt zu vergleichen.

Auch die sich aufbauenden Feindbilder entzogen sich meinem ehrlichen Verständnis. Den »Franzmann« oder den »Tommy« konnte ich nicht als bekämpfensnotwendig erkennen, obwohl mein Vater mir immer klarmachen wollte, daß »die Engländer uns ans Leder« wollten. Später hatte ich diese Schwierigkeiten mit den Russen weniger. Offensichtlich spielten da meine frühkindlichen Erfahrungen mit den Kommunisten eine unterschwellige Rolle. Aber noch war es nicht soweit, noch ahnte ich nicht, einmal als Soldat nach Rußland zu müssen.

Der Krieg hatte auf unser Leben als Schüler und als »Pimpfe« keinen tiefgreifenden Einfluß. Die Verdunkelung störte uns nicht, die gelegentlichen Fliegeralarme in den ersten Kriegsjahren waren nicht angenehm, aber auch nicht weiter schwerwiegend. Wir sammelten Flaksplitter als Souvenirs, das war alles. Wenn wir einmal stundenlang nicht nach Hause gehen konnten, weil wir in einen der öffentlichen Luftschutzkeller gehen mußten, dann interessierten uns viel mehr die Erwachsenen, die wir dort trafen, wie sie sich benahmen und was sie erzählten. Die meisten waren still, und die wenigen, die sich produzierten unter andächtigem Zuhören der übrigen, fanden nie unseren Beifall. Solche Menschen waren uns bisher kaum begegnet. Wir fanden ihre anzüglichen Witze würdelos. Wir konnten einfach alles nicht richtig einordnen, »die Welt ging für uns viel zu schnell«. So sollte es noch mehrere Jahre bleiben.

In der Öffentlichkeit traten neben den Parteiuniformen jetzt die Uniformen der einzelnen Waffengattungen mehr und mehr in Erscheinung. Sie erfreuten sich bei uns eines viel höheren Ansehens, als es die braunen Uniformen taten. Am wenigsten leiden konnten wir die Uniformen der politischen Leiter, gekennzeichnet durch eine besondere Kopfbedeckung, den »Parteideckel«. Diese Einschätzung war wohl instinktiv – und wohl auch richtig. Später kamen noch die Uniformen der Beamten in den besetzten Gebieten hinzu, die wenig liebevoll »Goldfasane« genannt wurden.

Unsere Väter zogen ihre Reserveoffiziersuniformen, geschmückt mit den im Ersten Weltkrieg verliehenen Orden, nur zu besonderen Anlässen an, wurden dann aber von uns bewundert.

Wie der einfache Landser aussah, das sahen wir auch. Wenn uns einer unserer Vettern mit Kurzurlaub vom »Westwall« besuchte, dann hörten wir mit großem Interesse seine authentischen Berichte und stellten fest, wie schlecht er roch. Es mußte schon eine Plage sein, in einem Bunker zu leben …

In der Schule begann nun eine Werbung für die Freiwilligenmeldung. Es gab dann ein »geschenktes« Abitur. Erstaunt stellten wir fest, daß sich immer nur die schulisch Schwächeren meldeten, nicht die von uns bewunderten mit den guten Leistungen. War das ein Zufall?

Die Einstellung der Schüler zu diesen Werbeveranstaltungen in der Schule geht aus zwei berichtenswerten Episoden hervor. Das ganze Dreikönigsgymnasium war auf dem Schulhof in U-Form angetreten, als ein sehr großer Musikzug – meiner Erinnerung nach über 150 Musiker – mit klingendem Spiel einzog. Er bot ein eindrucksvolles Erlebnis und gehörte zur Luftwaffe. Schließlich intonierten sie mit allen Finessen »Bomben über Engeland« und andere Märsche. Dann trat Stille ein, und ein Oberleutnant sprach einige Worte zur Laufbahn in der Luftwaffe für Offiziersbewerber, kurz und klar und sympathisch zackig. Dieser Mann wurde akzeptiert, das spürte man. Dann fragte er nach einem Musikwunsch, und niemand antwortete. Auf weiteres Drängen hin rief ein Mitschüler aus dem dritten Glied »Donkey Serenade«. Der Offizier hörte das nur schwach und fragte nach. Der Musikwunsch wurde wiederholt, diesmal klar und deutlich. Dann folgte betretenes Schweigen von seiner Seite aus. Schließlich sagte er: »Wir haben das Stück nicht im Programm.« Zu einem weiteren »Wunsch« aber konnte er keinen der vielleicht 600 Schüler bewegen.

Noch »schöner« verlief eine Werbeveranstaltung der Waffen-SS in unserer Aula. In den Bänken drängten sich die komplette Mittelstufe und die Oberstufe, also die Klassen von Untertertia ab aufwärts. Ein höherer SS-Offizier hielt einen etwa halbstündigen Vortrag über die Laufbahnen bei der Waffen-SS, er sprach klar, zackig und geübt. Er war ein sympathischer Mann und trug Orden der höheren Klasse. Das alles aber half ihm nicht aus der Verlegenheit über die Art kölnischer Jungen. Er wollte nun in eine Diskussion eintreten und forderte zu Fragen auf. Keiner meldete sich. Als er nicht lockerließ, rief jemand: *»Wat kritt mer da de Stund?«* in kölnischer Mundart. Der SS-Offizier war nicht aus Köln und verstand offensichtlich nicht richtig. Er bat, die Frage zu wiederholen. Der Schüler aber blieb stumm, so als hätte er seinerseits den SS-Offizier nicht verstanden. Der in diesem Bereich aufsichtführende Lehrer versuchte, die Situation zu retten, und »übersetzte« ziemlich frei: *»Der Schüler meint, wie hoch bei der Waffen-SS der Wehrsold sei.«*

Das wurde nun in längerem Exkurs beantwortet. Dann meldete sich niemand mehr, und der SS-Offizier war offensichtlich froh, die Veranstaltung vorzeitig beenden zu können.

Unser Gymnasium war eine gute Schule und wurde als solche allgemein anerkannt. Sie erzog uns zu Selbstverantwortung und Leistung, getreu der Tradition und, auch in damaligen Zeiten, ganz im katholischen Sinne. Das war tatsächlich möglich, wie wir später noch berichten werden. Unsere Schule war eine strenge Schule und hatte ihre Spielregeln. Dazu gehörte, daß neben dem großen Schulorchester mit dem stimmgewaltigen Chor und der Orgel auch eine Tanzkapelle geduldet wurde. Wir alle liebten diese Kapelle ganz besonders, weil sie die damals gängigen Schlager mit viel Schlagzeug und Saxophonen schmissig interpretierte. Das brachten sonst nur noch die italienischen Tanzkapellen in den vielbesuchten Kölner Lokalen wie »Café Cornelius« oder »Café Wien« fertig. Dort konnte man sich einzelne Musikstücke schriftlich wünschen, sofern man eine Visitenkarte führte. Das taten nur die älteren Freunde, die für uns wünschen mußten. Gewisse Musikstücke aber wurden auch dann nicht gespielt: angloamerikanische Songs. Dazu gehörte auch der »Lambeth Walk«, die Erkennungsmelodie unserer eigenen Band.

Das Miterleben der Kriegsereignisse an den Fronten wurde mittels des Mediums Film gründlich organisiert. Die Aktion ging Hand in Hand mit einem Prestigegewinn des deutschen Films, der es verstand, schon vor Kriegsbeginn die Massen in die Lichtspieltheater – Kino sagte man jetzt nicht mehr – zu bringen. Leinwandstars wurden planmäßig aufgebaut. Neben ganz unpolitischen Filmen wurden solche über die deutsche Geschichte und bedeutende deutsche Persönlichkeiten produziert und letztere dann während der Schulzeit in den Lichtspielhäusern den ganzen Schulen vorgeführt. Galt bisher Kino in manchen Familien noch als ein Freizeitvergnügen, das die Eltern aus pädagogischen Gründen nicht gerne sahen, so änderte sich das nun grundlegend. Gewisse Filme »mußte« einfach jeder gesehen haben, daran kam er nicht vorbei. Es war ja nur einem verschwindend kleinen Prozentsatz der Bevölkerung gegeben, den »Führer« Adolf Hitler einmal aus der Nähe erlebt zu haben. Nur dadurch aber konnte sich eine persönliche Beziehung aufbauen, wie es doch bei allen Menschen ist. Und der Film füllte diese Lücke so wirkungsvoll, daß die Menschen vergaßen, dem »Führer« noch nie begegnet zu sein. Er war allgegenwärtig und genoß einen heute nicht mehr vorstellbaren Vertrauensvorschuß. Wäre es damals bekannt gewesen, daß der »Führer« selbst nie »aus der Kirche ausgetreten« ist, sondern daß er nach wie vor römisch-katholisch war und auch seine Kirchensteuern immer bezahlte, dann wäre seine Wirkung bei vielen Katholiken im Lande noch viel größer gewesen, als sie es unzweifelhaft schon war. In dieser Beziehung verhielt sich die Kirche selbst ja auch still.

Wie der »Führer« tatsächlich aus der Nähe aussah, das konnte ich einmal erleben. Er sollte im Gürzenich sprechen, und wir mußten mit der Jungvolkfahne »Spalier« bilden. Ich stand innen im Gürzenich, vor dem Fuß der Treppe, zwischen zwei SA-Männern, die Hand in Hand vor uns noch eine Schranke bildeten. Der »Führer« traf mit Verspätung ein, ging raschen Schrittes bis zur ersten Treppenstufe und verharrte dort kurz, bis sein Gefolge aufgerückt war. Da konnte ich ihn kurze Zeit ganz nah sehen: ein unbewegtes Gesicht, eine tief in die Augen gezogene Schirmmütze und eine entgegen meinen Erwartungen kleine Gestalt. Wie unterschied er sich doch von den anderen Erwachsenen, die ich kannte! Niemand versteckte seine Augen und auch seine Stirne so hinter einem Mützenschirm. Hitler erschien mir als eine Persönlichkeit, die ganz anders war als alle Respektspersonen. Die Fremdheit seines Wesens war mir Schlüsselerlebnis – gewiß ein mehr zufälliger Eindruck, er sollte jedoch meine Haltung zu ihm ganz bestimmen. Ich verstand als Junge überhaupt nicht mehr, warum so viele Menschen fast unbegrenztes Vertrauen in ihn setzten. Das aber war charakteristisches Merkmal der Kriegstage und Bombennächte.

Dr. Hans Berendt

Er wohnte in Bad Godesberg und war früher einmal der Leiter des »Deutschen Kollegs«, das auch Rudolf Heß (der »Stellvertreter des Führers«) besucht hatte. Dann stellte sich heraus, daß seine Abkunft nicht »rein arisch« war, und er wurde seines Amtes enthoben – und unser Deutschlehrer für viele Jahre. Er war ein begnadeter Mensch, den wir alle unermeßlich verehrten, und er war die unsere spätere Schulzeit bestimmende Persönlichkeit.

Zu der Zeit, als wir alle »kleine Erwachsene« wurden und mit dem distanzierenden »Sie« keine kleinen Kinder mehr waren, da gab eines Tages mein Vater mir einen eigenen Hausschlüssel mit der knappen Bemerkung: »Jetzt bist du alt genug und weißt, was du zu tun hast.«

Die eigene Verantwortung begann so überdeutlich. Der »Halbjude« Dr. Berendt sagte: *»Eher lasse ich mich strangulieren, als daß ich Ihnen meine Meinung vorenthalte.«*

Der Deutschunterricht ist neben dem Geschichtsunterricht das Fach, in dem die Selbstfindung der Heranwachsenden und ihre Einordnung in Tradition und gegenwärtige Umwelt besser als in jedem anderen Fach gefördert werden kann, wenn der Lehrer eine hohe Qualifikation mitbringt und bereit ist zu diskutieren. Es ist besonders günstig, wenn sich beide Fächer auch hinsichtlich des Niveaus ihrer Pädagogen ergänzen können. Das war in unserer Klasse hervorragend der Fall.

Der Geschichtsunterricht erfolgte jahrelang durch Oberstudiendirektor Dr. von Kempen, den Chef des Gymnasiums, der straff und diszipliniert auftrat. Er behandelte uns stets wie seinesgleichen, weshalb wir ihm gegenüber besondere Hochachtung aufbrachten. Im äußeren Erscheinungsbild war charakteristisch, daß er ein Monokel trug, welches an einer Schnur befestigt war. Wenn er im Nahbereich die benötigte Information entnommen hatte, dann ließ er mit einem Zucken seiner Gesichtsmuskeln das Monokel herabfallen. Wir wußten dann: Jetzt hat er sich diese Sache ausreichend angesehen, und nun konnten wir mit seinem Kommentar rechnen. Dabei bediente er sich einer geschliffenen Sprache, und jedes Wort war Resultat gründlicher Überlegung, getragen von seinem hohen Fachwissen. Er verbreitete um sich ein Prestige, das keine falsche Interpretation zuließ und echt war. Er war alles andere als ein gewöhnlicher Schulmeister, welche Bezeichnung heute oft mit negativen Aspekten belastet ist, er war ein ganz ausgezeichneter Pädagoge mit dem Auftreten eines Herrn. Er stand voll hinter allem, was er sagte – und das war knapp und klar. Zu einem solchen Menschen konnten wir nicht die emotional beeinflußte Beziehung finden wie zu Dr. Berendt, wenn auch unsere Hochachtung vor beiden Herren fast den gleichen Höchstwert erreichte. Dieser steigerte sich noch mehr, als in der Unterprima eines Tages Dr. von Kempen im Geschichtsunterricht ganz politisch wurde und offensichtlich Grundlehren der NS-Ideologie brandmarkte. Seine Deutlichkeit war so groß, daß er Opfer eines jeden Denunzianten binnen des gleichen Tages hätte werden können. Er wußte, damit begab er sich bedingungslos in unsere Hand – und wir spürten mit Stolz, was er von uns hielt und wie er uns vertraute. Keine diplomatischen Rücksichten als Schulleiter waren mehr wahrnehmbar. Und sicherlich wußte auch er das Risiko einzuschätzen – stand doch das Wohl einer ganzen Schule gegen ein wahres Wort in einer Prima! Das Resultat bei uns war, kurz formuliert: Wir stehen für Deutschland im weitesten Sinne, für alle unsere Verpflichtungen als Deutsche eingedenk des Werkes aller guten Deutschen, und auf die verschiedensten Fehlinterpretationen der unbestreitbaren Werte unserer Nation, die früher und auch besonders durch die NS-Ideologie versucht wurden bzw. werden, können wir nicht nur, sondern müssen wir verzichten.

Dr. Berendt aber war für unsere Beziehung zum Geistesleben die eigentliche Schlüsselfigur, außergewöhnlich für die damaligen höheren Schulen – auch für die besseren unter ihnen. Im Triumvirat mit Hänschen und Gerd diskutierte ich unermüdlich über das Erlebnis seines Deutschunterrichtes. So kam es, daß eines Tages Hänschen die Idee hatte, wir möchten doch einmal klären, ob er als Gasthörer in unseren Deutschunterricht kommen könne. Dr. Berendt stimmte zu, und Hänschen und einige Mitschüler des Realgymnasiums Spießergasse kamen. Das war doch tatsächlich außergewöhnlich.

Seine besten Lehrer vergißt man ein Leben lang nicht, auch wenn man von ihnen bisweilen ein herbes Wort der persönlichen Kritik zu hören bekam. So ging es mir auch bei Dr. Berendt nach der Diskussion um die Sinngebung irgendeiner Literaturstelle:

»Sie sind ein entsetzlicher Rationalist; deshalb müssen Sie auch einen so geraden Scheitel tragen.«

Wie immer traf er damit den Kern der Sache, wie er auch gerne auf die vielfältigen schöngeistigen Verbindungen seiner Familie verwies. So erzählte er davon, daß seine Großmutter eine Freundin von Paul de Lagarde (alias P. A. Bötticher) gewesen sei.

Kennzeichnend für mich selbst ist vielleicht meine Ausgestaltung eines Klassenaufsatzthemas, das lautete: »Charakterisierung einer mir nahestehenden Person.« Ich schilderte meinen Vater und endete damit, ihn im eigentlichen Sinne als meinen väterlichen Freund zu bezeichnen. Da sich mein Vater und Dr. Berendt wegen der verschiedenen Fachgebiete nicht persönlich kannten, schrieb ich ohne Hemmungen. Die Beziehung zu meinem Vater in diesem Sinn währte, solange er lebte.

Im äußeren Habitus waren wir beide uns sehr ähnlich, so daß mancher uns in gewissen Jahren für Brüder halten konnte und das gelegentlich zu unser beider Erstaunen auch äußerte. Meine Art zu argumentieren war der meines Vaters sehr verwandt, wenn auch eine gewisse gefühlsmäßige Komponente deutlich auf meine Mutter zurückging. Meine Eltern heirateten aus tiefer Zuneigung, wobei es auch kein Hindernis war, daß meine beiden Großväter Brüder gewesen waren. Meine Mutter ordnete sich zeitlebens dem Vater in jeder Beziehung voll unter. Da sie – die Überlebende – mir dann noch viel aus ihren jungen Jahren berichten konnte, verstand ich nachträglich manches, was mir als Heranwachsender verschlossen geblieben war. So ist auch die knisternde Spannung zwischen meinem Vater und mir verständlich. Ich war stets heiter und optimistisch wie meine Mutter, ohne allerdings deren Unterordnungswillen zu besitzen. Ich war stets sehr, manchmal unvernünftig stark auf meine eigene Freiheit bedacht – ganz anders als mein Vater das von meiner Mutter gewohnt war. In einer Verteidigungsposition – und wer ist als Erzogener nie in einer solchen! – kämpfte ich mit der Argumentationstechnik meines Vaters und verhielt mich laufend entgegen seinen Erwartungen von letztlicher Unterordnung. Das war doch eigentlich ganz natürlich: wie wir dann auch nach Vaters Tod feststellten, zu welch selbständigen Handlungen meine Mutter als alte Dame noch fähig war. Mir gelang es mit dieser Geistesverfassung, alle NS-Hürden eher spielerisch zu überwinden.

Im späteren Leben gab es weitere Bewährungsproben für meine Grundhaltung. Auch die dabei auftretenden, nicht unbeträchtlichen Hindernisse wurden ohne Blessuren bezwungen.

Der Geist unserer Klasse fand in einem Foto seinen Niederschlag. Dort gab es selbstverständlich über dem Katheder auch ein Hitlerbild. Eines Tages dekorierten wir den Haken, an dem sonst das Bild hing, mit einem Hut. Unser Fixieren des Hutes während des Unterrichtes brachte Dr. Berendt schnell auf die Ursache, und er verlangte die Entfernung. Der Hut hing allerdings sehr hoch, wir hatten ihn hinaufgeworfen, so daß wir ihn nur herunterholen konnten, indem wir das in einer Ecke stehende Bild als verlängerten Arm benutzten. Als es soweit war, drückte ein Mitschüler auf den Auslöser: man sah auf dem Foto das süßsauer blickende Gesicht von Dr. Berendt und Schülerhände, die scheinbar das Hitlerbild abhängen wollten. Den Hut aber konnte man nicht sehen, da er sich zu diesem Zeitpunkt des Geschehens bereits hinter dem Bild befand. Eine Vergrößerung des Fotos wurde noch jahrelang als Wandschmuck in unserer Klasse geduldet. Es trug die Unterschrift: *»Bildersturm«*.

Zu meinem Leidwesen wurde das Fach Latein in die schriftlichen Abiturarbeiten einbezogen, was bisher für Angehörige des mathematisch-naturwissenschaftlichen Zweiges nicht gegolten hatte. Ich sah diesem Prüfungstag mit Ängsten entgegen und beruhigte am Tag vorher mein schlechtes Gewissen durch Übungsübersetzungen aus Cäsars »De bello Gallico«. Die Übungsstelle ermittelte ich durch Zufallsentscheidung mittels Einstechen eines Messers in das Textbändchen. So ergab sich ein bestimmtes Kapitel, das ich dann büffelte. In der Klausur am nächsten Tag wurde der versiegelte Umschlag geöffnet, und zu meiner ungläubigen Überraschung legte man uns genau das von mir gebüffelte Kapitel zur Übersetzung vor. Ich konnte das natürlich leicht bewerkstelligen, sehr zur späteren Überraschung von Dr. Berendt. Er stellte mich zur Rede und forderte mich auf, irgendein unerlaubtes Hilfsmittel vertrauensvoll zu beichten. Als ich ihm sagte, wie es gewesen war, da entgegnete er, ich könne froh sein, einen Menschen mit gleichen Erfahrungen getroffen zu haben. Denn vor seiner Doktorprüfung habe er im Berliner Tiergarten auf einer Bank gesessen, einen Band von Hegel vor der Rückgabe in die Bibliothek nochmals durchgeblättert, und im Rigorosum stellte dann der Prüfer eine Behauptung über eine Stelle bei Hegel auf, der er widersprach. Da meinte der Berliner Professor: »Wenn Sie recht haben, dann gebe ich Ihnen ›sehr gut‹!« Er überzeugte sich, und die Prüfung war gelaufen.

Die eigentliche Effektivität unserer Erziehung in den Geisteswissenschaften beruhte offensichtlich auf der für uns damals äußerlich nicht sichtbaren Koordination der Fächer Deutsch, Latein, Geschichte und Religion. Dominierend war Dr. Hans Berendt, der mit einer unglaublichen Begeisterung unterrichtete und uns jede Stunde zu einem Erlebnis werden ließ. Wir wurden von ihm restlos mitgerissen, und ich erinnere mich an seine vor Ergriffenheit feuchten Augen. Nie umgab ihn die Gefahr der Lächerlichkeit, der viele wohlmeinende Pädagogen erlegen sind, weil sie eben doch nicht den richtigen Ton trafen. Junge Leute sind ja in diesem Alter anderen gegenüber viel kritischer als später gegen sich selbst. Als flankierende Maßnahme stillte der Geschichtsunterricht von Dr. von Kempen unseren Wissenshunger. Wir waren allen außerordentlich dankbar und freuten uns buchstäblich auf jeden Schultag mit den entsprechenden Stunden, die uns immer zu kurz erschienen.

Nach dem Kriege wurde Dr. Berendt Oberschulrat in Düsseldorf und Dr. von Kempen Leiter des Prüfungsamtes für Lehramtskandidaten an der Albertus-Magnus-Universität in Köln, wo auch Dr. Roessler und mein besonders verehrter Mathematiklehrer Dr. Heinrichs Lehr- und Prüfaufträge besaßen.

Der dann noch verbleibende Sektor, Religionslehre, wurde mit sehr hohem Niveau ausgefüllt durch Dr. Roessler und seine Gehilfen. Das waren ausgesucht geeignete Kapläne, die uns nach dem Verbot des offiziellen Religionsunterrichtes in privaten Räumen und in sehr kleinen Gruppen unterwiesen. Im Pfarrhaus St. Ursula widmete sich Kaplan Falke nachmittags meinem Freund Gerd und mir. Sowohl in der Lehre als auch in der Diskussion waren uns keinerlei Schranken hinsichtlich der NS-Ideologie auferlegt, wir konnten, soviel und solange wir wollten, unseren Wissens- und Orientierungshunger stillen. Es war wirklich ein glücklicher Umstand, daß wir in dem für alle Gewissensentscheidungen maßgebenden Fach nur zu dreien unterrichtet wurden, bei regulärem Schulunterricht wohl kaum möglich.

Mädchen

Viele Aufschlüsse über die Entwicklung junger Männer ergeben sich durch ihr Verhalten gegenüber dem anderen Geschlecht. Abgesehen von individuellen Unterschieden zeichnet sich eine Generallinie ab, der die Betroffenen meiner Generation mehr oder weniger lebenslang folgten und auf der ihre geistige Auseinandersetzung mit dem Nationalsozialismus lief. Wir sahen das Leben als eine Einheit, es galt, die innere und äußere Ordnung gleichermaßen aufrechtzuerhalten. Und diese Versuche einer Orientierung fanden als »Sandkastenspiel« mit unseren Freundinnen statt, den Menschen, die unseren Herzen am nächsten standen.

Bereits zur Volksschulzeit wurden Mädchen auf zweifache Art registriert: die mehr uninteressanten Schwestern von Spielkameraden und die nur aus der Ferne betrachteten übrigen Mädchen. Davon faszinierten uns diejenigen, welche lieblich anzusehen waren. Man sah ihnen intensiv nach und redete selten mit ihnen – so blieb der Zauber voll erhalten. Für etwa ein Dutzend Auserwählter erfanden wir Spitznamen und beobachteten sie sehr genau. Wir redeten untereinander über sie und duplizierten damit den prickelnden Reiz – und sei es sonntags in der Kirche.

Eine Zwischenstellung nahmen unsere Cousinen ein, weil wir ihnen nur in Ausnahmesituationen begegneten, sie sich dabei stets von ihrer vorteilhaftesten Seite zeigten und wir mit ihnen länger reden konnten, was unsere Phantasie natürlich sehr beschäftigte.

Die erste aktive Annäherung an die aus der Ferne bewunderten und irgendwie mit besonders vorteilhaften Attributen belegten Wesen erfolgte über das Telefon. Im Telefonhäuschen waren wir ungestört und konnten von den Mädchen sogar angerufen werden. Solche Gespräche führten wir stets zu mehreren gemeinsam, damit wir dann später ausführlich darüber reden konnten. Der Austausch von schriftlichen Botschaften hatte auch seine Reize, weil er in Geheimschrift erfolgte. Wir benutzten eine quadratische Lochmaske, durch deren Löcher wir die Buchstaben schrieben, und nach viermaligem Drehen erhielten wir eine quadratische Buchstabenmatrix. Ein Mädchen hatte die Idee dazu gehabt. Der Inhalt der Botschaften war eher lapidar, weil es auf ihn im eigentlichen Sinne nicht ankam. Es ging mehr darum, von diesen fremden Wesen überhaupt, über die optischen Eindrücke hinaus, authentische Informationen zu erhalten. Wir tauschten diese Zettelchen aus, indem wir grüppchenweise aneinander vorbeigingen und uns die Briefchen, ohne stehenzubleiben, in die Hand gaben. Die Mädchen ließen sie auch manchmal so unabsichtlich fallen wie ein Taschentüchlein ...

Damit das auf die Dauer nicht langweilig wurde, ersannen wir eine weitere Methode, die Gemüter der Mädchen zu bewegen, denn vor eigentlichem verbalem Austausch von Meinungen schreckten wir noch zurück. Wir machten Fotos von den Umschwärmten oder nahmen ihr Konterfei aus einem Gruppenfoto des Tennisclubs, vergrößerten dieses und kopierten es in einen passenden Rahmen ein, der vorzugsweise Herzform hatte. Reproduktion und extreme Vergrößerung erzeugten ein grobes Korn und Unschärfe, aber wir konnten unsere Lieblinge noch erkennen. Das förderte unsere Phantasien noch mehr. Jeder von uns trug eine ganze Kollektion in der Hosentasche und zeigte sie den anderen. Die Eltern merkten schließlich, daß da etwas vorging, konnten es aber nicht richtig deuten. Denn für uns war es nur die Beschäftigung mit einer enorm faszinierenden Sache. Die Mutter eines

Freundes stellte uns zur Rede. Sie hatte offensichtlich Befürchtungen über einen Mißbrauch dieser Götzenanbetung. Und wie es so oft geschieht, wenn sich Erwachsene in Jugendliche hineinzudenken suchen, sie brachte uns erst auf Ideen. So meinte diese Mutter, daß wir aber auf keinen Fall etwas tun sollten, was in ihrer eigenen Jugend zu schlimmen Strafen geführt habe. Da hatten Jungen eine solche Bilderspielerei etwas handfester umfunktioniert. Sie fotografierten Mädchen ohne alle Kleider und schnitten den Bildern dann die Köpfe ab. Diese wurden so mit den Köpfen der angebeteten Geschöpfe austauschbar. Wir spitzten die Ohren – fanden aber leider keine passenden Modelle. Dann wurden wir älter und vergaßen all diesen Kram.

Denn jetzt kam die Zeit gemeinsamer Gruppenspaziergänge: zwei bis drei Jungen und zwei Mädchen – nie umgekehrt. Die kriegsbedingte Verdunkelung erhöhte den Reiz der Angebeteten erheblich, da diese Spaziergänge nur am frühen Abend, bevorzugt bei Mondschein, stattfanden. Auch ein leise gesprochenes Wort konnten so alle hören, es wurde viel gelacht. Jeder ging alleine. Zu irgendwelchen weiteren körperlichen Annäherungen kam es bis auf die manchmal langen Händedrücke nicht. Die in der Schule Schwächeren machten da eine Ausnahme, sie waren – wie man so sagte – »frühreif« und wurden als »schräge Typen« von uns durchweg abgelehnt.

Diese Zweiteilung der Geschlechter setzte sich fort bis in die NS-Gliederungen »Deutsches Jungvolk« bzw. »Hitlerjugend« (HJ) und »Bund Deutscher Mädchen« (BDM). Die Chargierten rekrutierten sich bekanntlich oftmals aus den schulisch Schwächeren, womit wohl alles gesagt sein dürfte. Auch gebildete höhere Chargierte konnten das Niveau des »Fußvolks« nur wenig verändern, wenn sie auch ständig bemüht blieben. Denn das Bild des »feinen deutschen Mädchens« und des »guten deutschen Jungen« hatte viele positive Aspekte, die von allen Erziehungsberechtigten immer intensiv betont wurden. Es zeitigte Wirkungen und führte beispielsweise dazu, daß sich Anfang 1945 der Freund Ivo meines Bruders freiwillig zur Infanterie meldete. Die Musterungsoffiziere konnten da nur noch staunen und taten es auch.

Mädchen waren für uns Jungen damals unbekanntere Wesen als die wilden Tiere im Zoo oder die Vögel im Käfig zu Hause. Und in dieser Art vorgebildet, traten wir mit 16 Jahren in die Welt der

»Tanzstunde« ein. Man sagte uns, daß das sein müsse und nur im vorletzten Jahr der höheren Schule stattfinden könne. Uns war das eigentlich nicht recht, weil wir den Sinn dieses »Firlefanzes« nicht einsehen konnten. Wir beugten uns dem Brauch, und mein Freund Gerd und ich meldeten uns also am 30. November 1940 an bei der »Privat-Tanzschule Karl Meyer, Köln (4 Lehrkräfte), zum Samstag-Nachmittagskurs von 17.30 bis 19.30 Uhr zum Preise von 30 RM.« Erteilt wurden 14 Lektionen und ein Teeabend (der sogenannte Mittelball) sowie ein Schlußball. Nur den Eltern war der Zutritt zu den Unterrichtssälen gestattet. Die Kurse waren streng geschlossen und wurden »passend zusammengestellt«. Auf der Kurskarte war außerdem vermerkt: »Größtes Unternehmen dieser Art. Gegründet 1908.«

Gerd und ich vernahmen, daß dann und dann die erste Lektion sei, in der es um die »Anstandsregeln« gehe. Das paßte uns nicht, weil wir meinten, ausreichend Anstand zu haben: Also gingen wir nicht hin. Bei der zweiten Lektion überraschte es uns, daß unser Schwänzen nicht verborgen geblieben war, und der respektable Tanzlehrer Meyer stellte uns einzeln den übrigen Kursusteilnehmern vor. Angenehm war uns das nicht, als Herr Meyer anhob: »Meine Damen und Herren, hiermit möchte ich Ihnen Herrn ...« Da verließ ihn auch schon sein Erinnerungsvermögen, und er fragte mich nach meinem Namen. Beflissen, es ihm ja recht zu machen, antwortete ich in Vollendung seines unvollendeten Satzes »Herrn Ernst«. Das löste allgemeine Heiterkeit aus und bei mir einen roten Kopf. Ich war verwirrt und wurde es noch mehr, als Herr Meyer in die Hände klatschte und die Herren bat, je eine Dame aufzufordern. Denn auf einen solchen Spurt war ich nicht gefaßt gewesen. Aber Herr Meyer hatte an alles gedacht, und so fügte es sich, daß meine Tanzpartnerin ein etwa zwei bis drei Jahre älteres Mädchen war. Das war gut so, denn die »Grundstellung« war mir bisher unbekannt. Meine Partnerin aber roch gut und war attraktiv, meine Verlegenheit und Scheu wuchsen ... Sie ging ganz routiniert zu Werke und wunderte sich sicherlich über die verschwitzten Hände des jungen Mannes. Ich empfand diesen Kontakt als die erste körperliche Berührung durch ein »wirkliches Mädchen«. Ein bißchen hinderlich war dabei nur der Altersunterschied – objektiv lächerlich gering, aber von jungen Männern als enorm empfunden.

Im Laufe der weiteren Lektionen fand jeder von uns seine Tanzstundenfreundin. Außerhalb trafen wir uns häufig nach der Schule – mit unseren Fahrrädern waren wir schnell am Lyzeum. Wir verabredeten uns zu Café- und Kinobesuchen – oft zu zwei Pärchen gemeinsam. Charakteristisch für diese Entwicklungsphase eines Jungen ist wohl die Übertragung der Qualität der Freundschaftsgefühle gegenüber seinem Freund auf ein Mädchen. Er setzt dabei ein Pendant voraus, ohne die Psyche des Mädchens voll begreifen zu können. Er projiziert in das Mädchen Wunscheigenschaften seines Freundes und wird dann unsicher, ob man sich auf Mädchen auch wirklich verlassen könne. Die dem Freund gegenüber aufgebrachten Gefühle verstärken sich ob dieser Unsicherheit nur noch. Aber das Herz hängt an dem Mädchen …

In der Folgezeit erlebten wir die Kontakte zu den Auserwählten aus dem Kreis unserer Cousinen neu und intensiver – es entstanden Verbindungen, die ein Leben lang wirkten. Viel später fand Gerd eine besondere Beziehung zu meiner Cousine Lisa in Berlin, zu der es auch mich zog und mit der ich, im Felde stehend, intensiven Briefwechsel hatte. Im nachhinein betrachtet, war besonders ein Brief von Lisa für die Situation im Dritten Reich aussagekräftig. Mir wurden Dinge angedeutet, deren Ungeheuerlichkeit sprachlos machte. Will man nach fast 50 Jahren die geistige Situation der Zeit nacherleben, so muß man sich sehr genau an Einzelheiten erinnern können, was aber nur durch dokumentarische Belege möglich ist. Diese sind erhalten, tragen sehr viel zum tieferen Verständnis bei, allerdings mit damals völlig übersehenen, überraschenden Nuancen.

Mit der Welt der Mädchen erschloß sich neben den sehr intensiven Bindungen zum Elternhaus ein zweiter Weg zu unserer Auseinandersetzung mit dem Leben und unserem Erleben – was sich zeigen sollte, als wir mit noch nicht 18 Jahren zwangsweise in eine unbekannte Ferne ziehen mußten. Ich löste mich von dem weltanschaulichen Gedankenaustausch mit meinem Vater und übertrug diesen auf die »Dame meines Herzens«, in der gläubigen Sicherheit, dort auch richtig verstanden zu werden. Heute weiß ich, daß das ganz gewiß nicht der Fall war. Ich aber meinte, der intensive Kontakt zu einem anderen Menschen lindere meine seelische Not und ermögliche meine Orientierung in völlig unübersichtlichen Zeitläuften via geliebtes Mädchen.

Die psychologischen Mechanismen von Zweierbeziehungen waren damals noch viel weniger erforscht als heute, und deshalb kann ich in der Rückschau alles in einem viel endgültigeren Lichte sehen. Von allen realen Mädchen war uns ja gemäß Tradition und Erziehung nur ein winziger Ausschnitt zugänglich – staunend stand ich vor den Erzählungen von Kameraden aus anderem sozialen Umfeld, was mich aber nur noch unsicherer werden ließ.

Das Muster einer Zweierbeziehung wird einem jungen Menschen stets durch seine Eltern nähergebracht, es bestimmt seine lebenslange Einstellung zu dieser wesentlichen Seite der menschlichen Existenz. Meine Eltern stellten eine Besonderheit dar, weil sie sich ein Leben lang intensiv geliebt haben. Sie waren gefühlsmäßig irgendwie »aus einem Guß«, was mir schon als jungem Mann auffiel und späterer kritischer Überprüfung standhielt. Meine Mutter sagte bisweilen, daß mein Vater doch nie ein Fremder gewesen sei, weil meine Großväter Brüder waren. Manche Einzelheiten hörte ich erst, als meine Mutter in der Mitte ihrer späten Lebensjahre, nach dem Tod des Vaters, mir erzählte. So wundert es dann auch nicht, daß mein Vater nicht besonders viel Verständnis für meine Freundinnen zeigte. Eines Abends trat ich, nach Hause kommend, ins Wohnzimmer und fand meinen Vater noch wach. Das war normal, weil er immer spät ins Bett ging. Er äußerte, daß mein Rock nicht korrekt zugeknöpft sei, und fragte, woher ich komme. Ich berichtete, eine Freundin nach Hause gebracht zu haben, worauf er bemerkte: »Höchst überflüssig ...« Na, dachte ich mir, das kann ja noch heiter werden, und erinnerte mich sofort an meinen 16. Geburtstag, die Übergabe eines eigenen Hausschlüssels. Dem Sinne nach sagte er damals: »Du bist jetzt alt genug und weißt, was du zu tun hast. Passiert etwas, so fliegst du raus ...« Ich wußte nur zu gut, was er meinte, und erinnerte mich an die völlig anders klingende Problemlösung durch den Vater meines Freundes. Auch dieser hatte auf gewisse Gefahren hingewiesen – aber eben mit avec. Und als Gerd und ich einmal für wenige Tage in Berlin weilen durften, um eine richtige Metropole kennenzulernen, beliebte er uns am Telefon darauf hinzuweisen: »... aus meiner Studentenzeit erinnere ich mich an die Bars ›Femina‹ und ›Faun‹. Seht euch davor vor ...« Wir hatten gerade zusammen mit zwei Cousinen einen Besuch im »Delphi-Palast« an der Kantstraße hinter uns, übrigens mit einer tollen Band à la Teddy Staufer und einem Zusammenstoß mit der »Streifen-HJ«. Diese kontrollierte die Ausweise und verwies alle noch nicht 18jährigen des Lokals, also uns vier auch.

Die NS-Atmosphäre duldete durchaus Jazzmusik (als »Negermusik« disqualifiziert) und »Nachtleben«, machte jedoch jedem Jugendlichen klar, daß dies nichts für ihn sei, weil der »Führer von deutschen Jungen und Mädels ein anderes Erscheinungsbild erwarte«. Dagegen hatten wir grundsätzlich nichts, wenn wir auch »studienhalber« im Einzelfall in das Milieu riechen wollten, eben zu unserer Orientierung.

Dr. Paul Dahm, Dr. Joseph Heinrichs und andere Lehrer

Auch eine Rückschau unterliegt Emotionen, die ihr eigenes Licht auf den Werdegang im Dritten Reich werfen. Denn die Liste der Lehrer ist lang, und bevorzugt wurden diejenigen betrachtet, welche halfen, seelische Probleme eines Heranwachsenden zu lösen. Das war damals Hauptanliegen, wenn auch die fachlichen Fragen nicht im Hintergrund standen. Wir wurden dazu erzogen, uns in erster Linie um schulische Qualifizierung zu bemühen, um die Voraussetzungen für Studium und Beruf – wenn uns auch die weltanschaulichen Fragen viel mehr bedrängten in einer Zeit größter, aber unausgesprochener Orientierungsschwierigkeiten. Wir fühlten deutlich, daß da irgend etwas nicht ganz stimmte mit den lauthals verkündeten Dogmen eines Joseph Goebbels, eines Baldur von Schirach, eines Alfred Rosenberg oder eines der Hitlerjugendführer. Freilich hatten sich diese in meinen Augen bereits alle dadurch disqualifiziert, daß sie keinen Vergleich mit den hochgebildeten Persönlichkeiten unserer Lehrerschaft und schon überhaupt nicht mit meinem Vater aushalten konnten.

Mein Vater hatte es nämlich gar nicht nötig, irgendeinen der offiziellen Meinungsmacher gezielt herabzusetzen – ich merkte es so ganz von alleine. Zu groß war der Unterschied zur Geisteshaltung in unserer Familie ... Nie wurde auch nur ein Wort darüber verloren, daß der »Führer« es vielleicht doch gar nicht so schlimm meine, daß er nicht alles wisse, was in »seinem« Staat vorgehe, und es dann sicherlich unterbinden würde – wie so viele Zeitgenossen dachten! Die Haltung war vielmehr die: Der Erste Weltkrieg hat die Deutschen »sehr schwer gebeutelt«, das war in vielen Punkten nicht gerecht; wenn nun das Dritte Reich an diesen ungerechten Zuständen etwas zu ändern versuchte, dann war das besser als gar nichts; dann mußte man eben auch unliebsame Randerscheinungen in Kauf nehmen. »Schlimme« Randerscheinungen waren uns damals tatsächlich vollkommen unbekannt, was heute oft als kaum glaubhaft dargestellt wird ... immer aber mußte man wachsam sein! Denn wir alle wollten vor unserem Gewissen bestehen können. Ständiges und hartnäckiges Bemühen zur Erhellung der weltanschaulichen Situation war uns wichtiger als das tägliche Brot.

Die Problematik der eigenen Berufswahl stellte sich in meinem Fall als relativ einfach dar, weil ich unbedingt Naturwissenschaftler werden wollte. Natürlich war das hauptsächlich der unausgesprochene Einfluß meines Vaters, der mich glauben machte, daß die exakte Wissenschaft es leichter habe mit der Orientierung in der Welt, daß es dabei um hohe Zielsetzungen für die Menschheit gehe und daß das Wirken eines moralischen Naturwissenschaftlers über alle Zweifel erhaben zu sein habe. Exakte Wissenschaft sei schließlich objektiv nachprüfbar und international.

Mir kam als jungem Mann diese Philosophie sehr gelegen, weil sie mir eine unanfechtbare Position in meiner Weltbetrachtung schuf, auf der ich gut sehr wachsam sein konnte und dabei mein fachliches Ziel nicht aus den Augen zu verlieren brauchte. Bereits am 16. April 1940, mit noch nicht ganz 16 Lebensjahren, notierte ich in meinem Tagebuch als Motto oder Leitspruch:

Voll und ganz Naturwissenschaftler,
ein Naturwissenschaftler mit Geist,
dem die Welt nur Maske ist.

Mein Ziel war es, kein »Fachidiot« zu werden, deshalb der Zusatz »mit Geist«. Die »Welt«, nach den Erfahrungen des 15jährigen, schien mir eine Unsicherheitskomponente von größter Gefahr zu sein, auf die ich mich gar nicht zu nahe einlassen wollte. Dennoch durfte ich das nicht laut sagen. Was hätten die anderen sonst von mir gedacht? Es wurde notwendig, mein wahres Ich zu verstecken hinter einer Maske, die niemand so leicht durchschauen konnte. Dann wurde ich »frei« und konnte machen, was ich für richtig hielt. In dieser Sicherheit geborgen, wollte ich dann die »Natur« erforschen und damit meinen persönlichen Beitrag zu ihrer Nutzung für die Menschen zu deren Wohl erbringen.

Als Erwachsener hätte ich ganz gewiß nicht so formuliert, weil die Begriffe »Welt« und »Natur« nicht sauber gegeneinander abgegrenzt sind. Ich aber wußte doch, wie ich mein Motto verstehen wollte, und wandelte meine Interpretation mit zunehmender Lebenserfahrung rege und findig.

Von klein an spielte ich gerne mit Glasgeräten aller Art, aber auch mit Röhren, mit Konservendosen, mit Kochtöpfen usw. In und mit diesen einfachen Gerätschaften braute ich die verschiedensten Mischungen aus allen mir zugänglichen Substanzen zusammen. Dabei machte ich erste Erfahrungen mit natürlichen Prozessen, wie beispielsweise der ungewollten Gärung. Ich hatte Beeren des Vogelweins ausgepreßt und mit Wasser vermischt auf Flaschen gezogen. Zu meiner Überraschung flogen nach einigen Tagen die Korken heraus, und die blaue Brühe spritzte in die Umgebung meiner Spielecke. Aber meine Neugierde war ungebrochen, so daß ich meinen Vater oftmals bat, mir mehr von Chemie zu erzählen, von einem Fach, das er unterrichtete. In weiser Entscheidung tat er das jedoch nicht, um mir beim späteren Schulunterricht auch nicht das kleinste Überlegenheitsgefühl zu vermitteln, was gewiß den Schulfleiß ungünstig beeinflußt hätte. Statt dessen erhielt ich vielerlei Baukästen sowie einen Elektromotor und eine Dampfmaschine zum Antrieb von Modellen. So hatte ich schon frühzeitig Gelegenheit, »eigene« Konstruktionen zu verwirklichen, die ich alle irgendwie zum Funktionieren brachte. Mißerfolge ließen mich schmerzhaft meine Grenzen erfahren.

Meine Phantasie uferte fast grenzenlos aus, wobei sich die Realitäten nur zu oft hinderlich in den Weg stellten. Dann griff ich zu Pappe und Malzeug, um meinen Vorstellungen Leben einzuhauchen. Leider sind diese »Werke« nicht mehr erhalten. Ich erinnere mich an viele große Papptafeln mit farbigen Darstellungen meiner unmittelbaren Umgebung, bei denen Bauwerke eine bevorzugte Rolle spielten. Ein weiteres Lieblingsthema waren Fabriken in kindlicher Auffassung. Oft machte ich meine eigene »Bilderausstellung«, die mehr als ein Zimmer füllen konnte. Wegen der großzügigen räumlichen Verhältnisse hatte ich viel Platz zur Verfügung und konnte die Bilder oft lange hängen lassen. Die Erwachsenen wurden eingeladen zur Besichtigung – auch mit Spekulation auf milde Gaben. Fragen nach den durch meine Traumfabriken erzeugten Produkten pflegte ich erfolgreich damit zu beantworten, daß ich nannte: Schokolade, Marzipan und Printen.

Es gab eine reale Traumwelt, mit der ich mich wochenlang alleine beschäftigen konnte. Nach Beginn des Chemieunterrichtes schenkte mein Vater mir ein wohlausgestattetes chemisches Labor. Das richtete ich nun im Keller mit Leidenschaft ein und verkroch mich dort, um die verschiedenen Experimente aus den Büchern nachzuvollziehen. Das führte ab und zu auch zu Umweltbelastungen mit entsprechenden Rügen. Ganz gefährliche Sachen allerdings machte ich nicht, obwohl die Herstellung von Nitroglyzerin so eine Art Traumziel war, das ich aber eingedenk der großen Gefahren auch sorgfältig mied. Eine gewisse Vorsicht gegenüber unkalkulierbaren Risiken ist gottlob einer meiner Charakterzüge, wenn ich auch bei viel harmloseren Experimenten unerwartete Exkursionen der Prozesse erlebte.

Der Chemielehrer wurde von Anfang an mit einem in vielen Farben glänzenden Glorienschein gesehen. Es war Dr. Paul Dahm, dem ich sehr viel zu verdanken habe. Er war fünf Jahre unser Ordinarius und unterrichtete außerdem noch Biologie. Im naturwissenschaftlichen Zweig des Gymnasiums spielten diese Fächer eine sehr große Rolle, zumal in der damaligen Zeit die vom Ausland unabhängige Versorgung mit Produkten Vorrang hatte: Buna, Zellwolle, Leuna-Benzin. Aber auch im biologischen Bereich griff die politische Zeitströmung unmittelbar in den Unterricht ein: Rassenlehre mit den Vererbungsgesetzen bis zur Schärfung unserer Sinne für das kommende Leben als Erwachsene.

Dr. Dahm war gegen Schminke und sonstige in seinen Augen dekadente Dinge, denen man im Leben begegnete. Ein Spezialthema für ihn war das »Erscheinungsbild der französischen Frau«, mit dem er sich überhaupt nicht anfreunden konnte. Wir hatten darüber unsere eigene Meinung und belächelten im stillen seine Marotten. Das tat dem ihm entgegengebrachten Respekt keinen Abbruch, weil wir eben ein breitgefächertes Team von guten Lehrern hatten. Diese brachten uns manches »Handwerkszeug« bei, von Nutzen im Leben und von solider Machart. Dr. Dahm wurde von uns in seiner Art hoch geschätzt und blieb sein Leben lang mit uns verbunden.

Viel später gestand er, daß wir die Lieblingsklasse seiner Laufbahn gewesen seien. Das vielleicht auch deshalb, weil er uns zum »Funktionieren« als Lernende brachte und den Lehrbetrieb unauffällig hinter den Kulissen effizient koordinierte, ohne ihn zu majorisieren. Er war jedem gegenüber gleich gerecht und für jeden stets da, ohne jemals etwas von den Problemen spüren zu lassen, denen auch sein Leben – wie unser aller Leben – unterlag. Kennzeichnend für ihn mag eine wichtige Begebenheit aus seinem Privatleben gewesen sein, die er uns lange nach der Schulzeit erzählte: Als er sich verlobt hatte, wurde schließlich der Hochzeitstermin festgesetzt und alles vorbereitet. Zur standesamtlichen Zeremonie erschien er jedoch nicht, weil er es sich im letzten Moment anders überlegt hatte. Später heiratete er dann eine andere Frau und fand das Glück in einer großen, wohlgedeihenden Familie.

Ich verdanke Dr. Paul Dahm sehr viel, weil er meine chemische Leidenschaft zu munterer Entfaltung brachte. Er ließ mir Initiative bei der Verwaltung der chemischen Sammlung und der Vorbereitung der Unterrichtsexperimente. Diese fanden in kleinen Gruppen statt, waren sehr konstruktiv und ließen uns in Verbindung mit einem sehr guten Wiederholungssystem viel Wissen erwerben. In allen seinen Fächern wurde der Stoff ständig durch sogenannte »Fünf-Minuten-Arbeiten« aufgefrischt: Jede Unterrichtsstunde begann mit einer »Zettelarbeit«, in der fünf Fragen aus einem vorher angekündigten Themenbereich schriftlich beantwortet werden mußten.

Besonders im letzten Schuljahr bekamen motivierte Schüler die Gelegenheit, den Klassenunterricht in verschiedenen Fächern stellvertretend zu übernehmen. Ich entsinne mich besonders an eine eigene Serie von fünf Vorträgen über die *»Ordnungszahlen im periodischen System der Elemente«* mit einer Dauer von sieben Unterrichtsstunden. So konnten wir zeigen, daß Selbststudium zur Stofferfassung und wirkungsvollen Stoffvermittlung erfolgreich möglich geworden war. Die Reaktionen traten bei den Mitschülern offensichtlich in Erscheinung, ließen uns sicherer werden und auch der unvermeidlichen Kritik besser gewachsen. Wir wurden dafür empfindlich und gleichzeitig unempfindlicher, die von uns selbst als richtig erkannten Gedankengänge auch gegen Widerstände zu vertreten.

In der mündlichen Abiturprüfung wurde mir Gelegenheit gegeben, in meinem Lieblingsfach ausgedehnt in Erscheinung zu treten. Wir traten mit 13 Kandidaten an, von denen einer das Ziel nicht erreichte – charakteristischerweise ein »Tangojüngling«. Heute würden viele das Urteil über ihn als hart bezeichnen, denn immerhin war die Zeit vor der Prüfung sehr lang gewesen und hatte viele Gelegenheiten geboten, grundsätzlich ungeeignete Bewerber vorher auszuscheiden. In bestimmten Elitehochschulen ist das die erprobte Praxis. Ich kam als letzter Kandidat vor das Prüfungsgremium, mußte also sehr lange warten, was nervenaufreibend war. Plötzlich und unerwartet wurde ich vor meinem eigentlichen Termin gerufen. Man händigte mir eine Milchprobe und ein Kompendium über Milchuntersuchungen aus. Ich begab mich ins Labor, untersuchte die Milch und hatte die Aufgabe, das der Kommission anschließend zu demonstrieren und mich einem Rigorosum zu stellen. Ich war aufgeregt und sehe mich noch heute mit weißem Kittel im Saal vor den Schranken des »Gerichtes« mit hochrotem Kopfe stehen. Ich kam da durch und fand mich befriedigt, weil im Abiturzeugnis eine Bemerkung stand: *»Seine Kenntnisse in Chemie überragen das von einem Schüler zu erwartende Maß.«*

Ganz im Gegensatz dazu ging es mir bei einer anderen obligatorischen Abiturprüfung viel kläglicher. Dem Geist der Zeit entsprechend, hatte nämlich jeder ohne Ausnahme eine Prüfung im Boxen zu absolvieren. Das war für mich Unsportlichen hart und hing natürlich auch vom zugewiesenen Gegner ab. War dieser allgemein etwas schwach, so erlaubte es ihm die Prüfungsordnung, durch bravouröses Bestehen dieser körperlich-charakterlichen Boxprüfung Punkte gutzumachen. Mein Gegner war eben dieser Tangojüngling, mir an Gewicht, Kraft und Motivation weit überlegen. Drei Runden Boxen zu drei Minuten mit je einer Minute Pause dazwischen sind eine beachtliche körperliche Anstrengung. Mir war vor der Kommission richtig mulmig zumute. Hinzu kam, daß ich nicht gut verlieren kann und sah, wie schlecht meine Chancen standen. Ich trat also in den Ring und gab eine mündliche Erklärung ab: »Ich weise darauf hin, daß ich mich nur verteidigen werde und von jedem Angriff auf meinen Gegner abzusehen gedenke.« Daß ich nicht furchtbar verprügelt worden bin, habe ich sicherlich der Streßbelastung meines Gegners zu verdanken … Zur NS-Erziehung gehörten eben auch solche Herausforderungen. Hitler hatte sie ja in »Mein Kampf«, für jeden nachlesbar, bereits 16 Jahre früher (1927) gefordert.

Beim Verlassen des Sportsaales trat mein Mathematiklehrer auf mich zu, nahm mich am Arm und bemerkte: »Das hast du gut gemacht. Warum hat von euch denn sonst niemand den Mut, gegen diesen Blödsinn aufzutreten?« Mein Selbstbewußtsein bekam beträchtliche Verstärkung, was objektiv betrachtet wohl kaum nötig gewesen wäre. Denn mit diesem Lehrer stand ich auf sehr gutem Fuß, er war der stellvertretende Anstaltsleiter Dr. Joseph Heinrichs und unterrichtete neben Mathematik auch Physik. Beide Fächer betrieb ich mit großem Eifer, vielleicht weil ich mir von dieser sehr exakten Wissenschaft Hilfen für meine unbewältigten Probleme versprach. Heute möchte ich meinen, daß ich eher dachte: *Wenn es nicht hilft, so kann es auch nicht schaden.*

Das ist ein Prinzip, dem ich öfter folgte im Leben. Und wenn ich nun schon bei Prinzipien bin, dann sei der Vollständigkeit halber noch ein weiteres erwähnt: *Ich mache jede Sache, wenn ich es nur kann, stets so, als sei sie für mein Leben die wichtigste Sache überhaupt.*

Die Vielfalt aller von mir je betriebenen Projekte wird so verständlicher – nicht in allen brachte ich es zur Reife, in manchen versagte ich trotz aller Bemühungen. Immer jedoch hatte ich das abschließende Gefühl: Es hat sich irgendwie gelohnt. Für NS-Pädagogen und für ihre späteren Nachfolger war ich also kein bequemer Fall.

Dr. Heinrichs zelebrierte einen brillanten Mathematikvortrag. Bewußt habe ich nicht von Unterricht gesprochen, weil bei diesem die pädagogische Komponente ausgeprägter ist als bei einem Vortrag. Sehr zum Leidwesen meiner Mitschüler wurde der Stoff so schwerer verständlich, weil mit höherem Niveau geboten als vorgeschrieben. Dr. Heinrichs fühlte sich denn auch zu Höherem berufen, worunter er die Laufbahn eines Universitätsprofessors verstand, was er gelegentlich klar aussprach. Für mich aber geriet diese seine Schwäche zum Vorteil: Ich durfte den Unterrichtsstoff fast stündlich repetieren, quasi in das Verständnis meiner Mitschüler »übersetzen«. Schließlich richtete er sein Vortragstempo nur noch auf mich ein. Ich mußte mit dem Kopf nicken, wenn ich verstanden hatte, und dabei durfte ich mich nicht irren, weil es ja ans Tageslicht kam …

In meinen Augen das schwierigste Fach in der Schule ist Physik in der Oberstufe. Da kann man nur mitkommen, wenn man keine mathematischen Schwierigkeiten hat, und muß zudem noch Sachverhalte erfassen, die nicht direkt durch die Sinne wahrnehmbar sind. Damals war die hohe Zeit der »deutschen Physik«, ein Trend der NS-Ideologie, man wollte nur noch mit »deutschen Methoden« forschen. Verdienstvolle Physiker spannten sich vor diesen Karren, der so schnell von der Bildfläche verschwand wie das Dritte Reich.

Dr. Heinrichs ließ uns von dieser philosophischen Seite nichts spüren, er war froh, wenn wir die Keplerschen Gesetze begriffen hatten und wußten, was eine elektromotorische Kraft ist, Axiome standen bei dieser klassischen Physik ganz im Vordergrund, und von so bedeutenden Gebieten wie der Atomphysik hörten wir eher im Chemieunterricht.

Und an dieser Stelle scheint es mir ganz besonders erwähnenswert, daß ich durch eine NS-Institution den Namen des bedeutendsten Physikers des 20. Jahrhunderts erstmals hörte. Er wurde nämlich von den neuen Machthabern totgeschwiegen und vertrieben. Auch in unserer sehr universell bildenden Schule war sein Name nie erwähnt worden. Man sieht also, wie gut die Fernsteuerung auch im wissenschaftlichen Bereich damals funktionierte. Mit einer freien Presse wäre dieses Unding nie möglich gewesen …

Um dem ungeliebten Dienst in der Hitlerjugend in etwa zu entfliehen, konnte man sich einer ihrer speziellen Gliederungen anschließen, sofern man aufgenommen wurde. Fern vom Fußvolk gab es da die »Reiter-HJ«, die »Motor-HJ« und auch die »Feldscher-HJ«. Durch Hänschen, der Medizin studieren wollte, traten wir drei Freunde bei den Feldscheren ein. Wir lernten die Grundlagen der medizinischen Versorgung, die Knochen und Muskeln des menschlichen Körpers und viele Maßnahmen zur Behandlung von gesundheitlichen Störungen. Der Unterricht erstreckte sich in Köln auf etwa 150 Jungen und wurde von Medizinstudenten betreut sowie von Universitätsdozenten erteilt. Wir hatten Gelegenheit, die Einrichtungen des Augusta-Hospitals, der Universitätsklinik angeschlossen, zu benutzen mit allen ihren Sammlungen und Labormöglichkeiten. Bei diesem Unterricht war so viel Stoff zu bewältigen, daß für NS-Ideologie kein Raum mehr blieb. Unsere Lehrer waren gut gebildet und freundschaftlich an uns interessiert. Von Zeit zu Zeit gab es eine Diskussionsstunde, in der jeder fragen konnte. Wir kamen dabei natürlich auch auf naturphilosophische Fragen. Und wie es sich so ergab, eines Tages wies der Gefolgschaftsführer Dr. Bruno Potthast auf die Relativitätstheorie hin – ahnungslose Gesichter umgaben ihn. Wir fragten weiter und hörten den Namen von Albert Einstein.

Für mich hatte das Folgen. Im Bücherschrank meines Vaters fand ich ganz hinten die dünne Monographie über die »Spezielle Relativitätstheorie« und verschlang den Inhalt. Dieses Interesse sollte mich viele Jahre nicht mehr verlassen. Es wurde vertieft durch meinen späteren Doktorvater, der in Berlin einmal ein Mitarbeiter von Albert Einstein gewesen war und mir viele Einzelheiten berichten konnte, die auch heute noch nicht in der Literatur zu finden sind. Im Dritten Reich lehrte er an der Deutschen Universität in Prag, als seine Auslandskorrespondenz überprüft wurde. Die NS-Schergen stellten einen regen Austausch mit Einstein fest und stuften ihn daraufhin als »Judenfreund« ein. Das hatte seine Verbringung in Gestapo-Haft zur Folge. Mein Doktorvater überstand diese Zeit der körperlichen und seelischen Torturen, indem er sich in die Welt seiner Wissenschaft zurückzog und dadurch dem direkten Zugriff der Gestapo entzogen war. Er sparte sich das WC-Papier auf (Naturvölker haben ja auch keines), organisierte einen Bleistiftstummel und schrieb eine später veröffentlichte mathematische Arbeit. So kam er durchs Dritte Reich …

In der Oberprima wurden wir wegen der Prüfungsvorbereitungen vom laufenden Dienst bei der HJ freigestellt. Wir konnten uns den schulischen Pflichten und unserer eigenen Entwicklung voll zuwenden. Das wurde ein bedeutungsvolles Jahr für die Persönlichkeitsbildung und führte zum Endspurt vor dem »Dienst am Vaterland«.

Als ausgebildete Feldschere aber hatten wir dann auch sehr interessante Einsätze, welche unser Blickfeld erheblich vergrößern halfen. Wir betreuten Jugendlager, in denen beispielsweise Scharlach ausgebrochen war, wir begleiteten Transporte der »Kinderlandverschickung« nach Ostdeutschland, was uns Freifahrkarten in bisher nicht besuchte Gegenden bescherte. So entstand eine bedeutungsvolle Verbindung zwischen Gerd, mir und meinen Cousinen in Berlin. Im zweiten Kriegsjahr war es dort noch wie in Friedenszeiten. Die NS-Machthaber verstanden es, diese Metropole am Leben zu erhalten. Es gab ohne Karten luxuriöse Zigaretten der Marke »Attikah« und das Varieté »Wintergarten« mit glänzendem Programm unter einem künstlichen Sternenhimmel, der bisher kaum irgendwo eine gute Nachahmung gefunden hat. Wir waren beeindruckt.

Die damaligen Fliegeralarme betrachteten wir mehr als eine unbequeme Unterbrechung unserer verschiedenen Unternehmungen. Wir hatten das Gefühl, daß es sich schon leben lasse in einem Staat, dessen Institutionen einem jungen Mann mit Cleverneß viele

Chancen gaben. Unsere Stimmung war durchaus positiv, solange wir nicht an den Dienst mit der Waffe denken mußten, denn wir sahen nicht so richtig ein, warum eigentlich dieser Krieg gekommen war. Ein eigentliches Feindbild konnte besonders ich bei meiner weltbürgerlichen Grundeinstellung nie aufbauen …

Die Schule machte uns auch für gewisse Rauheiten des alltäglichen Lebens so richtig fit. Am Beispiel des Boxunterrichtes sei das erläutert. Ich liebte keinen Sport. Aber als der Lehrer bemerkte: *»Meine Herren, es gibt Situationen, da ist die Sprache des Akademikers die Faust. Also passen Sie auf, wie Sie mit Wirkung zuschlagen können«*, da paßte ich auf und trainierte kräftig – sehr zu meinem Segen, wie sich bald zeigen sollte. Auch die Fertigkeiten des »Jiu-Jitsu« interessierten mich mehr als das griechisch-römische Ringen.

Die Heldenverehrung spielte im Dritten Reich eine übernormale Rolle – vor wenigen Jahren erst wurde mir das vom Grundsätzlichen her wieder klar, als ich die Gedenkstätten auf den Schlachtfeldern in Verdun besuchte … In der Schule gab es eine marmorne Gedenktafel für die im Ersten Weltkrieg gefallenen ehemaligen Schüler. Am »Heldengedenktag« mußten alle Schüler diese Tafel grüßend ehren durch Vorbeidefilieren in einer langen Schlange, geordnet nach Klassenverbänden. Die Lehrer zogen an diesem Tag Uniform an, wenn sie eine hatten. Hauptsächlich waren das Reserveoffiziersuniformen; Parteigliederungen waren nur sehr, sehr schwach vertreten. Dr. Dahm kam in Hauptmannsuniform und mit Degen. Als er das Ehrenmal an unserer Spitze passierte, da zog er den Degen. Das fanden wir irgendwie ulkig, nahmen es hin und brachten ihm weiterhin unsere ungeschmälerte Hochachtung entgegen.

Dr. Dahm war auch nach dem Krieg ein hochaktiver Mensch und widmete nach verlängerter Dienstzeit seine volle Kraft dem Werk von Nikolaus Ehlen. Dieser angesehene Katholik hatte sich die Erstellung von kostengünstigen und schönen Eigenheimen für zur Selbsthilfe bereite Familien zum Ziel gesetzt. Jeder tat das, was er professionell konnte, und tauschte seine eigene Leistung gegen die von ihm benötigte ein. Es sprach sich herum, was Dr. Dahm in Brühl vollbrachte, und eines Tages wurde ihm mitgeteilt, daß ihm ein päpstlicher Orden feierlich verliehen werden solle: »Großkreuz der Ritter vom Heiligen Grabe«. Er fragte zurück, ob die Zeit zur Annahme des Ordens auch zu verantworten sei, da er seine Aufgaben kaum noch bewältigen könne. Schließlich überzeugte ihn das Argument der kirchlichen Behörde: Der Orden berechtige den Träger zu persönlichen Audienzen beim Heiligen Vater, wann immer er möchte. Dr. Dahm reagierte und reservierte sofort einen Flug nach Rom, um ohne Zeitverlust nach der Ordensverleihung starten zu können. Er versprach sich von diesen Verbindungen einen leichteren Zugang zu »Kirchenland« in Erbpacht.

Nach dem Kriege war es für mich ein befriedigendes Gefühl, durch bescheidene Mitwirkung einen Lebenstraum meines Mathematiklehrers erfüllen zu helfen. Ich hatte eine Funktion am Mathematischen Seminar der Universität Köln und mußte für den Wiederaufbau dieses Fachgebietes vielerlei organisieren. Es ergab sich damals Bedarf für eine Dozentur im Bereich »Schulmathematik«. Die Ausbildung der Mathematiker ist nämlich ganz universell angelegt und keineswegs auf die spätere berufliche Situation zugeschnitten. Viele Kandidaten für das Lehramt an höheren Schulen hatten daher Schwierigkeiten, die akademische Mathematik in die schulische zu transformieren. Dabei konnte eigentlich nur ein erfahrener Schulmann helfen, dem es gegeben war, in beide Seiten der Sache Einblick getan zu haben. Ich schlug Dr. Heinrichs vor und wurde beauftragt, im Namen der Fakultät das erste Gespräch mit ihm zu führen, der nicht weit von der Universität sein Haus in der Kerpener Straße hatte. Ich traf ihn während seines Mittagsschlafes an – auf dem Ledersofa ausgestreckt, die Augen mit einem weißen Taschentuch bedeckt. Da ich im Hause vertraut war, ließ man mich formlos zu ihm. Nach meiner Mitteilung flossen ihm die Freudentränen …

Endspurt

Im Leben eines jeden Menschen gibt es Perioden, die sein Leben mehr als alles andere bestimmen. Ganz genau weiß man nie, wann es soweit ist – aber fühlen kann man es schon … und sehr viel später erst ist man sich ganz sicher. Ab 1. Januar 1942 merkte ich, daß es ernst wurde, meine Art zu leben auszuformen, weil ich nicht mehr viel Zeit hatte bis zum Datum des Stellungsbefehles. Und was danach kommen würde, das war unkalkulierbar. Meine Lebensphilosophie sollte aber auch dann tragfähig bleiben. Jetzt war der »Ernstfall« eingetreten, für den zu üben ich ja kaum Zeit gehabt hatte.

Für eine besinnende Rückschau ist es hilfreich, auf tägliche Aufzeichnungen aus dieser Endspurtperiode zurückgreifen zu können, die genau 100 Tage umfaßte. Auch Nebensächlichkeiten dieser Notizen helfen dem Erinnerungsvermögen, die damaligen Stimmungen und Orientierungsversuche nachzuerleben. Die Tage vom 1. Januar bis zum 10. April 1942 waren äußerlich hauptsächlich mit den Arbeiten für das nahende Abitur angefüllt. Man sollte meinen, daß ein junger Mann, will er allen schulischen Anforderungen entsprechen – und ich entsprach –, nur noch sehr wenig Zeit hat, sich mit anderen Sachen zu befassen. Heute wundere ich mich, wie vielerlei ich an jedem Tage tun konnte.

Dieses Kapitel soll deshalb die Welt der Schule nur am Rande behandeln, weil dort jetzt die Keime aufsproßten, die früher gelegt worden waren. Die Vermittlung der Fähigkeit zu selbständigem Denken scheint mir einer der Hauptsprosse gewesen zu sein. Die Aneignung fremden Gedankengutes erfolgt hauptsächlich durch Bücher. Denn wem ist es schon vergönnt, von jedem für sein Leben wichtigen Fachgebiet Experten in persona zu kennen? Und wieviel mehr muß man sich deshalb freuen, wenn man in seltenen Sternstunden einmal in Kontakt mit einem wirklich bedeutungsvollen Fachmann kommt.

Heute kann ich sagen »leider«, also: Leider war es mir nie vergönnt, einen wirklichen »Experten für Nationalsozialismus« zu treffen. Jeder meint, daß es damals solche Leute in Massen gegeben habe. Ich hätte dieser Meinung nach doch bei wirklich ernstlichem Bemühen leicht eine solche Persönlichkeit finden können.

Dabei handelt es sich doch um ein ganz bekanntes Phänomen, welches an der Organisation der katholischen Kirche kurz erläutert werden soll. Über viele Jahrhunderte wurde der Klerus zu dem entwickelt, was er heute ist. Jeder Mensch weiß, daß er nicht das ist, was er sein könnte ... Adolf Hitler hat sich bei seinen Überlegungen zur Verbesserung dieser Welt immer von der Arbeit der katholischen Kirche, ganz besonders der der Orden, inspirieren lassen. In »Mein Kampf« kann man das genau nachlesen. Hitler wollte ein weltanschauliches System, das ihm die Masse der Deutschen zuführen sollte, und zwar unbedingt noch zu seinen Lebzeiten. Heute sehe ich es so, daß dies einer seiner Grundfehler war. Die Weichen wurden dadurch grundsätzlich auf »falsch« gestellt, um dann den Zug zielsicher und schicksalhaft durch fast alle Stadien der Hölle zu leiten. Das geschah irreversibel zwangsläufig. Nur die von ihm so oft zitierte göttliche Vorsehung hielt ihn gegen seinen Willen ab vom allerletzten Schritt, was sicherlich seinem Propagandisten Joseph Goebbels nicht ins Konzept paßte. Aber der war ja »nur« der fanatisierte PR-Mann seines »Führers«, was ihn in maßloser Verblendung sagen ließ: *»... und wir werden die Tür der Weltgeschichte mit einem großen Krach hinter uns zuschlagen ...«*

Unter den Experten für Nationalsozialismus war er gewiß seltene Spitzenklasse, seine Helfershelfer konnten es ihm kaum gleichtun. Keinen davon habe ich sprechen können. Ob diese mir etwas anderes hätten sagen können als: »Das ist eben so und so, weil es der Führer gesagt hat.« Mir kam dies alles immer so vor wie das die Diskussion beendende Bibelzitat eines weniger bedeutenden Geistlichen. Aber auch der Unbedeutendste dieser Priester steht in meinen Augen haushoch über den NS-Propagandisten, weil sein Leben Jesus Christus geweiht ist. Hitler selbst wußte das genau und schreibt es auch in »Mein Kampf«. Da er wußte, daß er sich zu Lebzeiten keine solche Elite heranziehen könnte, fand er eine Notlösung.

Hitler ging davon aus, die Massen unbedingt schnell gewinnen zu müssen, und studierte das an den vom Marxismus angewandten Methoden. Diese sind tatsächlich sehr raffiniert, ausgedacht von der »Durchtriebenheit und Geschicklichkeit der Juden«, wie er schreibt. Deshalb müsse die NS-Propaganda grundsätzlich direkt von Mensch zu Mensch beeinflussen, durch Rede, durch Massenversammlungen und durch die permanente Wiederholung ganz weniger, einfacher Thesen. Das ist die NS-Überzeugungsarbeit. Nur sie sei der Druckerschwärze »jüdischer, schlauer Schreiberlinge« gewachsen, nur sie habe überhaupt eine Chance, die Massen skrupellos im Unterbewußten total zu verändern und auf seine Seite zu ziehen. Durch rein intellektuelle Argumentation sei das keineswegs schnell möglich. Und es sei erinnert an eine Passage aus einer Goebbels-Rede: »... und die 100.000 Intellektuellen, die wir bisher nicht überzeugen konnten – auf die können wir verzichten ...« Die Versammlungsmasse applaudierte tosend ... Es war also kein Wunder, daß ich nach den »NS-Experten für kleine Intellektuelle« vergeblich suchte.

Das Thema unseres Abituraufsatzes verdeutlichte die Absichten unserer Erzieher klar: *»Was sind die entscheidenden Einflüsse auf meinen bisherigen Entwicklungsgang, und in welchem Sinne wirken sie?«*

Junge Männer, die dieses Thema gewählt hatten, mußten mit ihren 17 Jahren schon kleine Persönlichkeiten sein, um aus dem Handgelenk in der Klausur fundiert Stellung nehmen zu können.

Am 18. März 1942 hatte ich im Deutschunterricht ein Referat zu halten über Nietzsches Essay »Vom Nutzen und Nachteil der Historie für das Leben« (1874). Da ich ein eifriger Nietzsche-Leser war, machte mir die Bearbeitung viel Freude und gab mir manches. Ich notierte bei den Vorarbeiten: *»Nietzsche mag schon recht haben mit seinem Nachteil der Historie für das* Leben. *Nur hieraus kann man die Bestrebungen der heutigen Zeit verstehen. Dies sollte man gewissen Leuten einmal erzählen.«* (14. März 1942)

»Es gehört sehr viel Kraft dazu, leben zu können und zu vergessen, inwiefern leben und ungerecht sein eins ist.« (16. März 1942)

»Jeder Mann hat gerade soviel Eitelkeit, als es ihm am Verstande fehlt.« (19. März 1942)

Es war sicherlich kein Zufall, daß mir Dr. Berendt dieses Thema gegeben hatte, wollte er mich doch etwas gegen meine von ihm als materialistisch-positivistisch eingeschätzte Grundhaltung beeinflussen. Das war aus meiner Sicht nicht nötig, weil Dr. Berendt gewiß manche meiner Äußerungen überbewertet hatte – aber es war auch kein Fehler. Die neoidealistische Reaktion in Europa lief in diesen Jahren aus. Nietzsche hatte sie mitbegründet. Gleichzeitig begann sich die militärische und politische Niederlage Deutschlands immer deutlicher abzuzeichnen.

Aus Nachkriegssicht muß man feststellen, daß nach 1945 wieder ein positivistisches Weltbild kräftig dominierte, was längst überwunden geglaubt worden war. Zur Jahrtausendwende hin mehren sich erst die Anzeichen, die auf eine echte Überwindung schließen lassen.

Um meine damalige Auseinandersetzung mit den möglichen Weltbildern richtig bewerten zu können, sollte man sich unbedingt daran erinnern, daß die Verbindung von Nationalismus und Sozialismus Hitler überlebt hat und zur mächtigen politischen Kraft des Jahrhunderts wurde! Jeder Staat wurde so »sozial«, wie es die alten Sozialisten nie zu träumen gewagt hätten! Sogar in den Vereinigten Staaten von Amerika ist das zu beobachten. Das Mischungsverhältnis von Nationalismus und Sozialismus ist natürlich in jedem Land verschieden, doch ist der Sozialismus fast überall eher national als international.

Als junger Mann betrachtete ich die Dinge durchaus eigenständig. Es waren erschreckend viele Dinge, mit denen ich mich auseinanderzusetzen hatte: der Ist-Zustand der Welt im Kriege, meine eigenen, langsam wachsenden intellektuellen Fähigkeiten und das mehr und mehr dominierende Interesse am anderen Geschlecht.

Auch ich habe in jugendlichem Überschwang immer gefühlsmäßig dazu geneigt, anstehende Probleme »endgültig« lösen zu wollen. Aber ich werde gottlob auch sehr von nicht rationalistischen Kräften bestimmt – nur wußte ich das damals noch nicht so wie heute. So dachte ich damals bei allen NS-Thesen über die »Verbesserung des Zustandes der Deutschen«: *Warum gerade jetzt? Was spricht dafür und was dagegen? Welche Bedingungen wären optimal für eine Zustandsänderung?*

Als ich damals »Mein Kampf« mit dem Verständnis des 17jährigen las, war mein Grundeindruck der gleiche wie bei der Lektüre 50 Jahre später: Hitler überschätzt die Macht der Ideologie; er ist von seiner Idee diabolisch besessen und hält sich für die »Inkarnation des germanischen Heilbringers« – koste es, was es wolle …

Im einzelnen bleibt festzustellen, daß ich damals schon erkannte: Das in meinem Geburtsjahr geschriebene Buch läßt die Tragik des Ersten Weltkrieges miterleben und ahnen, daß dieser Krieg seine Fortsetzung finden würde. Wenn man sich also schon dem »Kampfgedanken« verschreiben will – jedem sei das frei überlassen –, dann muß ein solches Unternehmen ordentlich vorbereitet und immer wieder überdacht werden. Und im Überdenken war ich nicht ungeschickt. Mein Ergebnis war ganz schlicht: Der Zeitpunkt ist falsch, weil die technologischen Rand- und Anfangsbedingungen sich zwischen 1914 und 1939 zuwenig zu unseren Gunsten verbessert hatten. Unter diesen Umständen für eine Änderung der Zustände zu sorgen, haben wir Deutschen schon das Zeug.

Freilich war ich in einem Dilemma: Widerstand gegen die NS-Staatsgewalt hätte gewiß meine Naturwissenschaftlerzukunft verunmöglicht und zudem die Zustände überhaupt nicht mehr ändern können. Mitmachen mit den NS-Kräften aber konnte keinesfalls verantwortet werden, weil so alles nur noch länger gedauert hätte und schlimmer geworden wäre. Es gab einfach keine Chance.

Demnach blieb als einzige Möglichkeit, einen für die Deutschen verlorenen Krieg einzukalkulieren und in Anständigkeit meinen Kopf für weiter reichende Pläne zu retten. Von Tag zu Tag verschlechterten sich die Aussichten auf ein schnelles Kriegsende, das allen Deutschen noch eine erstrebenswerte Zukunftschance ermöglicht hätte. Ich war überzeugt, daß Hitler das ursprünglich einmal gewollt hatte – dann aber war er maßlos geworden. Er gedachte in österreichischer Mentalität, nun die anderen »austricksen« zu können, weil er keine Geduld besaß. Ich sah mit Besorgnis, wie er planmäßig Trickser erzog, und das war mir höchst unsympathisch.

In damaligen Zeiten durfte man solche Überlegungen nicht laut werden lassen. Jeder mußte still seinen Weg gehen, wenn es auch sehr schwer fiel. War man ehrgeizig, mußte man beträchtlich »zurückstecken«. Denn anerkannt wurde von der damaligen Gesellschaft nur der mit Auszeichnungen dekorierte Offizier. Die Versuchung zu einer solchen Laufbahn war verlockend. Viele von mir sonst verehrte Persönlichkeiten legten mir einen solchen Werdegang nahe ... Ich aber wollte auf keinen Fall die damit zwangsläufig verbundene größere Verantwortung tragen, weil nach meiner Meinung etwas ganz grundsätzlich nicht stimmte!

Alle vorstehenden Überlegungen waren in meinem 17. Lebensjahr über viele Wochen ausgebreitet. Es war im eigentlichen Sinne kein klarer Gedankengang, weil er nie zusammenfassend formuliert worden ist. Das war ja auch nicht nötig, er war einfach zu erfassen und genauso einfach wieder in Zweifel zu ziehen. Das geschah bei allen sich bietenden Gelegenheiten. Mein Freund Gerd war der Diskussionen müde, denn ich wurde penetrant und unliebsam.

Mich bedrückte ja die Grundfrage meines Lebens ganz alarmierend – wenn ich zu Bett ging und wenn ich wieder aufstand. Gerd sagte mir am 19. Januar 1942, daß er die Lösung für sich in einem Wort von Georg Christoph Lichtenberg (1742–1799) gefunden habe: *»Nichts kann mehr zu einer Seelenruhe beitragen, als wenn man gar keine Meinung hat.«*

Er war ja auch in diesen Wochen gut abgelenkt, weil er Hänschen dessen Freundin Hilde ausgespannt hatte. Hilde aber wußte nicht so ganz genau, was sie eigentlich wollte, und deshalb ging es öfter hin und her. Gerd sah das immer von der heiteren Seite, aber Hänschen litt darunter. Ich stand dem betrachtend gegenüber, weil ich mit der Freundin von Hilde umging. Das ist wohl das richtige Wort: Es war nur eine stille Zuneigung, sanft von dem Mädchen erwidert – mehr konnte es nicht sein, weil Maria gefühlsmäßig zum unterhaltsameren Gerd neigte. Wegen ihrer Freundin konnte das aber kaum realisiert werden. Noch heute, wenn ich mit Muzy spreche – denn so nennt sie sich seit ihrem Studium in Wien –, zielt zumindest ihre zweite Frage in die Richtung Gerd. Maria ist eine interessante Mischung zwischen einer Wiener Mutter und einem italienischen Vater, was mir als Heranwachsendem nur sehr wenig sagte. Ich hatte ja noch keine Erfahrungen mit der unterschiedlichen Mentalität der Völker. Später lernte ich beruflich fast alle Rassen kennen und auch die feineren Unterschiede innerhalb ihrer Spielarten. Monatelang hatte ich den Vorzug, als Gast in der österreichischen Botschaft in Jeddah zu leben und die Österreicher aus der Nähe zu erleben. Natürlich fragten diese liebenswerten Menschen immer nach einer gewissen Zeit, was ich als Deutscher eigentlich von ihnen halte. Das konnte ich leicht beantworten, wobei ich allerdings die Anwesenden auszuschließen beliebte – mit Recht. Denn mein erster engerer Kontakt mit einem Österreicher fand beim Militär in der Rekrutenzeit statt. Mich interessierten Österreicher eben wegen Adolf Hitler sehr, war er doch mein ernstes Lebensproblem – aber auch wegen Maria, denn sie sah ganz wunderschön aus, wenn sie glücklich war. Damals sang man den Schlager *»Schenk mir dein Lächeln, Maria ...«* – noch ein Jahr lang so eine Art Erkennungsmelodie in meinen Träumen fern der Heimat. Die liebe Maria konnte nämlich arge Depressionen haben, die ihr dann nicht nur auf das Gemüt, sondern auch auf den Magen schlugen. Ich stand staunend und konnte das alles nicht richtig verstehen. Heute weiß ich, daß ich damals meine Aufgabe als junger Mann ganz gründlich versiebt habe, weil ich nicht unterhaltend und leichtlebig war. Das ist ja auch kein Wunder bei einem 17jährigen, der mit der Welt nicht klarkommt und der keine wirklichen Erfahrungen mit Frauen – außer mit seiner Mutter – hatte. Immerhin aber ist es doch kein schlechtes Zeichen, wenn ich auch heute noch in losem freundschaftlichem Kontakt mit Muzy stehe. Wir reden dann über unsere Familien und über unsere Freunde von damals – aber nicht über das, was uns vor 50 Jahren beide anging.

In der Adoleszenz löste sich der junge Mann von seinen Eltern, und seine Probleme gingen mit ihm. Was er vorher mit seinen Eltern diskutiert hatte, das versuchte er nun bei seiner jeweiligen Freundin zu artikulieren. Er wunderte sich dann über die fehlende Resonanz, was eigentlich kein Wunder ist, weil die Welt der Mädchen in diesem Alter aus ganz anderen Komponenten mit anderen Prioritäten besteht. Der junge Mann aber wußte das ja alles nicht. Wir werden sehen, wie das in den Briefen an das geschätzte Mädchen klang – diese Abschriften sind noch verfügbar, wegen der Postzensur vorsorglich angefertigt. Ja, vorsichtig und findig bin ich immer gewesen, sonst wäre ich gewiß auch auf eine der Klippen für nicht ganz Linientreue aufgelaufen. Was sagte mir doch »mein« ehemaliger NSFO (Nationalsozialistischer Führungsoffizier), Hauptmann Dr. Woike, als wir zusammen in britischer Internierung, in der Korpsgruppe Stockhausen bei Eutin, saßen und über das Lagerradio von »Herrn« Hugh Carleton Greene vom Londoner Rundfunk umerzogen werden sollten? Er bemerkte mit leichter Wehmut:

> *»Sie sind der einzige im Lager, der seine Meinung nicht hat zu ändern brauchen.«*

Österreicher habe ich besonders interessiert betrachtet, sehen sie doch wie Deutsche aus und sind irgendwie ein wenig anders. In meiner Rekrutenzeit lag auf meiner Stube ein etwa zehn Jahre älterer, gemütlicher und uriger Mann, der liebenswert war. Er war von Beruf Zollbeamter und stand mit dem NS-Regime auf Kriegsfuß. Vor dem Anschluß an Deutschland hatte er nämlich seine Aufgaben als österreichischer Beamter ordentlich erfüllt und in Ausübung seiner Pflichten Schmuggelware beschlagnahmt. Das waren NS-Flugblätter im Gepäckwagen des Zuges von München. Die NS-Österreicher haben ihm das später nie verziehen. Man machte ihm viele Schwierigkeiten. Nun wurde er als Soldat ausgebildet, um zu kämpfen. Alois fragte mich: *»Ob man mir zukünftig vorwerfen wird, daß ich gegen die Falschen gekämpft habe?«*

Mit seiner – soll ich sie stoisch nennen oder heiter? – Mentalität konnte er diese Konflikte noch ertragen. Seine Hauptsorge im Alltag wurde verdeutlicht durch seine charmante Frage: »*Hoast a Zigaretten?*« – Terminus, der für mich zur Kurzcharakterisierung »der« Österreicher wurde, in den saudiarabischen Nächten von allen Österreichern belacht.

Im Januar 1942 wurde unser Jahrgang 1924 aufgerufen, sich auf dem Polizeirevier in die »Stammrolle« einzutragen. Mittels dieser Grundlage bereitete man unsere Musterung für Anfang Februar vor. Man wies uns darauf hin, daß mit dem Stellungsbefehl für Anfang April zu rechnen sei. Im Tagebuch steht: »*Wir alle sind überrascht und erschüttert, weil wir so früh eingezogen werden sollen. Doch ich fühle, wir werden sehr schnell sehr reif werden.*« (17. Januar 1942)

»*Es eröffnete sich mir die Erkenntnis vom Leben als Schuld, der Nichtigkeit des Daseins und dem Schopenhauerschen* Nichts. *Nietzsche bejaht deshalb das* Leben, *weil er jenseits der Urteilsfähigkeit Gut – Böse steht. Das ist Nietzsches Urschuld, aus der ›Erlösung‹ nur durch Gott möglich.*« (24. Januar 1942)

»*Nietzsche ist der Wegweiser des heroischen Menschen, des idealen zukünftigen Deutschen. Unsere Zeit muß gestalten, was Nietzsche schuf. Sagt er doch in ›Menschliches, Allzumenschliches‹: ›Wer eben Glück und Behagen vom Leben ernten will, der mag nur immer der höheren Kultur aus dem Wege gehen.*‹« (31. Januar 1942)

Die Hitlerrede am 30. Januar 1942 machte uns allen klar, was die Stunde geschlagen hatte. Gerd wurde gemustert zur »leichten Artillerie/Infanterie-Sturmabteilung/leichten Flak« und ich als Mathematiker zur »Beobachtungsabteilung«.

Unsere Gemüter waren begierig, Orientierungshilfen in von uns bewunderten Persönlichkeiten zu finden. Max Planck sprach am Sonntag, dem 8. Februar 1942, um elf Uhr im Kunstverein Friesenplatz über das Thema: »Sinn und Grenzen der exakten Wissenschaft.«

Mein Vater, Hänschen und ich nahmen teil und diskutierten viel. Unser Eindruck war großartig. Den Schlußsatz vergaß ich nie: »*Das Erforschliche erforscht zu haben und das Unerforschliche ruhig zu verehren.*«

Als im Wintersemester 45/46 an der Universität Köln der gleiche Vortrag angekündigt wurde, ging ich selbstverständlich hin. Ich wollte wissen, ob das die gleichen Vorträge waren 1942 und 1945. Leider erkrankte Max Planck so schwer, daß er selbst nicht reden konnte. Seine Tochter verlas dann sein Manuskript. Es war wörtlich mit der alten Fassung übereinstimmend. In der NS-Zeit gab es also sehr wohl konstante Orientierungspunkte in der Öffentlichkeit.

Nach Max Planck ist die Haupteigenschaft des Naturwissenschaftlers die Neugierde. Das gefiel mir auch für andere Lebensbereiche.

Als Oberprimaner merkten wir in diesen Monaten von der Hitlerjugend nichts. Offensichtlich um festzustellen, ob es uns noch gab, mußten wir in meiner alten Volksschule der »HJ-Meldepflicht« genügen. Das war wirklich alles.

Mein Abituraufsatz sei wörtlich wiedergegeben:

> *Welche Einflüsse haben auf meinen bisherigen Entwicklungsgang entscheidend gewirkt und in welchem Sinne?*
>
> *Schon von meiner frühesten Jugend an lag mir ein eigentümlicher Drang zur »Selbsterkenntnis« inne, den ich in diesem Maße bei meinen Altersgenossen nicht beobachtete. Rein gefühlsmäßig mag ich wohl erkannt haben, daß Selbsterkenntnis und hierdurch Selbsterziehung (im weiteren Sinne) eigentlich unsere Lebensaufgabe bildet. Diesbezügliche Gedankengänge wurden unbewußt durch vieles Alleinsein begünstigt. Und so gab es Augenblicke, so ich aufjauchzte und mir selbst sonnenklar schien. Dann aber konnte es vorkommen, daß ich schon wenige Minuten später niedergeschlagen erkennen mußte, ein wie großes Rätsel ich mir eigentlich selber war. Hierdurch festigte sich die Meinung, daß Selbsterkenntnis im Grunde die schwierigste Erkenntnis ist und unserem Verstande vielleicht am wenigsten zugänglich. Unter dieser Voraussetzung ist auch vorliegende Arbeit zu betrachten, in der es Irrungen geben kann, die den wirklichen Sachverhalt furchtbar verzerren können.*
>
> *Als ich gerade auf die Volksschule gekommen war, zogen meine Eltern von der inneren Stadt in einen Vorort um.*

Zu unserer Wohnung gehörte auch ein größerer Garten, in dem ich mich den ganzen Tag aufhalten konnte, nur zur Essenszeit mich eben blicken lassend. Denn dort war ich in meinem Reiche, bei den Blumen, Käfern und Schmetterlingen. So lernte ich das Staunen vor der Vollkommenheit und Größe der Natur, und was gewiß ebenso wichtig ist: ich war auf dem besten Wege, zu mir selbst zu gelangen, d. h. soweit man bei diesem Alter überhaupt davon sprechen darf. Mit dem Vorwärtsschreiten meiner Entwicklung nun fühlte ich mich immer mehr zur Wissenschaft des Stoffs, zur Chemie, hingezogen, und mir wird wohl mein Leben lang nicht das eigentümliche Wundern und die eigenartige Ehrfurcht vor der einfachen chemischen Reaktion im Reagenzglase vergehen. Schon oft fragte ich mich, besonders an den langen Winterabenden, wenn ich experimentierte, was es denn eigentlich sei, was mich zur Chemie, zu meinem Lebensberufe, hinzieht. Aber jedesmal mußte ich erkennen: in Worte kann ich diesen geheimnisvollen Bann nicht formen. Vielleicht war es das Bewußtsein, den Wurzeln der allumfassenden Natur näher zu gelangen, die Grundlagen des Seins zu erfassen. Damals schienen mir die Rätsel der ganzen Welt in der Natur der materiellen positiven und negativen Ladung erschlossen. Mein Vater sah diesem Beginnen immer mit dem leisen Anflug eines Lächelns zu. Dies machte mich oft sehr ärgerlich, denn ich verstand nicht, wie meine doch so klare und einfache Überzeugung überhaupt angezweifelt werden konnte. Doch allmählich weitete sich durch den Schulunterricht und unter der Obhut meines Vaters der wissenschaftliche Horizont, und hiermit trat auch die Erkenntnis ein, daß nicht alles so einfach und klar ist, wie es dem Unbefangenen scheint. Der nun folgende Zusammenbruch meines Weltbildes, bei dem ich mich immer geborgen und als hoch – gleichsam herrschend – darüber stehend gefunden hatte, läßt mich daran zweifeln, ob es ein solches Gebilde auf dieser Erde überhaupt gibt. Bis dahin glaubte ich immer, in vollem Besitze der Wahrheit zu sein und die Welt zu durchschauen. Damals blickte ich auf gewisse Menschen mit Überheblichkeit hinab, weil ich fest davon überzeugt war, sie hätten die Welt nicht in ihren

Grundlagen begriffen und klebten am Oberflächlichen. Doch je mehr sich die Schleusen des Lebens öffneten und so allmählich über mich die rauhe Wirklichkeit hereinbrechen ließen, desto tiefer wurde ich umgestaltet. Ich erkannte damals das Wirken geistiger Mächte, die mir früher immer als ein unnützes Hirngespinst erschienen waren. Glaubenszweifel wurden wach, denn mein Innerstes sträubte sich dagegen, ohne Kritik die christlichen Anschauungen meiner Erziehung zu übernehmen. Dazu wirkte noch immer der Strom des äußeren Lebens und das Erwachen einer Welt in mir, die ich früher in meiner Einfachheit nicht im geringsten ahnte. Ich mußte erkennen, daß die ursprünglich von mir verachteten Menschen mit gewissen Alltäglichkeiten viel besser fertig wurden und eigentlich bedeutend gefestigter im Strudel der Welt dastanden, der durch den hereinbrechenden Weltenbrand nur noch schneller wirbelte. Ich kam mir vor wie ein Ertrinkender, der sich nur mit äußerster Anstrengung noch eben über dem Wasser hält. Die Gefahr des vollständigen Unterganges schien mir bedrohlich nahe. So glaubte ich dem nur dadurch ausweichen zu können, daß ich mich wieder zu mir selbst zurückwandte, den Strudel der Welt verlassend und das Erlebte verarbeitend. Auf dieser Stufe meines Entwicklungsganges löste ich mich von allem Überkommenen und versuchte, eine neue Welt aus dem Erfahrenen aufzubauen. Ich erkannte, daß dieses irdische Treiben nicht das Ziel sein konnte, für welches es sich zu leben lohnte, sondern die Umrisse von etwas anderem, Überirdischem malten sich dunkel in meinem Bewußtsein ab. Ich ahnte das zu Erstrebende, ohne es fassen zu können. Fest aber stand, daß diese Welt, an der ich verzweifelte, nicht das Endziel sein könne.

In dieser Entwicklungsperiode fügte es sich nun, daß ein Bekannter mir zufällig eine Auswahl aus Schopenhauers Philosophie schenkte. Ganz unbefangen schlug ich das blaue Bändchen auf, nur aus reiner Neugierde, nicht weil ich glaubte, hier etwas Kostbares, Wahres zu finden. Mir fiel der Abschnitt in die Augen, der anhebt:

»Die Philosophie ist eine hohe Alpenstraße …«

Ich las dies einmal, zweimal, mehrere Male und mußte erkennen, daß hier das ausgedrückt war, was ich suchte, die reine, würzige Höhenluft, die auf den hohen Alpenpfaden weht, wo man ohne Gängelband schreitet und sich die tief unten liegende Welt mit ihren Schluchten eröffnet und wo die Sonne fern aller Schatten und Nebel glänzender als je erstrahlt. In der Folgezeit stürzte ich mich nun auf das Gedankengut dieses großen Deutschen, dessen Jugend mir so verwandt erscheint und der durch die kristallene Klarheit seiner Sprache und durch die unumstößliche Wahrheit der Grundgedanken eine solch gewaltige Wirkung auszulösen imstande war. Jetzt dachte ich tiefer, und das sich natürlicherweise hinzugesellende kritische Moment ließ mich die Grundlagen meiner Weltanschauung finden. Mittlerweile ging das Leben weiter, und in den Forderungen der Zeit, die an unsere junge Generation gestellt werden, erkannte ich eine tiefe Bedeutung für den geistigen Werdeprozeß, dem der zur Vollendung heranreifende Mensch unterworfen ist.

Jetzt ging unser Abnabeln mit Riesenschritten voran. Das Abitur wurde absolviert und in den verschiedenen Kreisen entsprechend gefeiert. Mir wurde angst und bange vor der Verantwortung, die unausweichlich auf mich zukam.

»Es gibt noch über die Liebe ein Zusammengehörigkeitsgefühl, das um seiner selbst willen da ist, wie zum Beispiel manchmal die Pflicht.« (Tagebuch 28. März 1942)

Dieser Satz verdeutlicht, daß wir weder Liebe noch Pflicht kennen konnten.

»Der erste Tag nach dem bestandenen Abitur schien mir wie ein Sonntag. Des Tages volle Bedeutung erkennen wir jedoch nicht.« (Tagebuch 26. März 1942)

»Daß man die letzten zwei Wochen zu Hause ist, kann man gar nicht ganz begreifen.« (Tagebuch 28. März 1942)

Als ich das schrieb, da wußte ich nicht, daß ich meine erste große Liebe bereits seit dem 19. Februar kannte. Damals wurden Gerd, Hänschen und ich von Fräulein Annelise Simon ins Schauspielhaus eingeladen: »Der goldene Dolch.« Fräulein Simon war Musiklehrerin, die neben der Einführung in ihr Fachgebiet junge Leute in ihrem Musikstudio versammelte zum freien Gedankenaustausch, wobei sie unauffällig unsere Gedankengänge liebevoll korrigierte. Zum Theaterbesuch brachte sie ein süßes Mädchen mit, das sich Annemie nannte und »echt kölsch« war. Ich nahm interessiert Notiz ... An ihre Adresse sind viele meiner Briefe aus Rußland geschrieben. Natürlich – so sage ich heute – war Annemie kein intellektueller Partner, dafür aber gab sie Liebe. Es sollte noch etwa ein Jahr dauern bis zu einer näheren Beziehung.

Wir feierten dreifach Abschied vom bisherigen Leben: mit unseren Klassenkameraden, mit unseren Freunden und Freundinnen und mit unseren Eltern und denen unserer Freunde. Diese Einbindung unserer kleinen Persönlichkeiten in ein Beziehungsgeflecht sollte in den kommenden Jahren intensiv leben und uns unermeßlich helfen bei der Bewältigung der kleinen und großen Lebensschwierigkeiten. Viele Beziehungen hielten, solange die Partner lebten. Erst jetzt wurde das Hotel auf dem Petersberg im Siebengebirge grundsätzlich umgestaltet. Oftmals sah ich es vorher an, um mich intensiv an den damaligen Höhepunkt unserer Abschiedsfeiern zu erinnern. Die besondere Atmosphäre damals hatte es uns allen angetan – mit anderen Freundinnen gingen Gerd und ich in den finsteren Nachkriegsjahren noch oftmals dorthin.

Sehr gut ablesbar ist der Widerschein unserer Persönlichkeiten aus der Abiturzeitung. Jede Klasse macht solche Blätter, für die es keine Zensur gibt. Mein Mitschüler Jochen wurde unsterblich (leider aber lebt er heute nicht mehr) durch seine nonchalante Art, mit der englischen Sprache umzugehen. Bildlich dargestellt wird seine Antwort auf die Frage nach der britischen Nationalhymne, die er beantwortete mit »God shave the King ...« Der König sitzt auf seinem Thron, und aus einer mächtigen Wolke blitzt die Hand Gottes mit einem Rasiermesser. In diesem Heft kommt nichts vor, was irgendwie mit NS-Doktrin in Verbindung gebracht werden könnte. Ich selbst werde mit Bauch und Glatze (in richtiger Vorausschau) konterfeit als Chemiker vor Phiolen mit der Unterschrift »Eins, zwei, drei! Im Sauseschritt läuft die Zeit; wir laufen mit! Kaum ist eine Frist verronnen, Josef hat den Nobelpreis bekommen ...« (in falscher Vorausschau).

Am 7. April brachte ich meinen Freund Gerd um 7.52 Uhr zum Zug, mit dem er zum RAD (Reichsarbeitsdienst) fuhr.

Mein Vater und mein Bruder gingen mit mir am 10. April zum Bahnhof Deutz-Tief. Wir hatten uns also *gestellt,* wie es der gefürchtete Befehl von uns unausweegsam verlangte.

Unter guten Sternen

Jeder Mann hat gerade soviel Eitelkeit,
als es ihm am Verstande fehlt.

Friedrich Nietzsche (1844–1900)

Arbeitsdienst (RAD) im SS-Sondereinsatz

Natürlich kannte ich den Bahnhof Köln-Deutz, nicht jedoch einen Bahnsteig, der unter dem Bahnhof wie im Keller angeordnet war. Dorthin wiesen die Schilder für die RAD-Abteilung K 2/321. Am 10. April 1942 um 10.15 Uhr fuhr mein Zug ab. Ich traf einige meiner ehemaligen Mitschüler, sonst gab es nur junge Männer, die Angestellte oder Arbeiter waren. So sahen also meine zukünftigen Kameraden aus. Ich mußte mich daran gewöhnen, weil mir einfach die Übung im Umgang mit solchen Menschen fehlte: In der Feldscher-HJ waren solche nicht vertreten, weil das Interesse für Medizin und das Erlernen des fachlichen Stoffes andere Voraussetzungen verlangte. Und wo traf ich sonst Gleichaltrige?

Unser Zug verließ den Bahnhof durch einen Tunnel – das Tageslicht schien mich in eine andere Welt zu geleiten, von der ich nichts Gutes erwartete. In Großhettingen angekommen, marschierten wir zur Maginot-Kaserne und trugen unsere Köfferchen, mit denen wir nach der Einkleidung unsere Zivilkleidung wieder nach Hause schicken sollten. Die Dienstgrade hießen »Führer« und sprachen zu uns in dem Ton, welchen auch gewisse HJ-Führer bevorzugten. Die erste Mitteilung lautete: »Männer! Aus euch werden wir hier ganz schnell sehr gute Arbeitsmänner machen.« Und die zweite: »Ihr habt Glück, denn die Abteilung K 2/321 ist der SS unterstellt. Der Wehrsold beträgt 1 RM pro Tag und ist damit etwa dreimal so hoch wie beim normalen RAD.« Das war für uns neu.

Von Jungvolk und HJ her waren wir ja alle schon ausgebildet, was Exerzieren und Uniform betraf. Beim RAD allerdings erhielten wir braune und unförmige Klamotten. Mit Fußlappen anstelle von Strümpfen hatten wir keinerlei Erfahrung. Die erste Anordnung lautete: »Auf dem Kasernengelände darf sich jeder Mann nur im Laufschritt bewegen.«

Die Führer brüllten uns grundsätzlich an und schrillten mit ihren Trillerpfeifen dauernd in unsere Ohren. Das morgendliche Wecken zum Frühsport ging so vor sich: Die Unterführer standen alle vor den Stubentüren auf den Gängen. Auf ein Zeichen hin stürmten sie in die Schlafräume und bliesen dabei lange und kräftig in ihre Pfeifen. Dann brüllten sie:

»Raus aus den Betten, ihr Lahmärsche. Wollt ihr euch wohl bewegen ... Schneller, schneller, keine Müdigkeit vorschützen ... Bewegung! Schnell, schnell, und nicht so krummstiefelig ...«

Jeder, der auffiel, wurde ganz persönlich angebrüllt und mußte sofort ein paar Liegestütze machen. War damit der Führer noch nicht zufrieden, dann befahl er:

»Auf dem Koppelschloß kehrt!«

»Und nochmals *kehrt* ...«

»Jetzt auf, und einmal um den Bau im Laufschritt.«

So ging es weiter, bis der Delinquent deutliche Ermüdungserscheinungen zeigte.

Das Ziel war, unser Selbstwertgefühl vollkommen zu brechen. Die wenigen Abiturienten wurden ganz besonders vorgenommen. Sie hießen nur noch »Aburenten« – zu nichts nütze, es sei denn zum Fegen der Latrine. Beim Frühappell hieß es:

»Aburenten links raus. Abmarsch zum Latrinenfegen.«

André Maginot hatte es schon verstanden, seine Mittel bei Errichtung der nach ihm benannten Verteidigungsbauwerke sparsam einzuteilen. Ihm kam es nur auf die Kampfkraft an und nicht auf die Achtung der Persönlichkeitswerte einfacher Soldaten. Sie wurden wie Vieh gehalten. Das sah man schon am Erscheinungsbild dieser Kasernen. Die Farben Braun und Beige bestimmten das Bild. Die Waschräume waren wie Grüfte mit Blechbecken und ganz kleinen Wasserleitungen. Zum Duschen gab es besondere Räume außerhalb des eigentlichen Kasernenbaus. Daneben standen die Latrinen: Auf Stelzen angeordnet waren kleine Einquadratmeterzellen hinter Blechtüren, die Böden aus Zementestrich hatten in der Mitte ein Loch. Das war wirklich alles. Der Benutzer hatte sich zielgenau über das Loch zu hocken, um sich zu entleeren. Viele aber konnten nicht so treffsicher arbeiten ... Also gab es eine große Sauerei. Und die »Aburenten« mußten das dann täglich wegfegen und die unter den Löchern befindlichen großen, zylindrischen Blechbehälter auf kleinen Eisenrollen zu einer mehrere hundert Meter entfernten Dunggrube rollen, wo sie durch Kippen geleert wurden. Ihr Inhalt hatte eine flüssig-sämige Konsistenz. Und weil sie gestrichen voll waren, schwappten sie über auf die Hände der »Aburenten« und oft auch auf ihre Kleidung. Mehrere Mann waren nötig, um die nach Chlorkalk stinkenden Ungetüme zu bewegen, und dabei wurden auch noch lebende Bewohner in der braunen Soße sichtbar: fingerlange, dicke, weiße Maden, sich träge bewegend – einfach ekelhaft ...

Wir sprachen oft davon, wie schön deutsche Kasernen waren. Und auch darüber, warum man uns so fertigmachen wollte. Die Führer waren überwiegend sogenannte »Beutedeutsche«, also aus besetzten Gebieten »eingedeutschte« Personen. Sie waren hochmotiviert, vielleicht deshalb, weil sie nun in ihrem Leben erstmalig »etwas zu sagen« hatten. Aber auch die Jungen aus Köln waren hochmotiviert, es diesen Unholden einmal zu zeigen; schließlich hatten ihre Vorfahren vor 2000 Jahren bei den Römern gelernt. Und später bekamen diese Führer und ihr Chef, der Oberstfeldmeister mit dem »Blutorden«, ihre »kölsche Quittung«.

Erst nach dem Kriege habe ich Einzelheiten festgestellt. Damals interessierte mich die Firlefanzerei mit solchen Orden überhaupt nicht. »Blutorden« nannte man das numerierte goldene NS-Ehrenzeichen für die Teilnehmer am Hitler-Putsch – Marsch auf die Feldherrnhalle am 9. November 1923. Nach dem »Anschluß« Österreichs wurden damit auch PGs ausgezeichnet, die »um der Sache der Partei willen« länger als ein Jahr in Strafhaft gewesen waren: zu unterscheiden vom »goldenen Parteiabzeichen«, das den ersten 100.000 PGs, bewährten Kämpfern aus der NS-Kampfzeit, verliehen worden war.

Ich strengte mich an, nie aufzufallen. Das war nicht so leicht. Die Führer suchten eifrig nach unseren Macken. Ich hatte eine solche einmal gezeigt, als ich während einer Befestigungsanlagen-Besichtigung an der Maginot-Linie zuviel mit dem elsässischen Betreuer redete, weil ich die französische Ingenieurleistung bewunderte. Kaum waren wir wieder in der Kaserne, da wurde ich schon zu meinem Oberfeldmeister befohlen. Im sorgsam hergerichteten Dienstanzug meldete ich mich vorschriftsmäßig. Da wurde ich sofort angebrüllt:

»Sie haben bei der Besichtigung des Werkes mit dem Elsässer

gequatscht. Eine solche Anbiederung ist eines Arbeitsmannes unwürdig. Sie können deshalb bestraft werden.«

Zaghaft bemerkte ich: »Ich wollte doch nur genaue technische Informationen erfragen.« Sofort brüllte er weiter: »Diese Marotten von Aburenten kommen nicht in Frage. Merken Sie sich das. Sie werden noch von mir hören.« Damit war ich entlassen: deutscher Gruß, zackige Kehrtwendung, und raus aus der Tür.

Na, jetzt hatte ich wohl den ersten schwarzen Strich auf meinem Konto. Solche Striche konnte man sich leicht einfangen, die wurden addiert, und eine gewisse Zahl führte zur Ableistung von »Liebesdienst«. So nannte man das Nachschwenken, die Liegestütze und Exerzierübungen am formell freien Wochenende. Wenn es ein Führer wollte, dann konnte er ganz leicht Gründe für schwarze Striche finden. Wer beim Exerzieren einmal nachklappte, der wurde schon notiert, und wer beim Lauf um den Bau als letzter ankam, auch. »Kleinvergehen« wurden durch die Geldbörse bestraft: Unrasiert zum Dienst zu erscheinen, kostete eine Spende von 1 RM fürs WHW (Winterhilfswerk). Für den SS-Einsatz wurden wir scharf gedrillt; meine spätere Rekrutenzeit beim Militär war dagegen ein Kinderspiel.

Der Tag war so ausgefüllt, daß man zum Schreiben einer Postkarte drei oder vier Arbeitsgänge benötigte. Wir bekamen schon nach wenigen Wochen eine solche Fitneß, daß wir größere Belastungen aushalten konnten. Gelände-Eilmärsche gehörten dazu: acht Stundenkilometer mit Sturmgepäck. Das volle Gepäck wog 30 Kilogramm plus Waffe und Gasmaske. Damit wurde dann auch den Berg hinaufmarschiert mit aufgesetzter Gasmaske in Tempo 114, d. h. 114 Schritte pro Minute. Und zusätzlich mußte unter der Maske noch laut gesungen werden: »Oh, du schöner Westerwald ...«. Wehe, wenn dem Führer das dann zu leise war:

»Hinlegen! Auf dem Koppelschloß kehrt; kehrt; *kehrt!* Auf geht's im Laufschritt!«

Man machte aus uns tatsächlich Männer, die gute Leistungen zu bringen vermochten, obwohl wir ja erst 17 waren. Mir kam das alles sehr beschwerlich vor, weniger körperlich, mehr geistig, denn schlapp habe ich nie gemacht. Mit dem Körper sollte unsere Geistestätigkeit gleichgeschaltet werden, dem einzelnen sollte eingebleut werden, daß er nur ein Dreck ist, gemeinsam mit den Kameraden aber Berge versetzen kann. Strengte sich einer nicht genügend an, dann wurde er körperlich so fertiggemacht, daß er tatsächlich ein schlechtes Gewissen bekam. Irgendwelche Diskussionen gab es nicht, auch in der Putz- und Flickstunde konnten wir nicht reden, weil wir singen mußten.

Die Strategie der »Führer« beim RAD war schlau geplant. »Offiziere« gab es nicht. Die »Führer« wurden auch nicht mit »Herr« angeredet. Das »Sie« gehörte zum Umgangston, und anfassen durften sie uns auch nicht. Die Führer hatten separate, sehr gute Unterkünfte und auch viel besseres Essen als wir.

Oberstfeldmeister Scheel trug eine maßgeschneiderte Uniform und darauf eben auch den »Blutorden«. Er trat uns gegenüber immer wie ein Vater auf. Ach, wir lagen ihm ja so am Herzen. Die Dreckarbeit ließ er immer von seinen Unterführern machen. Seine Augen konnten Tränenglanz zeigen, wenn er zu uns sprach. Er besichtigte uns ganz intensiv: Wir standen dann in Grundstellung, und er sah sich jeden lange genau an. Das tat er mehrmals in der Woche. War einer etwas bleich und klein, dann fragte er ihn genau nach seinem Gesundheitszustand und befahl, daß er sich jeden Morgen um sieben Uhr vor seinem Haus einzufinden habe, um einen Liter Vollmilch zu trinken. Soweit entsprach er tatsächlich dem allgemein verbreiteten Vaterbild. Als er uns allerdings vor dem ersten Ausgang belehrte, wie wir uns in der Öffentlichkeit zu verhalten hätten und daß wir wieder pünktlich in der Kaserne zurück sein müßten, da vergriff er sich im Ton:

»Wenn der Schwanz steht, dann ist der Verstand zum Arsch raus.«

Damit war der Mann für mich abgestempelt.

Unsere Erzieher zu Hause wußten auch um unsere Geschlechtlichkeit, sie verstanden es nur, in der Formulierung besser damit umzugehen. Ich bin da ganz empfindlich gewesen.

Oberstfeldmeister Scheel spürte, daß Kölner andere Menschen sind als sein ihm bekanntes »Ausbildungsmaterial«. Aber er dachte offensichtlich: Die werde ich auch schon »hinbiegen«, dann eben mit noch mehr Härte. Damit aber nahm sein eigenes Verhängnis seinen Anfang.

Unsere Ausbildung an der Waffe fand an Beutewaffen statt: französisches Lebel-Gewehr Modell 1886, ein langläufiger Karabiner mit einem Vorderschaftmagazin, aus dem die Patronen mit einem Ladelöffel angehoben wurden, um dann in ihr Lager gleiten zu können. Im Einsatz später sollte sich zeigen, daß das Durchladen in der Aufregung bei manchem Schützen nicht so gut klappte. Das war einmal äußerst vorteilhaft, als ein Kamerad mit sehr viel Angst in der Nacht auf mich als vermeintlichem Partisan den zweiten Schuß abgeben wollte. Er zog das Schloß nicht kräftig genug nach hinten, der Ladelöffel blieb dadurch unten, und keine Patrone glitt ins Lager. Als ich schon zwei Meter vor ihm stand, da löste sich kein Schuß – gottlob. Die Schußleistung dieser langen Läufe war ganz beachtlich, da die etwa zwölf Gramm schweren, langen Kupferlegierungsgeschosse ausgezeichnete Trefferbilder erzeugen konnten. Mein Interesse an diesen Waffen war groß, und so schoß ich, im Schießstand der Maginot-Linie liegend, aufgelegt auf 100 Meter auf die Zwölferscheibe mit drei Schuß 35 Ringe. Ich wurde belobigt und machte wieder die Erfahrung, daß man dann, wenn man irgend etwas ganz besonders gut kann, auch auf Randgebieten davon Vorteile genießen kann, auf denen man viel weniger gut ist.

Für meine Ausbilder war es deshalb nicht so einfach, auf meinem Konto schwarze Striche zu sammeln. Ich spürte aber, daß sie mich irgendwann dennoch in die Mangel nehmen wollten; denn auf der Hindernisbahn machte ich keine so gute Figur, weil ich mich nicht noch mehr anstrengen wollte. Auf diesen Rundkurs wurde unser Trupp geschickt: über Barrieren springen, durch Stacheldrahtverhaue kriechen und zuletzt noch über eine zwei Meter hohe Eskaladierwand aus glatten Brettern. Nach jeder Runde durften die beiden ersten keuchend ausscheiden, die beiden letzten hatten dann noch »Ehrenrunden« zu drehen. Da war ich auch öfter mit von der Partie, verbissen, aber gleichmäßig mich bewegend, so daß man mir nichts sagen konnte. Der Ausbilder sah, daß ich nicht die letzte Kraft einsetzte.

Zur Nahkampfschulung wurde mit Bajonett und Kolbenschlägen nur imitiert. Deshalb ließ man anschließend die beiden Kämpfer noch in Turnhosen aufeinander los. Dann war echter Freistil, die gespeicherte Aggression mußte abreagiert werden. Mir wurde ein sehr kräftiger Partner zugeordnet, der mich offensichtlich verprügeln sollte. Das wäre dann auch ganz legal gewesen, ich hätte meinen Denkzettel weggehabt. Jetzt machte ich die glückbringende Erfahrung, daß der Box- und Jiu-Jitsu-Unterricht in der Schule tatsächlich gut gewesen war. Mein Gegner besaß diese Fachkenntnis nicht. Zuerst versuchte ich es, einen Schwinger richtig zu plazieren. Der Hüne schüttelte nur den Kopf, dann war er wieder klar. Da packte ich ihn schnell mit einer »amerikanischen Krawatte«, hob ihn über meine Schulter, ehe er sich's versah, und ließ ihn einfach fallen. Da lag er nun auf seinem Rücken und gab keinen Mucks mehr von sich – er war bewußtlos. Das wollte ich nun auch nicht. Als man nach dem Sani rief, da schlug er die Augen wieder auf. Das war dann auch mein letzter Kampf im Arbeitsdienst, denn nun ging mir ein legendärer Ruf voraus.

Zu Pfingsten 1942 bekam ich wegen guten Schießens dienstfrei. Meine Eltern kamen zu Besuch und wohnten im »Grand Hotel Métropole« in Thionville. Sie bezahlten laut Rechnung Nr. 04801 vom 23.7.42 für ein Doppelzimmer für eine Nacht drei Reichsmark plus zehn Prozent Steuern. Wir alle freuten uns, ich ganz besonders, da ich wieder einmal mit meinem Vater sprechen konnte. Der reagierte gelassen und vorsichtig, obwohl er ganz sicher nicht mit allen meinen Ansichten einverstanden war. Zu Hause hätte er gewiß auf meine Fehler hingewiesen: Hüte dich vor Übertreibungen; sei härter gegen dich selbst; sei sportlicher.

An diesem Feiertag gab es nachts um vier Uhr Alarm zum Geländedienst. Was war das für ein Gefühl, als alle anderen raus mußten und ich ausschlafen durfte! Und dabei hatten am Samstag zuvor etwa 60 Kameraden übel beim »Liebesdienst« zu leiden gehabt, weil der Oberstfeldmeister die Kölschen mit mehr Härte auf besseren Vordermann bringen wollte. Das fand am Samstag um 13 Uhr statt im Gelände über einem Werk der Maginot-Linie. Alle zwei Stunden kam ein frischer »Schleifer«, die armen Kameraden aber hatten acht Stunden durchzuhalten: robben, stürmen und wieder robben, dann Stellungswechsel mit Eilmarsch und alles wieder von vorne. Einige kippten an Ort und Stelle um und wurden mit dem Krankenwagen abtransportiert. Am Ende des Tages waren mindestens 30 Arbeitsmänner im Lazarett. Das hatte es bisher noch nie gegeben. Wir aber merkten uns alle Einzelheiten sehr gut, um dem zackigen Oberstfeldmeister eines Tages eine passende Quittung – natürlich ganz legal – verabreichen zu können. Alles war in seiner alleinigen Verantwortung geschehen, hatte er doch persönlich die Schleiferei von seiner prachtvollen Pferdekutsche aus genau inspiziert.

Eine RAD-Abteilung bestand aus vier Zügen, genau nach der Körperlänge gestaffelt. Nach der ersten Ausbildungshälfte wurde das Schema geändert: der vierte Zug aufgelöst und als sogenannter »Sicherungszug« neu aufgestellt. Seine Aufgabe war der bewaffnete Schutz für die anderen Arbeitsmänner.

Die Männer dieses neuen Zuges mußten besondere Fähigkeiten hinsichtlich Kampfkraft mitbringen – als Schießexperte kam auch ich dazu. Damit landete ich in einem völlig neuen sozialen Umfeld. Die dort gewonnenen Erfahrungen wirkten lebenslang nach. Überwiegend bestand der Sicherungszug aus einfachen Menschen, die zäh und kräftig und bereits einem entsprechenden Zivilberuf nachgegangen und oft schon verheiratet waren: Bauhandwerker, Kohletrimmer und andere Handwerker. Der Umgangston war rauher als in den anderen Zügen, er war aber, von innen her gesehen, herzlich. Als einziger Abiturient brauchte ich etwas Zeit, um das zu merken. Denn zuerst wurde ich von allen genau unter die Lupe genommen: Wie kann das sein, daß jemand in Köln geboren und aufgewachsen ist und nicht flüssig »Kölsch« spricht? Ganz klar sagte man mir:

»Solange du noch nicht unseren Ton treffen kannst und sprichst wie wir, geben wir dir bei der Verpflegungsverteilung immer die kleinste Portion.« Das ist nur eine Übersetzung der Originalfassung. Ganz schnell erinnerte ich mich an das »Kölsch« der Kindertage. War man im Gespräch, war man auf bestem Wege, die eigene Lage zu verbessern. Die Kameraden merkten nun, daß ich einige Dinge besser als sie tun konnte: mit Waffen umgehen, diese handhaben, montieren und verstehen, zeichnen und formulieren. Meine Qualitäten wurden dann gut eingesetzt, weil vom ersten Tage an klar war: Der Sicherungszug ist der beste! Und wehe dem Kameraden, der dem Zug Schande machte.

Die Feldübungen und das Exerzieren wurden mit echter Leidenschaft betrieben. Wenn die anderen Züge schon schnell angreifen konnten, dann konnte der Sicherungszug das eben ganz selbstverständlich noch viel schneller. Das betraf alles, weshalb ein regelrechtes Elitegefühl entstand. War der mühselige Fußdienst für zwei Stunden angeordnet, machte der Sicherungszug das nur eine Stunde und genoß dann eine Stunde Freizeit. Den anderen Zügen aber wurden in der einen Stunde mustergültige Übungen vorgeführt, Griffe wie im Film und Gesang wie von einem professionellen Chor. Ich muß auch heute noch gestehen, daß das ungeheuren Spaß machte, man fühlte sich als ein anderer Mensch. Unsere Ausrüstungsgegenstände waren von besserer Qualität als die der anderen, und wir pflegten sie gründlicher. Unsere Ausrüstung war umfangreicher. Ein Dienstfahrrad gehörte auch dazu. Belohnt wurden wir durch Wochenendfahrten nach Luxemburg, Bad Mondorf usw. Es gab hervorragendes Essen und Trinken und Gelegenheit, die Töchter des Landes kennenzulernen. Wir wurden stets als gute Freunde willkommen geheißen und lieb bewirtet.

Unser Dasein fernab unserer heimatlichen Familie löste eine Art innerer Verlassenheit aus, die sich heute junge Leute wohl nicht mehr vorstellen können. Eigentlich waren wir für unser Los viel zu jung. Die Streicheleinheiten der fernen Mutter wurden ersetzt durch die Zusendung von vielen kleinen Dingen, die es in der Kantine nicht gab: Gabel, Socken, Fußpuder, Hautcreme, Putztücher, Schmirgelpapier, Stahlwolle, Spiegel, Turnschuhe, Hosenträger, Heftzwecken, WC-Papier, Knöpfe, Garn, Seife ... werden in meinem Tagebuch aufgeführt.

Als am 28. April 1942 der erste Vernichtungsluftangriff gegen eine deutsche Stadt Köln traf, kannte die allgemeine Aufgeregtheit und Sorge keine Grenzen.

Man hörte viel über Tote und Verwüstungen. Zusammen mit dem schweren Angriff vom 31. Mai 1942 ergab sich als Bilanz: 200.000 Evakuierte, 2000 Häuser total zerstört, 5000 sehr schwer und über 7500 beschädigt – bei einer Gesamtzahl von 60.000 Gebäuden. 414 Tote stehen in der Todesanzeige der Stadt vom 25. Juni 1942. Urlaub gab es für alle Betroffenen – sonst nur in den Fällen des Heimaturlaubs des Vaters oder der Heirat von Geschwistern.

Es war erstaunlich, wie rege und findig die Menschen in dieser Zeit geworden waren: Fremde Menschen überbrachten Pakete und Geld treu und redlich. Unser Wehrsold mußte auf einem Postsparbuch deponiert werden anläßlich gemeinsamen Marsches zum Postamt. Abhebungen waren nur mit Genehmigung möglich. Bei sich durfte man nur zehn Reichsmark tragen. Aber alles war auch sehr preiswert: Ein Essen im Restaurant (Suppe, Kartoffeln, Soße, gebackener Fisch) kostete 1,40 Reichsmark. Dazu gab es billig Bier oder Rotwein. Ein besonderer Zusatzgenuß war die WC-Benutzung im Restaurant, weil man sich dort richtig setzen konnte.

Den Abiturienten wurden keine Chancen geboten, ihre Fähigkeiten zu zeigen. Dank meines »Marketings« war ich eine Ausnahme. Das war auch mein Freund Karl-Friedrich, weil er brillant Klavier spielen konnte. Von ihm wird noch die Rede sein.

Ende Juli 1942 war es soweit, der Einsatzbefehl kam. Es gab eine sehr gute neue Ausrüstung mit schwer benagelten Bergschuhen hoher Qualität. Das Einsatzziel war geheim. Am 27. Juli 1942 wurden wir im Bahnhof Großhettingen in Viehtransportwagen verladen. Dank der Strohschüttung konnten es sich die 40 Mann pro Wagen richtig gemütlich machen. Unsere Fahrt führte über München nach Graz und dann weiter über Marburg nach Jugoslawien. Jetzt standen bewaffnete Posten längs der Bahnlinie. Bei sehr guter Verpflegung war unsere Laune gut. Wir vertrieben uns die Zeit mit Singen. Abends sprachen wir leise miteinander von zu Hause und von unserem Schicksal. Schließlich wurden wir in Lichtenwalde, nicht weit von Laibach in der ehemaligen Untersteiermark, ausgeladen.

Jede Abteilung bekam einen Bestimmungsort zugewiesen. K 2/321 mußte nach Rogacica marschieren, 14 Kilometer Luftlinie entfernt, tatsächlich über die Gebirgspfade das Dreifache. Bestandteil der Julischen Alpen waren die Uskoken, etwas höher und unwegsamer als die deutschen Mittelgebirge. Wir bepackten unsere Fahrräder und starteten. Bald wandelte sich der Weg in einen Pfad, von Aufsitzen keine Rede mehr. Alle kleinen Dörfer, durch die wir kamen, waren von den Bewohnern verlassen worden. In den Häusern befand sich praktisch nichts mehr bis auf die Knoblauchgirlanden auf den Trockenböden. Jetzt wurden unsere 86er-Gewehre geladen, durchgeladen und gesichert. Eine besondere Sicherung gab es bei diesem Modell nicht, man entspannte den Schlagbolzen und setzte ihn sacht auf das Zündhütchen auf. Fiel eine solche Waffe hin, brach der Schuß. Prompt passierte das in der Aufgeregtheit, denn es mußte mit Partisanen gerechnet werden, einem Mann.

Wir waren nur wenige Kilometer von der italienischen Grenze entfernt und marschierten in einem Trupp von etwa 35 Mann beschwerlich den Berg hinan. In der Dunkelheit zog sich unsere Kolonne auf eine größere Strecke auseinander. Einige Jünglinge waren schließlich so erschöpft, daß ihnen alles egal war: Sie setzten sich einfach auf den Boden. Manchmal dachte ich, daß unsere

Fahrräder eigentlich sehr hinderlich waren. Sie trugen zwar das Gepäck, sie aber über Stock und Stein den Berg hinanzuschieben, war eine andere Sache. Ich hätte es vorgezogen, mein Gepäck zu tragen. Einer unserer kleinen »Vormänner« – befördert durch seine Freiwilligenmeldung zur Waffen-SS, ein lieber Kerl, der stets alles sehr gut machte trotz seiner gering ausgebildeten Muskulatur – machte jetzt auch schlapp und weinte. Das sah unser drahtiger Zugführer, der Obertruppführer Schusser. Erst redete er ihm sanfter zu, dann wurde er deutlicher. Aber er konnte sehen, daß der kleine Vormann wirklich nicht mehr konnte. Da sagte er: »Los, setz dich auf deinen Drahtesel!« und schob ihn den langen Berg hinauf, ging wieder hinunter und holte seine eigene Ausrüstung. Ja, er verstand es, seine Leute mitzureißen.

Lange nach Mitternacht kam ich in Rogacica an. Ich war allein gegangen und sehr vorsichtig gewesen. Im Mondschein erkannte ich etwa zehn kleine Bauernhäuser mit Scheunen auf einem Hügel. An einer Scheunenwand schlug ich meine Zeltplane an und hatte so einen taugeschützten Schlafplatz. Die letzten kamen erst nach Sonnenaufgang an. Ich hatte schon erkundet, was es alles gab. Das Dörfchen war von Weinbergen mit herrlichen reifen Trauben umgeben, auf den Bäumen hingen fast reife Äpfel und viele Birnen. Neben meinem Schlafplatz stand eine volle Regentonne, in der ich ein erquickendes Vollbad nahm. Die Feldküche war noch nicht da, weil der Weg zu schmal war für zügiges Vorrücken. Nun hörten wir erstmals über die von uns auszuführende Arbeit. In der Nähe lief eine ausgehauene Schneise als Schußfeld, auf der ein Grenzhindernis errichtet werden sollte. Ein Stacheldrahtverhau an Rammpfählen bergauf, bergab und Stolperdraht in den Vorfeldern waren zu bauen, parallel zur italienischen Grenze.

An den nächsten Tagen richteten wir unsere Unterkunft in einem kleinen Bauernhaus ein, das vier Stuben hatte. Davon dienten zwei Stuben zur Unterbringung von je 18 Arbeitsmännern auf doppelstöckigen Schlafpritschen mit Strohschüttung. Jeder von uns hatte 60 Zentimeter Platz, nachts störte entweder der abstehende Stengel des Karabinerverschlusses im Kreuz oder die Hand im schlafoffenen Mund des Nachbarn. Aber wir vertrugen uns und litten nicht unter Ungeziefer. Alle Wanzen, Flöhe, Läuse und Strohmilben vernichteten wir gründlich mit Blausäure. In doppelwandigen Blechdosen befand sich ein graues Granulat, das unter dem Einfluß der Luftfeuchtigkeit das Gas freisetzte. Dazu wurden alle Ritzen abgedichtet und mit aufgesetzter Gasmaske in den Räumen solche Gasbüchsen geöffnet. Nach zwei Tagen lüftete man weitere zwei Tage – man roch nichts und freute sich über den perfekten Erfolg. Hätte man einem Kameraden erzählt, mit dem Blausäuregas HCN aus solchen Büchsen würden Juden umgebracht, er würde es nicht geglaubt haben. Auch im Ersten Weltkrieg haben viele Menschen es nicht glauben wollen, als man »den Deutschen« nachsagte, auf dem Balkan Massenmorde (angeblich 700.000 Menschen!) mit HCN begangen zu haben. Im Frieden mußten sich »die Briten« für diese von ihnen dann eingestandene »Propagandalüge« in aller Form öffentlich entschuldigen.

In der Dorfmitte war der Appellplatz für die Befehlsausgabe. Dort gab es auch die Heimatpost mit den beliebten 100-Gramm-Päckchen von unseren Lieben. Darin befanden sich viele nützliche Dinge. Meine Mutter schrieb auf, daß sie 26 Päckchen nach Jugoslawien geschickt hat. Von anderen Lieben erhielt ich mindestens noch die gleiche Anzahl.

Wer kann heute noch verstehen, wie wir uns darüber gefreut haben?

Hinter jeder Zugunterkunft gab es eine Latrine, genannt »Donnerbalken«. Darauf konnten etwa zehn Leute nebeneinander sitzen und neben den körperlichen Vorgängen auch solche ihrer Seele regeln. Jeder nahm sich Zeit dazu, und dabei entstanden dann auch die sogenannten »Latrinengerüchte«. Man hörte sehr viel – auch über verschwundene oder umgebrachte Kameraden anderer Einheiten. Über Untaten der eigenen Leute aber habe ich nie etwas gehört. Hätte es sie gegeben, es wäre ganz gewiß von den kritischen Kölnern darüber gesprochen worden.

Aber nicht jeder, der verschwunden war, blieb es auch – er hatte sich nur einmal an einem ruhigen Plätzchen genüßlich ausgeschlafen. Denn müde waren wir immer bei der großen Hitze und dem wenigen Wasser, das Ochsengespanne heranbringen mußten.

Auch ich habe einmal während der Arbeitszeit geschlafen und war mir sicher, das ungestraft tun zu können. Es kam aber ganz anders. Unsere Aufgabe war es, alte Nägel zu sammeln, jeder allein und mit einer Zange versehen. Da fand ich einen ganzen Kasten voller Nägel auf dem Speicher eines kleinen Hauses. Damit besaß ich ein perfektes Alibi. Jetzt fehlte mir nur noch ein guter Platz zum Schlafen. Ich entschloß mich, in eine große Truhe zu steigen, die zur Getreidelagerung gedient hatte. Sie bestand aus schweren Eichenbohlen. Sorgsam legte ich unter den schweren Deckel Holzstückchen, um genug Luft zu bekommen, und schlief sofort selig ein. Als ich aber wieder hinauswollte, ging der Deckel nicht mehr auf. Er war von außen verrammelt worden, nur daran konnte es liegen, hatte ich doch alles genau untersucht. Der Schreck fuhr mir in die Glieder, und ich suchte mit dem Feuerzeug eine schwache Stelle. An einer Fuge hatten sich die Bohlen verzogen, so daß ich die Feder sehen konnte. Mit meinem guten Messer ritzte ich diese unter Schweißvergießen mühsam ab, so daß ich mit dem Arm hinauslangen konnte. Auf dem Truhendeckel fühlte ich nun eine Wasserpumpe aus Gußeisen, die sich schließlich entfernen ließ. Wie war sie dorthin gekommen? Mein Vorgesetzter hatte meine Schnarchtöne vernommen und mich ganz leise eingesperrt. Er meinte dann später, daß ich mir diese Lehre gut merken solle.

Tatsächlich hätte eine Meldung offizielle Bestrafung zur Folge gehabt. Und Strafen gab es viele. Man konnte in den »Bunker« bei Wasser und Brot und ohne Gürtel und Schnürsenkel kommen … Oberstfeldmeister Scheel war in der Erfindung von Strafen sehr phantasievoll.

Meinem Kameraden Karl-Friedrich, Musikstudent und Sohn eines Rechtsanwaltes, ging es ganz übel. Er verkörperte einen Menschentyp, gegen den Scheel etwas hatte. Beim Abendappell sagte er:

»Es ist gemeldet worden, daß Arbeitsmann Schlieper in die Latrine hinter dem 1. Zug geschissen hat. Jeder weiß doch ganz genau, daß diese seit gestern außer Betrieb ist, weil es eine neue gibt. Was haben Sie dazu zu sagen?«

Karl-Friedrich konnte nur stammeln, aber nicht lange, weil die Verurteilung sofort erfolgte.

»Zuerst bekommen Sie alle Haare abgeschnitten bis auf eine kleine Zahnbürste – so wie es die verlotterten Studenten haben.«

Der Friseur mußte auf der Stelle ans Werk gehen. Wir alle sahen zu und hörten die weiteren Befehle des Abendappells. Scheel begutachtete das Werk und verkündete die eigentliche Strafe: »Sofort graben Sie, nur mit Ihren Händen, die eigene Scheiße wieder aus und tragen sie an den Platz der neuen Latrine.«

Die beiden Führer, welche das zu beaufsichtigen hatten, ließen Karl-Friedrich die Scheiße eines ganzen Trupps ausgraben und paßten auf, daß er auch ganz tief in die Latrine langte.

Als dann Karl-Friedrich allein mit mir sprechen konnte, kamen ihm die Tränen, und er schwor Rache. Wir überlegten und fanden einen aussichtsreichen Weg über seinen Vater, in Berlin als Rechtsanwalt eingesetzt. Die Organisation war für uns dann nur noch Routine.

Und sehr bald sollten wir eines Nachts merken, daß auch in unserer Gegend Partisanen aktiv waren. Die Einheimischen erzählten, daß diese Gruppen schon seit Jahren die Gegend unsicher gemacht hätten. Deshalb seien fast alle kleinen Dörfer verlassen worden. Auch die eingesetzten italienischen und ungarischen Kräfte konnten daran nichts ändern. Einige davon hatte ich schon getroffen, sie waren verlottert, trugen rostige Waffen und tranken lieber, als ihre Aufgaben zu erfüllen. Das von uns errichtete Grenzhindernis beschnitt die Bewegungsmöglichkeit der Partisanen, weshalb sie versuchten, uns durch Störaktionen zu verunsichern. Da wir keine Kampferfahrung besaßen, beschränkten wir uns auf die Abwehr. Schon das war keine leichte Sache.

Leuchtkugeln zeugten von der Anwesenheit fremder Kräfte, die dann auch noch in unser Dorf schossen. Es wurde Alarm gegeben, alle gingen in die Schützenlöcher und feuerten in Richtung der feindlichen Präsenz ungezielte Angstschüsse. Binnen zwei Stunden hatten wir fast die Hälfte aller unserer Gewehrmunition verbraucht. Aber das blieb nicht ohne Wirkung: Die Partisanen zogen sich zurück, und wir bauten schnell bessere Schützenlöcher, MG-Stellungen und bereinigten das Schußfeld von Hindernissen. Stacheldrahtverhaue wurden plaziert und Handgranatenvorräte angelegt. Ich stand nachts auf Posten, als ein MG mit Leuchtspurmunition in meine Richtung feuerte. Aber ich hatte kein Schützenloch, mußte also zurück zu unserer Verteidigungslinie. In den Feuerpausen rief ich mehrmals ganz laut:

»Hier spricht der Posten Ortsausgang Gernsdorf, Arbeitsmann Ernst. Ich muß jetzt in Deckung gehen und komme daher zurück zu euren Schützenlöchern.«

Niemand antwortete mir. Was sollte ich machen? Ich rief erneut und kündigte mein Kommen an. Dann lief ich los und fiel hin. In diesem Moment peitschte ein Schuß der eigenen Leute dicht über meinen Liegepunkt. Ich sprang wieder auf und ließ mich in das nächste Schützenloch fallen. Daneben stand ein zitternder Kamerad und brachte sein Gewehr auf mich in Anschlag. Soviel konnte ich trotz der Dunkelheit erkennen. Er zog ab. Da aber machte es gottlob nur »Klack«. Mein Glück war, daß er nicht richtig durchgeladen hatte.

Von meinem eigenen Schützenloch aus nahm ich dann an der Auseinandersetzung mit den Angreifern teil. Jetzt kannte ich ja das Schußfeld genau und konnte auch zwei Handgranaten plazieren. Das war meine »kleine Feuertaufe«.

Am nächsten Morgen schwebte ein Fieseler-Storch ein und landete am großen Birnbaum auf »unserem« Hügel, dort, wo wir sonntags lagen, erzählten und Briefe schrieben. Der »Höhere SS-Führer« war persönlich gekommen, um uns für die Einsatzbereitschaft zu loben. Dann gab es neue Munition. Wir wunderten uns, weil es »Dum-dum-Geschosse« waren, hergestellt in Frankreich und als »balles fraisé« bezeichnet. Unseres Wissens waren solche Geschosse als Kriegsmunition aus völkerrechtlichen Gründen zumindest umstritten.

Oberstfeldmeister Scheel wurde ganz plötzlich abberufen. Karl-Friedrichs Brief hatte also Wirkungen gezeitigt. Nachfolger wurde Feldmeister Lauer aus Köln. Er ging behutsam mit uns um – aber für die allgemeine Disziplin war das nicht so gut. So sind die Menschen …

Sich die richtige Meinung zu bilden, war für uns Jünglinge sehr schwer. Zum Gedankenaustausch hatten wir wieder eine Dreiergemeinschaft gebildet: Karl-Friedrich, ich und Otto. Der studierte Germanistik in Köln und war einmal zurückgestellt worden. Sein Vater lehrte dort als ordentlicher Professor für Arbeitsrecht, und sein inzwischen verstorbener Bruder Thomas Nipperdey wurde als Historiker bekannt und berühmt. Wir waren in einer Arbeitsgruppe und diskutierten viel über das »Bild des besseren Deutschen« – schon vorwegnehmend, was heute erst begonnen wird.

Unsere Tätigkeit war beschwerlich zu ertragen: In Turnhosen und mit Stahlhelm und Gewehr boten wir, braungebrannt, mit den schweren Bergstiefeln einen Anblick wie Eingeborene. Durch den Rostabrieb des Stacheldrahtes wurden wir noch brauner. Und gründlich waschen konnte man sich nur zum Wochenende beim Marsch an eine Quelle. Alle Wunden fingen an, tief zu eitern – diese Narben trage ich noch heute. Trost bezogen wir aus unseren offenen Gesprächen, von NS-Geist keine Spur. Dann wurde unser Einsatz um zwei Monate verlängert, weil sich das Kriegsglück für die Deutschen wendete. Und von einem kurzen Studienurlaub, den man uns versprochen hatte, war nicht mehr die Rede.

Unser Grenzhindernis war nun fertiggestellt, von einem Feldmeister »nach dem Pügoras« genau in seiner Länge berechnet – wir lachten offen und herzlich über dessen Schwierigkeiten mit dem »Pythagoras«. Dann wurden wir verlegt nach St. Kapellen. Dort war die Arbeit dieselbe, aber die Unterkünfte waren von Ungeziefer befallen und nicht heizbar. Die wirkungsvollen Büchsen mit Zyklon B gab es leider nicht mehr. Ich wurde grippekrank und zog auf die Heilstube um. Dort blieb ich länger, nachdem man erkannt hatte, wie sehr meine Ausbildung als Heilgehilfe durch die Feldscher-HJ von Nutzen sein konnte. Ich wurde aber auch nicht richtig gesund, war ständig matt und schlapp. Offensichtlich hatte ich eine leichte Gelbsucht. Die Betreuung der Kranken, Tag und Nacht, betraf neben den körperlichen auch die seelischen Nöte. Es wurden nächtelange Unterhaltungen, die mir selbst allerdings bei meinen eigenen Sorgen nur indirekt helfen konnten. Ich bereitete den Kameraden tröstliche Stunden dadurch, daß ich ihre Lieben daheim »beleben« konnte. Denn ich hatte mich viel mit Graphologie beschäftigt und konnte daher den Kameraden durch Interpretation von Briefen ihre Freundinnen ganz lebendig darstellen. Schließlich ließen sie mich die Antwortbriefe schreiben, und ich wurde fast ein Beichtvater. Viele Sachen aus den unterschiedlichen Gesellschaftsklassen habe ich bei diesen ganz offenen Worten gehört, nie aber etwas über die von den Deutschen angeblich angerichteten Kriegsgreuel. Ich bezweifle, daß man solche Missetaten, wenn sie in dem großen Umfang – wie von unseren damaligen Feinden heute behauptet – wirklich vorgekommen wären, gänzlich hätte totschweigen können. Denn alle Menschen, die ihren sicheren Tod an den Verwundungen vor sich sahen, hätten doch geredet, um sich ihre Seele zu erleichtern, um eine Begründung dafür zu finden, daß gerade sie so ein schweres Schicksal getroffen hat – dafür, warum ihr Gott sie bestraft. Jeder sah den Krieg als eine über Deutschland hereingebrochene Naturkatastrophe an, nur ganz wenige Verblendete wollten ihn.

Der erste Schnee fiel, und binnen einer Woche waren wir wieder in unserer Kaserne in Großhettingen zurück. Wir waren durch die wenigen Monate zu anderen Menschen geworden. Nichts von den

Disziplinierungsmaßnahmen konnte uns noch erschüttern – auch nicht die peniblen Generalappelle. Wir freuten uns, für wenige Tage einmal wieder »echte Zivilisten« werden zu können.

Die Abschlußvorstellung unserer RAD-Zeit gab Oberstfeldmeister Scheel. Ich erhielt den Befehl, ihn mit der schönen Kutsche am Bahnhof Großhettingen abzuholen. Mir war so, als würde ich einen Onkel »abholen«, ganz vertrauliche Begrüßung und ein Päckchen Schokolade. Im Kasino sprach er dann zur versammelten Mannschaft. So etwas habe ich noch nie erlebt: öffentliche Selbstbezichtigung und Rechtfertigungsversuche. Zum Schluß liefen dem Oberstfeldmeister für jeden sichtbar die Tränen über die Wangen. Die Kölner reagierten ganz eisig, da flossen noch mehr Tränen. Auch heute würde ich keinem raten, es mit Kölnern wirklich zu verderben. Sie können nur schwer vergessen ... Scheel wurde dann der Sonderbeauftragte der Reichsregierung für die Ansiedlung von deutschen Bauern in der Ukraine.

Zwischenspiel

Mit unseren 18 Lebensjahren kamen wir nach den neuen Erfahrungen im RAD für 16 Tage wieder in die vertraute alte Umgebung zurück, Eltern, Bruder, Freunde und kleine Freundin. Verglichen mit diesen hatten wir uns beträchtlich verändert, wie wir zu fühlen meinten. Das wirkliche Leben schien uns wie ein wichtiges Spiel, bei dem man verlieren, aber auch gewinnen konnte. Und wir wollten alles richtig machen, wie man es von uns erwartete. Aber wer war »man«? Das waren die Institutionen, welche bisher unsere ganze Erziehung getragen hatten. Und diese machten uns klar, daß wir unsere Pflichten zu erfüllen hatten: die gegenüber unserem Vaterland, die gegenüber unserer Familie und nicht zuletzt die, welche wir uns selbst schuldig waren.

Die Repräsentanten der nationalsozialistischen Weltanschauung traten während des Zwischenspiels überhaupt nicht in Erscheinung, wenn man von Presse und Radio absieht. Zeitungen haben wir damals praktisch überhaupt nicht gelesen, und im Rundfunk hörten wir uns nur Nachrichtensendungen an. Die Gliederungen der Partei bzw. der Hitlerjugend hatten keinen Zugang zu uns. Wie sollten sie uns auch erreichen? Heute spricht man oftmals von der damaligen Zeit als »Polizeistaat«, der jeden Schritt seiner Untertanen überwacht habe. Ich spürte davon überhaupt nichts. Anders mochte das natürlich gewesen sein, wenn die Eltern »stramme Nazis« wären ... Aber solche gab es viel seltener, als uns Vergangenheitsbewältiger, aus welchen Motiven auch immer, heute gerne glaubhaft machen möchten.

Etwas anderes war das gesellschaftliche Umfeld – also die Menschen, denen man sonst noch begegnete und mit denen man gelegentlich sprach. Wenn diese erkannten, daß man im Dienst unter Waffen stand, dann fühlten sie sich berufen, uns Mut zu machen und uns zu motivieren, den Kampf gut zu führen. Gewiß waren diese Leute sich selbst gegenüber keineswegs so sicher, wie sie vorgaben zu sein. Irgendwie taten sie uns leid ... Und ich kann mich ganz genau daran erinnern, daß ich trotz meiner kritischen inneren Haltung anläßlich solcher Unterhaltungen immer vorgab, etwas »strammer« zu sein, als ich es wirklich war. Die Massensuggestion des NS-Regimes funktionierte also, sie hatte das Unterbewußtsein teuflisch verändert.

Viel später wurde ich Mitarbeiter in einem großen Konzern und beobachtete dort ganz ähnliche Erscheinungen. Wir selbst nahmen diesen »Stallgeruch« eigentlich nie bewußt wahr – bis uns einmal ein fachkundiger Außenstehender, Graf von Magnis, mit Erstaunen darauf hinwies.

Die Tage des Zwischenspiels waren nicht vorgeplant worden, obwohl wir bei unseren Träumen über einen kurzen Abstecher »in das Zivilleben« viele Monate lang »herumdenken« konnten. Nur eine Sache war meines Erachtens von jedem entschieden worden, die Prioritätenliste. Meine Rangfolge war: Eltern und Geschwister bzw. Verwandte, Freunde und kleine Freundin – in absteigender Folge. Erst dann kamen die übrigen Menschen – auch das ehemalige schulische Umfeld.

In Vergleichen stellte ich fest, daß meine Einstellung durchaus als Normalfall anzusehen war. Ich fühlte mich dabei auch ganz wohl, wie ich heute aus den zahlreichen schriftlichen Unterlagen über dieses Zwischenspiel feststellen kann. Und als Beispiel meiner emotionalen Einstellung sei ein Zeugnis wiedergegeben. Es ist nur äußerlich an meine Freundin gerichtet, weil ich damals noch dachte, dort am besten verstanden zu werden.

Zwischen zwei Tagen

Meine liebe, liebe Maria – Zu lange saß ich über den Büchern – Mitternacht ist längst vorbei, und ich bin der Wissenschaft müde – doch Ruhe kann ich nicht finden ... Eine Unrast hat in mir Platz – unbarmherzig geht der Perpendikel der Wanduhr – tack, tack – immer eine Sekunde weiter, weiter dem Ungewissen entgegen – bis das Gewicht auf den Boden stößt. Dann ist Ruhe, selige Ruhe – aber wir leben zwischen den harten Schlägen des Räderwerkes in der »Zeit«, die dauernd stirbt und nimmer auferweckt werden kann. – Einsam ist es nachts, wenn alle schlafen und die Welt vergessen. – Du schlummerst in Deinen weichen Kissen, denkst nicht mehr an des Tages Ungemach und bist geborgen im Glücke – ich weiß Dich geborgen! – Ist dies nicht ein schönes Gefühl? Ja – ich werde ganz ruhig ... und denke ... träume. – Der Zauber der schlafenden Welt hat mich gefangen. – Wo bist du, Einsamkeit? – Entschwunden? – Ich bin nicht mehr allein, ich lebe im Vergangenen und – Zeitlosen! ... Ich fühle jene Nacht von einst mit ihrer tiefen Finsternis, die zum Leichentuch unserer Liebe werden wollte – aber nicht sollte! Nein, Schicksal, nehmen durftest du uns diesen göttlichen Funken in unseren Herzen nicht – du warst barmherzig. Haben wir uns damals in dieser Welt ganz weit voneinander entfernt: Jeder schritt seinen eigenen Weg hinaus in die Ungewißheit des Dunkels – dies aber führte unsere Seelen zusammen. Wir spürten einander – und erlebten die Wiedergeburt eines schöneren Glücks. –

Gott, Schicksal oder wer du sonst da bist! – damals fluchte ich dir, und nun muß ich errötend die unberechenbare Allgewalt deiner Fügung erkennen. Vertrauend und hilflos sinkt der armselige Erdenwurm in deine gütigen Arme, dich und die brodelnd-zischende Welt mit ihren Stahlgewittern nicht mehr verstehend. Doch du hast ihr den Sinn gegeben, uns unfaßlich, aber groß und erhaben! –

Wir können dich und dein göttliches Reich nicht mehr finden auf Erden, der Sturm des Bösen zerzauste unseren Stern – aber du bist noch da! Komm zu uns, Schicksal! Weise den Weg zur Sonne aus der finsteren Nacht, auf daß uns beiden der Morgen graut. – Du schenkst uns Menschen

wenig, aber dies gib uns! Verschleiere nicht weiter den Sinn des Kampfes und Sterbens. Bilde neue Menschen, größer und mächtiger in der reifen Persönlichkeit, die sie beieinander finden sollen und auch werden ... zum ewigen Heile und zur Ruhe in dir aller. –
Vergessen konnte ich die Zeit, doch der Kadaver will nicht mehr.
Wie grausam hart stößt man auf die irdische Unzulänglichkeit!
Es war ein Traum, ein Wahrtraum für jeden und – keinen!
Man spottet schon, der Satan kommt. –

Die innere Not des 18jährigen fand so unbeholfen Ausdruck, sich vielleicht an Nietzsche orientierend ... geschrieben nachts in der gemütlichen Küche des Elternhauses unter einer alten Schwarzwälder Porzellanuhr. Dort war es auch dann noch warm dank des Küchenherdes ...

Und am nächsten Tage mußte ich wieder zum WBK (Wehrbezirkskommando), wo über meine weitere Verwendung entschieden wurde. Während des Zwischenspiels war ich tatsächlich viermal dort, und das kam so: Sofort nach dem Eintreffen in der Heimat war eine WBK-Meldung fällig. Am folgenden Tage hatte man den ausgestellten Stellungsbefehl abzuholen. Dieser war für mich eine ganz große Enttäuschung, weil er zur Waffengattung »Infanterie« lautete. Bei der Musterung aber hatte man mir mitgeteilt, daß ich als Mathematiker für die »Beobachtungsabteilung« vorgesehen sei. Dort hätte ich ja auch meine bescheidenen, aber doch besonderen Gaben einsetzen können ... Bei der Infanterie aber wäre ich als Typ des Unsportlichen gewiß nur nutzloses Kanonenfutter geworden. Ich sah ein, die Kriegslage hatte sich drastisch verschlechtert, und bei der Infanterie gab es die meisten Ausfälle. Außerdem hatte ich nackte Angst. Zuverlässigen Berichten zufolge betrug nämlich die mittlere Lebensdauer eines einfachen Infanteristen im Einsatz ganze *drei* Monate! Was also sollte ich tun?

Wie in unserer Familie üblich, sprach ich von meinen Sorgen sofort am Mittagstisch. Ich werde diese Unterhaltung mit meinem Vater nie vergessen. Sie fand in der Wohnküche statt, direkt unter der unerbittlich tickenden Schwarzwalduhr. Ich ging wegen der Bedeutung der Sache für mein Leben sehr vorsichtig zu Werke und fand heraus, daß mein Vater über nützliche Beziehungen verfügte:

Der Kommandeur des WBK war ihm gut bekannt. Mein Ansinnen, sich bei diesem einflußreichen Herrn zu meinen Gunsten einzusetzen, fand eine vernichtende Abfuhr. Und wie es dann so ist, ein Wort gibt das andere. Mir wurde Pflichtvergessenheit vorgeworfen, was ich nicht auf mir sitzen ließ ... Meine Mutter erkannte sofort, wie wichtig mein Anliegen war, wurde aber barsch zum Schweigen aufgefordert, weil sie »davon nichts verstehe« ... Dann aber taten die Tränen meiner Mutter ihre Wirkung, und mein Vater wurde nachdenklich. Er ging nach dem Essen lange in seinen geliebten Garten und war auch nachmittags sehr schweigsam. So ging es viele Tage, und der Infanterietermin für meine Gestellung rückte immer näher.

Ich hatte es schon nicht mehr erwartet, als mein Vater mich erneut mit knappen Worten ansprach: Er habe sich das alles nochmals überlegt und wolle mir die Chance geben, mein Anliegen dem WBK-Kommandeur persönlich vorzutragen, mehr aber könne er nicht für mich tun, weil er nicht mehr verantworten wolle. Die Pflicht könne man nicht durch irgendwelche Beziehungen so modifizieren, wie es einem passe.

Der WBK-Termin fand also am zwölften Tag des Zwischenspiels statt. Als ich das Vorzimmer des Kommandeurs betrat, da merkte ich sofort einen Unterschied zu meinen früheren Besuchen im Meldebüro. Der Schreibstubenunteroffizier begrüßte mich freundlich und kam hinter seiner Absperrung hervor, um mir einen Stuhl anzubieten. Ich trat ja als Zivilist auf, aber allein dadurch war die Stiländerung wohl nicht zu erklären. Schließlich öffnete sich die gepolsterte Tür, und in ihr stand der Kommandeur persönlich. Er sah mich an und rief:

»Kommen Sie herein. Sie sehen ja genau wie der Eduard aus ...«

Demnach mußte er meinen Vater lange gut kennen. So freundlich wie die Unterredung begonnen hatte, so endete sie auch: Mein Stellungsbefehl zur Infanterie wurde ersetzt durch einen solchen zur Karten- und Vermessungs-Ersatzabteilung in Luckenwalde. Das liegt bei Jüterbog – nicht fern von meiner geliebten Cousine Lisa mit ihren Schwestern. Der Kommandeur begründete diese Entscheidung damit, daß diese Truppe eben »noch mathematischer« sei als die Beobachtungsabteilung, zu der ich früher gemustert worden war.

Der vierte Besuch beim WBK diente der Bürokratie, und ich war rundherum zufrieden. Die Tragweite dieser Truppenwahl sollte ich allerdings erst viel später voll erkennen, verdanke ich ihr doch sicherlich das heile Überleben des Krieges – all das bestimmte mein ganzes Nachkriegsleben und ließ mich die wohl nie vermeidbaren Unbilden ganz gelassen ertragen.

Am zweiten Tage des Zwischenspiels sah ich meinen lieben Freund Hänschen, mit dem ich viel zu erzählen hatte. Zwar gab es briefliche Berichte von seinem Medizinstudium, aber Rede und Gegenrede waren doch viel instruktiver. Ich bekam eine Vorstellung vom Klima an der Universität und beneidete ihn ob der gebotenen Möglichkeiten, sich für seinen Beruf zu qualifizieren. Ich selbst trat ja mehr oder weniger auf der Stelle, weil alle Bücher mir nicht die akademischen Lehrer ersetzen konnten. Meine Jahre flossen dahin, und ich sah keine Chance, die beste Kondition meiner intellektuellen Anlagen wirklich zu nutzen. Hänschen riet mir dann, mich zu immatrikulieren, um auch im Felde enger mit der Universität in Verbindung stehen zu können. Ich tat das schleunigst und war nun stud. math. et rer. nat. Diese Fächerkombination wählte ich, um ganz universell zu bleiben, obwohl ich ja eigentlich Chemiker werden wollte. Nach der Meinung von Hänschen sollte man aber den wirklichen Berufswunsch deshalb nicht herausstellen, weil Chemiestudenten immer Aspiranten für die »Nebeltruppe« seien. Und diese Waffengattung mit dem harmlosen Namen hatte es in sich. Ihre Waffen waren die sogenannten »Nebelwerfer«, Rohrgestelle, aus denen Raketen abgefeuert wurden mit einer grausamen Fracht. Das konnte harmloser Nebel sein oder auch chemischer Kampfstoff.

Ein befreundeter Chemiestudent erzählte hinter vorgehaltener Hand von deutschen Neuentwicklungen auf diesem Gebiet, die streng geheim seien. Diese Kampfstoffe würden das bekannte Gelbkreuz (oder auch nach den Herstellern Lommel und Steinkopff »Lost« genannt) um mehrere Giftklassen übertreffen. Es gebe praktisch keinen wirksamen Schutz dagegen, weil bloßer Hautkontakt mit einem für das Auge noch kaum sichtbaren, winzigen Tropfen als letale Dosis ausreichen könne. Das Nervensystem würde direkt beeinflußt, das sei nicht mehr rückgängig zu machen. Wer von uns wollte bei einem solchen Teufelszeug wohl mitwirken? Hänschen und ich diskutierten heftig und waren einer Meinung: Solchen Meuchelmord kann kein Staat von seinen Soldaten fordern, da ist die Grenze für den Einsatz, bei allem guten Willen.

Hänschen ging seinem Studium sehr eifrig nach, nicht nur aus Interesse, sondern auch, um die Zulassung für das nächste Semester mit einer befristeten Freistellung vom Wehrdienst erlangen zu können. Hänschen meinte allerdings, daß dies immer mehr zu einem »Ergaunern« würde ... Vielleicht hatte er auch ein schlechtes Gewissen wegen der schönen Seiten des Studentenlebens, in die er mir kleine Einblicke zu verschaffen suchte. Treffpunkt seines Freundeskreises war das Café Wahlen am Ring in der Nähe des Hohenstaufenbades. Ich kannte es von unserer Tanzstundenzeit her und traf dort auch jetzt viele der alten Bekannten. Ein neues Gesicht tauchte im Schlepptau von Hänschen auf, und das war ganz bemerkenswert. Es hörte auf den Namen Annegret, war lieblich anzusehen und mit einer Aura von Weiblichkeit ausgestattet, wie sie nur Mädchen ausstrahlen konnten, die älter als unsere kleinen Freundinnen waren. Ich schätzte sie auf 22. Zu unserem Alter war das ein großer Unterschied, auf den junge Männer von Natur aus allergisch reagieren können. Nicht so bei Annegret ... Sie hielt sich an Hänschen, weil der Kontakt über meine Cousinen aus Essen gekommen war und weil ihr im Alter passender Freund als Mediziner im Felde stand. Ich glaube mich zu erinnern, daß sie Kunstgeschichte studierte. Ihr Vater war Professor für Architektur. Annegret war eben als Frau schon mehr fertig als meine Freundin Maria, und deshalb meinte ich, daß sie die Problematik der Hänschen und mich bewegenden Fragen besser überschauen könne. Überzeugt aber hat sie uns davon nicht, was freilich dem von ihr verbreiteten Zauber keinen Abbruch tat. Auch um sie beneidete ich Hänschen im stillen ...

Erst am fünften Tage des Zwischenspiels traf ich Maria. Sie war jetzt in der Oberprima, und ich holte sie wie früher mit dem Fahrrad von der Schule ab. Auch sie ging mit zu der Clique ins Café Wahlen, ins Kino und einmal zum Tanzen in die »Bürgergesellschaft«. Meine Erfahrungen mit ihr waren recht zwiespältig, weil ich in den Monaten beim RAD von dem erneuten Zusammentreffen eigentlich etwas mehr erwartet hatte. Was, wußte ich auch nicht so ganz genau, es war aber eben nicht das, was ich mir gefühlsmäßig vorgestellt hatte. Ich bemühte mich, so gut ich konnte – aber es lagen Welten zwischen uns. Es lag auch nicht an größerer körperlicher Nähe, so wie ich es von erfahreneren Kameraden beim RAD gehört hatte. Ich fühlte, für diese in meinen Augen profanen Dinge nicht reif oder geeignet genug zu sein. Mir kam es ja hauptsächlich auf die seelische Nähe an, die meiner Not nach geistiger Orientierung dauerhaft entsprochen haben könnte. Na, es war alles ganz nett, aber eben nur nett …

Im wahren Sinne des Wortes war alles ein Zwischenspiel vor einem wichtigen neuen Lebensabschnitt, der sich uns gegenüber noch völlig im dunkeln hielt. Noch einmal sah ich Jürgen, ohne zu wissen, daß es das letzte Mal war. Gerd konnte ich nicht treffen, weil er bereits beim Militär war. Sein RAD-Einsatz war ja nicht verlängert worden. Meine im RAD neu gewonnenen Freunde Otto Nipperdey und Karl-Friedrich Schlieper führte ich mit Hänschen zusammen. Ja, das war denn auch schon alles von Bedeutung. Von diesen 16 Tagen haften blieb ganz dauerhaft das Geborgensein in der eigenen Familie, die ich liebte und von der ich sicher war, geliebt zu werden.

Ein ruhender Pol

Gemeint ist damit mein Elternhaus in seinen mannigfachen Funktionen, das mir in seiner besonderen Bedeutung durch das Kriegserleben und durch meine erste längere Abwesenheit von zu Hause bewußt wurde. Die Mathematiker verstehen unter einem Pol einen Punkt, der eine besondere Lage oder Bedeutung hat. Dieser Pol ruhte dank göttlicher Fügung trotz aller Luftangriffe und Nachkriegswirren fest im Strom der Zeit, bis ich mich endgültig, über zehn Jahre später, an anderem Ort auf eigene Füße stellen sollte. Dort begann ich zusammen mit meiner Frau sofort damit, meinen ganz eigenen ruhenden Pol aufzubauen: ein Haus, ein Heim nach eigenen Vorstellungen. Mein berufliches Wirkungsfeld erleichterte das, da ich, dank der Tradition unserer Familie über mehr als zehn Generationen, wieder zu einem Bauberuf zurückgefunden hatte.

Der junge Mensch wird durch seine Familie für sein ganzes Leben geprägt: Charakterstärke, Ordnung, Pflichterfüllung und Berufung zum Lebensberuf beeinflußt hauptsächlich der Vater, gemütsmäßige Einstellung und Vorstellung vom Bild der Frau als dem »unbekannten Wesen« kommen für den jungen Mann immer von der Mutter. Aber da die Eltern ja auch nur Menschen mit allen dieser Spezies eigenen Fehlern sind, muß noch ein unfehlbares Ordnungsprinzip hinzukommen. Das war für uns die katholische Kirche, in welcher es genau geregelte Abläufe für alle wichtigen Dinge im Menschenleben gibt.

Die Jungen und die Alten lebten mit dieser Institution Kirche so freundschaftlich zusammen, daß keinerlei nationalsozialistische Einflüsse dieses natürliche Verhältnis irgendwie stören konnten. Wir haben immer gemacht, was wir wollten, niemand hat uns daran hindern können. Es war keineswegs schwer, so zu leben, wenn man ständig bemüht war, sich den reichen Schatz katholischen Glaubensgutes zu eigen zu machen. Es gab da kompetente Informationsquellen, die jedem, der es wollte, ständig zugänglich blieben während des ganzen Dritten Reiches.

Ende Februar 1920 hatte die NSDAP ihr »Grundsätzliches Programm« verabschiedet, das nie verändert worden ist! Wir als »normale« Katholiken haben die detaillierten innerkirchlichen Diskussionen um den Punkt 24 für unser praktisches Leben gar nicht nötig gehabt, weil die NSDAP sowieso für uns keine maßgebende Institution war. Aber beim ersten Hinsehen konnte ich Punkt 24 schon akzeptieren, obwohl er keineswegs ausreicht, zur Grundlage einer echten und verantwortungsbewußten Lebensphilosophie zu werden.

> *»Wir fordern die Freiheit aller religiösen Bekenntnisse im Staat, soweit sie nicht dessen Bestand gefährden oder gegen das Sittlichkeits- und Moralgefühl der germanischen Rasse verstoßen.*
> *Die Partei als solche vertritt den Standpunkt eines positiven Christentums, ohne sich konfessionell an ein bestimmtes Bekenntnis zu binden.*
> *Sie bekämpft den jüdisch-materialistischen Geist in und außer uns und ist überzeugt, daß eine dauernde Genesung unseres Volkes nur erfolgen kann von innen heraus auf der Grundlage:*
> ***Gemeinnutz geht vor Eigennutz.«***

Diese Grundlage kann man immer noch sehr betonen, auch damals störte sie uns nicht. Die »germanische Rasse« zu erwähnen, war eine Marotte der Nationalsozialisten und für uns ohne praktische Bedeutung, wenn wir auch nicht in Abrede stellen wollten, daß die Rasse, der wir selbst angehören, für uns genauso wichtig ist wie anderen Menschen ihre eigene Rasse. Natürlich »stört« es den Weltfrieden, daß es so viele unterschiedliche Rassen gibt. Aber noch niemand hat etwas erfunden, wie man die Rassen »abschaffen« könnte. Dasselbe gilt für die verschiedenen Nationen, die zusammen erst die Menschheit bilden. Auch sie kann man nicht abschaffen ... Bis man dieses Kunststück, vielleicht mit gentechnischen Manipulationen, fertiggebracht hat, sollte man doch sehr darauf achten, daß jede Nation den ihr gebührenden Rang erhält – gemessen an ihrem relativen Beitrag für das Wohl der gesamten Menschheit. Der müßte sich doch eigentlich objektiv feststellen lassen, wenn ein solches Unterfangen nicht hintertrieben wird. Erst dann verschwinden die großen Spannungen aus der Welt, die Unterschiede zwischen den einzelnen Individuen aber bleiben bestehen, weil sie eine wichtige Funktion beim Überleben von Gemeinschaften erfüllen.

Was für die Menschen gilt, das beobachten wir ja auch im Tierreich. Wie praktisch wäre es doch, beispielsweise nur einen »Universalhund« zu haben ... Mit einer Vermischung aller Hunderassen aber kann man ihn nie und nimmer erzeugen.

Der materialistische Geist ist ganz gewiß für das Wohl der einzelnen Menschen und ihrer Gemeinschaften nicht unbedingt von Segen. Dennoch ist er sowohl in uns als auch außerhalb von uns in einem gewissen Maße unbedingt notwendig, weil nur durch ihn Wirtschaftsprozesse optimiert werden können. Etwas Besseres wurde ja bisher noch nicht erfunden ... Aber dieser Geist ist leider auch die Quelle von schlimmen Neidgefühlen und damit von Kampf und Krieg. Ob der materialistische Geist jüdisch sein muß, das läßt sich doch wohl nur gefühlsmäßig beantworten. Und Hitlers Erfahrungen mit intelligenten jüdischen Kapitalisten waren bekanntlich sehr durchwachsen, er hatte ein Trauma, irreparabel. Aber müssen das deshalb andere Menschen auch haben? Muß man deshalb »die Juden« ausrotten? Meines Erachtens »bringt« eine solche Maßnahme überhaupt nichts, weil dank der von ihnen verbreiteten Lehren immer noch viele andere überbleiben, die ihr Handwerk sehr gut verstehen und keine jüdische Großmutter besessen haben.

Was eigentlich genau ein »positives Christentum« ist, das sagten die Nazis wohlweislich nicht. Für uns aber war es schon von Bedeutung, daß Jesus Christus durch die NS-Ideologie als eine Grundlage zitiert worden war. Das genügte uns vollauf, weil Christus auch im Dritten Reich zu einer Institution erhoben wurde, der man positiv gegenüberzustehen hatte. Aber wie man das so ganz genau tat, da gab es viele Variationen.

Der regelmäßige Besuch der Kirchen war in dieser Zeit viel reger als heute, und die Katholiken verstanden auch damals ihre Kirche als Gotteshaus, als »ein Haus, in dem Gott wohnt«! Die katholische Auffassung von der Unauflöslichkeit der Ehe und ihrer sakramentalen Bedeutung war damals beträchtlich stärker verbreitet als heute. Jeder war gefordert, diese wichtigen Dinge ganz allein für sich selbst zu entscheiden, die Kirche konnte ihm dabei nur helfen – so ist es ja auch heute noch. Jeder konnte in dieser Zeit viel mehr nach seinen eigenen Überzeugungen leben, als es uns in der Nachkriegsepoche die »berufsmäßigen« Vergangenheitsbewältiger suggerieren möchten. Im praktischen Geschäftsleben habe ich gelernt, daß es bei sehr vielen Dingen im Leben maßgebend darauf ankommt, was »unter dem Strich« steht. Diejenigen »Gottgläubigen«, welche damals Jesus Christus nicht wahrnehmen wollten, haben trotzdem gute Ehen geführt und damit zu ihrem eigenen und zum Wohl des ganzen Volkes beigetragen. Das geordnete Familienleben ist der nachfolgenden Generation sehr gut bekommen. Und heute fragt man sich doch wohl mit Recht, ob die aktuelle Scheidungsrate ähnlich positive Wirkungen zeitigen kann. Irgend etwas ist in sehr vielen Gemütern zur Zeit ganz grundsätzlich nicht in Ordnung. Es gibt doch heute viele Volksvertreter, die keinen Gott über sich mehr anerkennen. Deshalb können sie auf ihn auch keinen Eid leisten. Diese Haltung ist so alt wie das Menschengeschlecht und hat immer nur zu Niedergang geführt. Wissen das diese schlauen Volksvertreter eigentlich nicht? Vielleicht aber denken sie, daß es ohne Interesse ist, was 50 Generationen nach ihnen geschieht – wenn sich nur das Ozonloch nicht vergrößert und die Klimaänderungen der Erde von den gehörig überschätzten Einflußmöglichkeiten der Menschen vermieden werden können.

Es sind tatsächlich »Arme im Geiste« ... Die Flucht in die Drogenwelt und die hemmungslose Libertinage wären früher auch technisch möglich gewesen, wurden aber von fast allen als sehr »ungesund« abgelehnt.

Die Wirkungen des Zweiten Weltkrieges bestimmen die Ordnung unserer Welt als Ausfluß zahlreicher Fehlhaltungen aller Nationen.

Ein tragisches Schicksal der ganzen Menschheit. Da sollte man doch meinen, daß Lehren gezogen und akzeptiert würden.

Luxuriös im eigentlichen Sinne war unser Haus nicht, wohl aber überdurchschnittlich, wenn man verglich. Auf ihm ruhte der erflehte Segen Gottes, bei der Einsegnung aller Zimmer durch meinen Onkel, den Prälaten, vermittelt. Es hatte zwei Normalgeschosse und ein Dachgeschoß, war in eine Reihe eingebaut und hatte einen nach Süden gelegenen Garten. Der kleine Vorgarten lag an einer ruhigen Straße ohne Gegenüber. So hatte man von den Frontfenstern einen weiten Blick in Hausgärten mit ihrem Schmuck. Im ersten Obergeschoß gab es eine Fahnenstange, von der anfänglich eine schwarz-weiß-rote Fahne wehte, die dann durch einen roten Wimpel mit Hakenkreuz ergänzt werden mußte. Schließlich mußte die rote Hakenkreuzfahne gezeigt werden. Neben der Haustür war das breite Fenster unseres vorderen Wohnzimmers, genannt Biedermeierzimmer, nach seiner Einrichtung, zu der ein schöner Kachelofen aus der Zeit gehörte. Führte die Fronleichnamsprozession durch unsere Straße am Blücherpark, dann wurde dort im Fenster ein Altar aufgebaut mit einem schönen großen Kruzifix. Dieses hing normalerweise über dem großen Eßtisch im hinteren Wohnzimmer, von dem vorderen durch einen breiten Vorhang getrennt. Der Tisch konnte zwei große Einsatzstücke aufnehmen, hatte zusätzliche Klappbeine in der Mitte und bot, durch beide Zimmer hinweg aufgestellt, zwei Dutzend Gästen Platz. Beim Wandschmuck herrschte die sakrale Komponente vor: Im Biedermeierzimmer hing eine alte Kopie des Dreikönigsklappaltars von Hans Memling. Ein Bild des »Führers« gab es nicht.

Ein gutes Klavier stand im hinteren Zimmer. Es wurde von meiner Mutter und später von meinem Bruder gespielt. Seine Glanzzeit erlebte das Instrument erst nach dem Kriege, als mein späterer Doktorvater im Haus wohnte, der in Berlin Meisterschüler des Schweizer Pianisten Edwin Fischer gewesen war. Zum Garten hin lag eine überdachte Terrasse, geselliger Mittelpunkt vieler Mahlzeiten im lauen Kölner Klima. Im Geschoß darüber befand sich das Elternschlafzimmer mit großem Balkon, daneben das Arbeitszimmer meines Vaters und davor das Wohnzimmer meiner Tante. Im Dachgeschoß hausten wir beide, mein Bruder und ich, in einem gemeinsamen Schlafzimmer, angrenzend an ein kleines Studierstübchen, welches mein hochgeschätztes Refugium war. Es bot genug Platz für meine Bücher und hatte auch ein schönes, altes Sofa. Wenn ich allerdings eine wichtige Arbeit zu machen hatte, war sehr wenig Platz, weil alles voll lag. Meinem Freund Gerd bereitete es stets ein besonderes Vergnügen, meine systematische Ordnung gründlich durcheinanderzuwerfen, um mich – wie er sagte – wieder auf den Boden der Realität zurückzubringen.

Im Keller konnte ich mir ein chemisches Labor einrichten, das auch noch bestehenblieb, als der Keller Luftschutzraum wurde. Nie habe ich es verstanden, warum dieser Luftschutzraum von meinem Vater bei seinem sonstigen Perfektionismus nur sehr mager eingerichtet worden war. Eigentlich bestand die Zusatzeinrichtung nur aus vier mächtigen Holzstützen unter dem Eßzimmerfußboden aus Stahlbeton. Das zum Trockenraum führende große Fenster war nicht zugemauert, wie es richtig gewesen wäre. Diese Arbeit hätte mein Vater leicht selbst machen können. Er aber war gewiß zu optimistisch.

Unser Haus wurde nur von einem schwereren Fliegerschaden getroffen, der in Eigenhilfe – ich befand mich schon in Rußland – notdürftig repariert werden konnte. Das Dach war abgedeckt, die leichten Zwischenwände im Dachgeschoß wurden eingedrückt, und das große Fenster des Biedermeierzimmers flog heraus. Schnell mauerte da mein Vater die Öffnungen zu, was sich als guter Schutz vor Bombensplittern und später vor Beschlagnahme durch die britische Militärregierung bewähren sollte. Alle Stabbrandbomben, die das Haus trafen, konnten schnell gelöscht werden, weil das Haus nie verlassen war.

Militärausbildung

Am 10. Dezember 1942 brachte mich meine Mutter zum Kölner Hauptbahnhof bis an den reservierten Wagen. Die späteren Kameraden waren durchweg viel älter als ich. Aufgefallen ist mir Karl, der sich unter vielen Tränen von seiner jungen Frau herzergreifend verabschiedete – später hörte ich, daß er 34 Jahre alt und Kinofachmann war. Mir gab dieser Abschied mehr zu denken als die Trennung von meiner lieben Mutter. Sie war meine Kontaktperson während des ganzen Krieges, weil sie mir viele hundert Briefe schrieb. Deren neuerliche Lektüre, andere Briefe und meine Tagebücher helfen meiner Erinnerung, farbenprächtig zurückzudenken.

Natürlich gab es eine Zensur der Post. Aber wichtige Mitteilungen gab ich verschlüsselt an meine Eltern.

Wenn ich meinen Vornamen unter einem Brief mit einem Schnörkel unterstrich, dann enthielt der Brief eine verschlüsselte Nachricht. Zur Entzifferung mußte man den einseitig beschriebenen Briefbogen gegen das Licht halten, um die auf der Rückseite hinter verschiedenen Buchstaben angebrachten Punkte zu erkennen. Diese Buchstaben mußte man alle erwischen und hintereinander aufschreiben. Im Brief befand sich außerdem eine Zahl, die angab, wie viele Buchstaben zur Nachricht gehörten. Dann schrieb man unter die Buchstaben den vereinbarten Code in Form von Zahlen. Wir hatten verabredet, daß wir alle von Null verschiedenen Ziffern meines Geburtsdatums benutzten. Stand beispielsweise unter einem »e« die Ziffer »2«, dann wurde der nächste Buchstabe »f« darunter geschrieben; bei »h« mit Ziffer »4« war das dann »k«. Das ging schnell.

Wir fuhren die Nacht durch und landeten um 6.15 Uhr in Forst Zinna, der Bahnstation von Jüterbog. Unsere Gruppe wurde im »Adolf-Hitler-Lager« in die Baracke »Schleswig« auf Stube 76 eingewiesen. Uns stand eine Grundausbildung von zwei Monaten Dauer bevor. Alle Kameraden hatten für den Zweck der Truppe irgendeine Vorbildung, was sich angenehm auf den Umgangston auswirkte. Unter mir schlief im Feldbett Kamerad Karl, Doktor, Professor und Kreisleiter.

Eines Morgens beim Frühappell fragte der Batteriechef, wer vortreten könne, um die täglich erscheinende Fortsetzung eines Aufsatzes über »Werden des Großdeutschen Reiches« vorzulesen, es müsse aber gut verständlich sein, damit jeder davon etwas haben könne. Mein schmächtig gewachsener Bettnachbar meldete sich und wurde ausgewählt. Er begann in glänzender Rhetorik, schön und deutlich. Nach fünf Minuten fiel dem Batteriechef auf, daß Karl überhaupt nicht auf den Zeitungsausschnitt sah. Er fragte, wie der flüssige Stil seines Vortrages möglich sei. Karl antwortete, daß er als Verfasser dieses Beitrages zeichne.

Unsere Stube war daraufhin auf Karl mächtig stolz. Er berichtete uns von seinem Lebenslauf. Als Sohn armer Eltern geboren, gelang es ihm, das externe Abitur glänzend zu bestehen. Vorher mußte er einen schriftlichen Antrag stellen mit Auflistung der Prüfungsfächer. Unter der laufenden Nummer 14 führte er »Philosophie« auf, woraufhin die Schulbehörde antwortete: »Sie sind zur Prüfung zugelassen, aber wir verzichten darauf, Sie auch noch in Philosophie zu prüfen.« Karl schrieb flink zurück, daß er aber auf dieser Prüfung bestehe. Alles ging mit Glanz, und er bekam ein Stipendium zum Philologiestudium.

An einer Gewerbeschule sammelte Karl seine Erfahrungen im Umgang mit einfachen Menschen, deren Interesse vielen anderen Dingen galt, nur nicht dem Unterricht. Karl machte mit seinen Schülern einen Handel: Wenn keine Unterrichtsstörungen auftreten, dann erzählt er in den letzten fünf Minuten Witze. Karl kam bald in Not mit seinem Witzevorrat, weil das Geschäft glänzend florierte. Unsere Stube und die ganze Batterie lachte Tränen über seine Gabe, uns wie ein Profi zu unterhalten.

Karl bekam glänzende Beurteilungen durch seine vorgesetzte Dienststelle und bewarb sich dann für eine Dozentenstelle an der Technischen Hochschule in Aachen für das Fach Geschichte. Dieser Lehrstuhl war neu eingerichtet worden, um die Einseitigkeit der TH-Absolventen zu mildern. Da wurde die NSDAP auf Karl aufmerksam. Binnen kurzer Zeit trat er als politischer Leiter auf und wurde Kreisleiter.

Hierin liegt die Begründung für diesen Bericht, hatte ich doch jetzt einen Nazi-Experten zum Bettgenossen, mit dem ich viel sprechen konnte. Karl rauchte noch viel lieber als ich – und Tabak war knapp. Wir wurden miteinander sehr vertraut, so daß ich ihn wirklich alles über die NS-Ideologie fragen konnte. Er besaß einen hohen Bildungsgrad und ein ausgewogenes Urteil als Historiker. Karl hatte aber ein hartes Urteil über die Auswüchse des Nationalsozialismus und gestand mir auch, diese Laufbahn aus Gründen reiner Zweckmäßigkeit eingeschlagen zu haben. In seinem Amt als »Kreisleiter« wollte er sich auch nicht unehrlich exponieren, deshalb habe er als Aufgabengebiet das »Kulturreferat« gewählt. Das sei wertneutral und praktisch völlig unabhängig von NS-Lehren. Tatsächlich, seine Beziehungen zu bekannten Künstlern waren frappant: Er telefonierte mit Berlin, und Loni Häuser gab mit Theo Mackeben im Lagerkino nur für uns eine Vorstellung. Noch vor der Beendigung unserer Grundausbildung wurde Karl nach Berlin abberufen. Er besuchte uns kurze Zeit später als »Sonderführer«, das waren Personen im Offiziersrang mit besonderen Aufgaben.

Am 17. Dezember 1943 fand auf dem Sportplatz des Lagers die feierliche Vereidigung statt, mit Ehrenkompanie und Militärmusik. Auch bei kritischer Betrachtung gab es von keinem Kameraden, mit dem man vertraulich sprechen konnte, irgendwelche Einwände gegen diesen normalen Soldateneid. Das ist insofern wichtig, als nach dem Attentat auf Hitler im Feld eine erneute Vereidigung vorgenommen wurde, die von uns nicht mehr so unbedenklich akzeptiert werden konnte, weil es Nebenbedingungen gab, die in einem Rechtsstaat nach internationaler Auffassung unerlaubt waren. Wir alle leisteten den ersten Eid ohne Vorbehalt und mit reinem Gewissen. Es war ja nicht unsere Aufgabe, über die Berechtigung des Krieges zu urteilen, weil es uns dazu an umfassender Einsicht mangelte. Die späteren Ereignisse werden zeigen, welche Gewissenskonflikte uns noch bevorstehen sollten.

Meine Gedanken an diesem Tage ließen mich in mein Tagebuch die folgende Stelle von Rainer Maria Rilke eintragen:

> *»Habe Geduld gegen alles Ungelöste in deinem Herzen und versuche, die Fragen selbst liebzuhaben wie verschlossene Stuben und wie Bücher, die in einer sehr fremden Sprache geschrieben sind. Forsche auch nicht nach den Antworten, die dir nicht gegeben werden können, weil du sie nicht leben kannst. Und es handelt sich darum, alles zu leben. Lebe jetzt die Fragen. Vielleicht lebst du dann eines fernen Tages, ohne es zu merken, in die Antwort hinein.«*

Unsere theoretische und praktische Ausbildung ging ordnungsgemäß vor sich. Strafübungen blieben äußerst selten, sehr im Gegensatz zum RAD. Wir alle hatten das Gefühl, etwas zu lernen, was wir später gewiß brauchen konnten. An vielen Abenden gab uns das Lagerkino entspannende Unterhaltung: »Der Seniorchef«, »Der große Schatten«, »Hauptsache glücklich«, »Wir machen Musik«, »Ein Zug fährt ab«, »Hab mich lieb«, »Das andere Ich«, »Verwehte Spuren«, »Liebeskomödie«, »Wir waren sechs«, »Das unsterbliche Herz«, »Himmelsstürmer« – manche dieser Filme werden auch heute noch gezeigt. Professor Dr. Fritz Stein kam mit seinem Kammerorchester von der Musikhochschule Berlin zu uns (Haydn, Bach, Reger, Mozart, Schubert und Strauß). Es war für mich ein besonderes Erlebnis.

Beim Unterricht fiel mir auf, daß den chemischen Kampfstoffen unverhältnismäßig viel Zeit gewidmet wurde und praktische Übungen stattfanden. Die Namen der Nervengase »Tabun« und »Sarin« hörten wir erstmals. Hatte das etwas zu bedeuten? Alle angepriesenen Gegenmittel kamen mir lachhaft vor angesichts der Toxizität dieser Substanzen. Was sollte da die kleine »Gasplane« nutzen?

Bei der Feier zum zehnten Jahrestag der Errichtung des Dritten Reiches appellierte Hermann Göring an die letzten Reserven zur Erlangung des »Endsieges«. Viele unserer Ausbilder wurden kurzfristig zur Front abgestellt. Was kam da auf uns zu?

In einem Brief vom 18. Februar 1943 schrieb ich an meine Eltern:

> *»Der augenblickliche Stand unserer Front, von dem wir hier Genaueres erfahren – was sich jedoch nicht schreiben läßt –, verdunkelt wie überall die Gemüter. Beispielsweise war Stalingrad bereits am 21. November vollständig eingeschlossen. Die Stimmung unter der Zivilbevölkerung ist in Anbetracht der Heranziehung letzter Reserven natürlich genau wie bei Euch. Alle glauben an ein diesjähriges Kriegsende. Ich denke aber, daß wir dann nicht gesiegt haben können – und tun wir das nicht, so haben wir es in diesem ›Frieden‹ auf keinen Fall besser als jetzt im Kriege – Europa ginge unter! Wißt Ihr, was das bedeutet? Dann ist das augenblickliche Ringen auch das Letzte, was jeder noch besitzt, wert. Gott wird schon wissen, warum er uns allen dieses geschickt hat.«*

Und an meine gute Tante schrieb ich am 9. März:

> *»Unser aller Wunsch an den Herrgott soll sein, daß er es mit uns nicht noch schlimmer vorhat – und wenn auch, ertragen werden wir auch dies.«*

Die Hürden der Ausbildung überwand ich spielend, weil ich viel lernen wollte. Ich war wieder einer der besten Schützen – keine Übung zu je drei Schuß unter 30 Ringen. Allerdings gab es eine kleine Ausnahme: Stehend freihändig auf 150 Meter schoß ich nur 29 Ringe, weil der neben mir stehende Batteriechef vor Abgabe des dritten Schusses versprach, daß dann, wenn ich mindestens 30 Ringe erziele, ein Extrawochenendurlaub nach Berlin drin sei. Die Aufregung ließ mich verreißen, hatte ich doch den letzten Urlaub in so süßer Erinnerung! Ich hatte meine geliebte Cousine Lisa und ihre Familie besucht, wo ich wie ein Sohn aufgenommen worden war.

Mein Gewissen wurde in diesen Wochen noch zusätzlich belastet, weil man uns nahelegte, eine Meldung als KOB (Kriegsoffiziersbewerber) abzugeben. Diese Anwartschaft hätte einen vollständigen Wechsel des fachlichen Tätigkeitsfeldes bedeutet, aber auch Prestige vermittelt. Ich stand dem ablehnend gegenüber aus verschiedenen Gründen, die ich versuchte, brieflich mit meinem Vater zu diskutieren. Dieser aber ließ sich mit der Antwort Zeit. Ich entschied mich zur Nichtmeldung. Ich war der Meinung, daß ich bei meiner weltanschaulichen Einstellung nicht mehr Verantwortung für mich und andere auf mich laden wollte als unbedingt nötig. Auch der Fahneneid konnte mich wohl nicht dazu verpflichten, als Offizier meinen Dienst zu tun. Aufregung entstand bei mir, als der Batteriechef persönlich allein mit mir sprechen wollte. Ich legte konzentriert und offen meine Gründe dar. Er schwieg dazu. Irgendwelche Nachteile erwuchsen mir nicht. Erst sehr viel später hat mein Vater dann meine Entscheidung für richtig erklärt, was mich beruhigte.

In Anbetracht der Kriegslage wurden unsere Essensrationen so gekürzt, daß wir ständig Hunger hatten. Ich ließ mir Marken von zu Hause schicken und erhielt Brot von meinen Unteroffizieren. Das kam so: Die Ausbilder befürchteten, bei mangelnder fachlicher Qualifikation zur Front versetzt zu werden. Deshalb büffelten sie abends in ihren Lehrbüchern über Luftbildauswertung. Das fiel ihnen aber nicht so leicht, weil es mathematische Hürden gab. Ich wurde gebeten, diese abends auf ihrer Stube zu beseitigen. Das war mir möglich, wenn auch unter spaßigen Bedingungen. Ich, der Rekrut, erhielt eine halb gefüllte Kehrschaufel unter den Tisch gestellt mit der Weisung, bei der Inspektion durch einen Offizier sofort unter dem Tisch zu verschwinden und fegen zu mimen. Belohnt wurde ich mit Lebensmitteln ...

Mit einer Besichtigung schloß die Rekrutenausbildung, und 18 Kameraden wurden zusammen mit mir abgestellt zur Beobachtungsabteilung B3 nach Lemgo. Unsere Eisenbahnfahrt führte über Berlin, wo ich Lisa anrief, die sofort zum Zug kam. Ich freute mich.

Im schönen Städtchen Lemgo trafen wir eine überfüllte Kaserne an. Ich wurde zusammen mit fünf weiteren Kameraden auf Stube 99b der 1. Batterie eingewiesen, um eine Ausbildung als geodätischer Auswerter zu beginnen. In diesen Tagen erreichte mich die Nachricht, daß unser Freund Hansi Splittstößer gefallen sei. Seine Eltern schrieben in der Todesanzeige:

»Unser einziger Stolz«

– wie deprimierend …

Ich lebte mich in dieser Garnisonsstadt schnell sehr gut ein. Es gab mehrere Buchhandlungen, die gut sortiert waren – mir und meinen Freunden zur Freude. Das Niveau unserer Ausbilder war ganz ausgezeichnet, weil ihre Tätigkeit einige geistige Fähigkeiten erforderte. Neben der Sonderausbildung gab es Felddienst, den ich dank meiner Leistungen als Schütze gut absolvieren konnte.

Später in meinem Berufsleben als Bauingenieur habe ich oft daran gedacht, wie es diese Sonderausbildung schaffte, die Soldaten zu fehlerfreiem und sorgfältigem Rechnen zu bringen. Im Lehrraum saßen etwa 20 Soldaten hinter Rechenmaschinen BRUNSWIGA. Es waren Maschinen mit zwei parallel arbeitenden Rechenwerken, wie für Koordinatenberechnungen üblich. Zur Sicherung gegen unerlaubte Bedienung hatten diese Maschinen eine Klingel, die bei Fehlbedienung deutlich anschlug. Der unterrichtende Leutnant befahl dann, wenn es irgendwo klingelte: »UvD (Unteroffizier vom Dienst), schreiben Sie den Mann auf!« Das bedeutete für denjenigen am Wochenende schweißtreibenden Geländedienst. Es war ganz erstaunlich, wie fehlerfrei Menschen zu rechnen imstande waren.

Mir machte dieser Betrieb viel Freude, weil ein kluger Ausbilder es verstand, mich dadurch zu motivieren, daß er mir Unterrichtsstunden in Trigonometrie übertrug. Außerdem hatte ich noch die Abendbetreuung derjenigen, welche Nachhilfeunterricht benötigten.

An meine Mutter schrieb ich am 14. März:

> *»… als ich dann wieder den schönen Weg durch die Nacht zurückmarschiert war, las ich noch etwas und ging zu Bett. Ich fühle mich immer am wohlsten und freiesten, wenn ich ganz alleine draußen in der Natur war und meinen Gedanken nachhängen konnte. Ich glaube, daß es in meiner Militärzeit nur selten wieder so schön wird, wie es hier mir gefällt.«*

Etwa ein Jahr nach meinem Weggang von Köln durfte ich jetzt zum 100. Tag meiner Militärzeit einen Wochenendurlaub antreten, wozu auch meine guten Scharfschützenergebnisse beigetragen hatten. Es war mein zweiter Urlaub zu Hause, den ich organisatorisch gut vorbereitet antrat. Wir hatten viel in der Familie zu erzählen, wozu auch mein Freund Hänschen gekommen war. Am Sonntag traf ich nach der Messe viele alte Bekannte, deren Mienen alle nicht mehr zuversichtlich waren. Es waren viele Todesnachrichten eingetroffen, und jeder bangte um seine im Feld stehenden Angehörigen. Meine Mutter drückte es etwas später in einem Brief mit den Worten aus: »Es scheint augenblicklich eine große Umwälzung im Gange zu sein.« Dabei hatten die eigentlichen Vernichtungsangriffe auf Köln noch gar nicht begonnen.

Am Nachmittag kam eine strahlende Maria zu uns – sie hatte gerade ihr Abitur bestanden und wollte nach Wien zum Medizinstudium. Natürlich hatten sich Maria und Hänschen darüber viel zu erzählen. Gemeinsam schrieben wir dann einen langen Brief an unseren Freund Gerd. Sein KOB-Lehrgang war vorübergehend aufgelöst worden, und er mußte jetzt an der Kanalküste in einem Bunker Dienst tun. In seinen Briefen klagte er über die primitiven Kameraden und die schlechte Stimmung. Es war ein schöner Nachmittag, und abends brachten mich alle zusammen zur Straßenbahn. Maria ging mit zum Hauptbahnhof an den Zug, und wir sprachen noch viel miteinander, weil wir uns sicherlich lange nicht sehen würden. Ich hatte mir irgendwie von dem Treffen mit meiner Freundin mehr vorgestellt als gute Kameradschaft, die nun schon zwei Jahre dauerte. So nahm ich leicht Abschied.

Unser Lehrgang in Lemgo lief Mitte April aus und wurde mit einem großen Abendessen im Restaurant »Quelle« beschlossen, zu dem ich eine Schlußansprache halten durfte. Ich wurde dann zur 1. Marschbatterie versetzt, der Vorstufe zur Frontabstellung. Weil sich das aber noch hinzog, erhielten wir eine zweite Ausbildung als »Beobachter«. Die Tage waren erfreulich, und ich hatte viel Zeit, meiner Lektüre nachzugehen. Eine Liste der etwa 40 Bücher, die ich bei mir führte, ist erhalten, weil ich die Bücher später nach Hause schickte. Sie betrafen hauptsächlich philosophische Themen und weniger naturwissenschaftliche – wenn ich auch ständig mein Lehrbuch über organische Chemie repetierte. In Lemgo besuchten wir häufig die Kinos und die schönen Kneipen. Irgendwelche politischen Schulungen fanden nicht statt, die Zeit dafür wäre sehr wohl leicht verfügbar gewesen. Auch unsere Offiziere sahen da offensichtlich keinen Handlungsbedarf – viele Vergangenheitsbewältiger stellen das heute ganz anders dar. Aber auch Widerstandsbewegungen gegen die politische Führung gab es nicht – dann schon eher gegen Schleifer. Solche schwarzen Schafe gab es ja immer. Ich hörte nur von einem Fall in unserer Kaserne, der allerdings für den Schleifer tödlich endete. Wenige maskierte Männer holten ihn nachts aus seinem Bett, hüllten ihn in eine Decke und warfen ihn vom dritten Stock aus dem Fenster. Offiziell durfte über dieses Ereignis nicht gesprochen werden. Mein Vater machte nach meinem Bericht ein sehr bedenkliches Gesicht. Er nahm gerade an einem Lehrgang für Führer teil, da man die nicht kriegsverwendungsfähigen Reserveoffiziere für eine Heimatarmee schulte.

In diesen Tagen erreichte uns der erste Rundbrief des Reichsstudentenführers Dr. Scheel. Er war sechs Seiten lang und noch von einer gedruckten Anlage begleitet. Wir haben ihn sehr aufmerksam gelesen – auch zwischen den Zeilen.

»Liebe Kameraden!

... Ich weiß, daß viele Fragen Eurer persönlichen Zukunft für Euch mit der Dauer des Krieges immer brennender werden. ... Das Großdeutsche Reich braucht unerläßlich einen zahlenmäßig ebenso wie qualitativ hervorragenden Nachwuchs der Hochschulberufe, um die gewaltigen Aufgaben erfolgreich meistern zu können, die der Krieg mit sich bringt und die nach dem Kriege erst recht auf Jahrzehnte hinaus an Deutschland herantreten werden. ... Der Führer ist von größter Siegeszuversicht erfüllt und strahlt eine ungeheure Glaubenskraft auf alle aus, die bei ihm sind. Er blickt weiter als der einzelne Deutsche, gleichgültig, wo er stehen mag. Er kennt die Lage bei unseren Feinden besser als wir und weiß genau um die Fortschritte unserer Rüstung und die Reserven und Pläne, die wir besitzen. In seiner Umgebung und unter dem Eindruck seiner Worte hat jeder das Gefühl absoluter und höchster Sicherheit. Der Führer lebt sehr schlicht. Trotz seiner unvorstellbaren Arbeitslast bewahrt er sich dabei eine seelische Spannung ohnegleichen, die unmittelbar jeder verspürt,

der in seine Nähe tritt. Er ist wirklich nicht nur in den großen, sondern auch in den kleinen Dingen die überragende, alles erleuchtende und vorwärtstragende Kraft unseres Volkes und Kampfes. ... In den Händen des Führers, liebe Kameraden, ruht auch Euer Schicksal in jeder Beziehung. Denkt immer daran, daß der Führer die Gerechtigkeit verkörpert und auch Eure berufliche und persönliche Zukunft als Frontkämpfer nach dem Kriege durch den Führer und sein Werk voll gesichert ist ... in jenem Sinn, den einmal unser Führer mit den Sätzen umschrieben hat: ›Ich glaube fest daran, daß im allgemeinen sämtliche schöpferischen Gedanken schon in der Jugend grundsätzlich erscheinen, sofern solche überhaupt vorhanden sind. Sie liefert die Baustoffe und Zukunftspläne, aus denen das weisere Alter die Steine nimmt, behaut und den Bau aufführt, soweit nicht die sogenannte Weisheit des Alters die Genialität der Jugend erstickt hat.‹
... Die Verluste des Studententums im ganzen und im besonderen auch seiner Führer beweisen, daß das Studententum seine nationale Pflicht erfüllt ... wünsche ich Euch von Herzen Kraft, Gesundheit und Soldatenglück.«

Dr. Scheel war seit 1941 Gauleiter und Reichsstatthalter des Reichsgaues Salzburg und verstand seine propagandistische Aufgabe so gut, daß manche der heutigen PR-Leute vor Neid erblassen könnten. Dieser knappe Auszug sollte keineswegs den Inhalt des Rundbriefes wiedergeben, er will nur zeigen, wie damals die Studenten motiviert worden sind. Ich selbst habe den Brief mit spitzen Fingern angefaßt.

In »Fluchtwege« schreibt Graham Greene auf Seite 9:

»Schreiben ist eine Art Therapie; manchmal frage ich mich, wie alle jene, die nicht schreiben, komponieren oder malen, es zuwege bringen, dem Wahnwitz, dem Trübsinn und der panischen Angst zu entfliehen, die dem menschlichen Dasein innewohnen.«

In Lemgo hatten wir noch viel Zeit, weshalb man uns einen 14tägigen Sanitätslehrgang verpaßte. Na, schaden konnte das nicht. Dann erhielt ich meinen 14tägigen Erholungsurlaub.

Ich freute mich, weil ich einen kleinen Szenenwechsel von Maria zu Hildegard vorbereitet hatte. Wir kannten uns schon von der Tanzstunde her, und ich hatte sie immer gut leiden können. Es wurde aber auch keine Liebesbeziehung, die eigentlich meiner Entwicklung, vor allem im Vergleich mit den Kameraden, hätte angemessen sein müssen. Meine Entwicklung war ganz offensichtlich noch nicht soweit, und mit der guten Freundschaft, die mich für viele Jahre mit Hildegard verband, war ich sehr gut bedient. Ich konnte auch mit meinen bescheidenen Kräften kleine Gegenleistungen vollbringen, da Hildegard jünger war und die Schulbank drückte. Das geschah auf der »Lindenakademie«, einer höheren Abendschule in der Nähe des alten Opernhauses, weil Hildegard zusammen mit ihrer Schwester Gilla, die Schwierigkeiten mit der Erreichung eines Klassenzieles gehabt hatte, dorthin gewechselt hatte. Nach dem Kriege war ich selbst an dieser Anstalt neben meiner Universitätstätigkeit als Lehrkraft für Mathematik, Physik und Chemie engagiert. Hildegard hatte noch eine weitere, ältere Schwester und liebenswerte Eltern. Diese verstanden es, den drei Mädchen in einem schönen, gastfreien Hause am rechten Rheinufer mit herrlich weitem Blick auf das Wasser und den Kölner Dom eine wirkliche Heimstatt zu geben. Die älteren Schwestern von Hildegard hatten je einen Freund, einen Leutnant und einen Oberleutnant, die ich auch kennenlernte. Beide waren viel älter als ich und sehr sympathisch – sie ließen mich aus ganz äußerlichen Gründen wieder daran zweifeln, ob meine Entscheidung, nicht an dem ROB-Lehrgang teilzunehmen, richtig gewesen war. So mag es vielen meiner Altersgenossen gegangen sein.

In diesen Tagen konzentrierte ich mich neben meiner Familie ganz auf Hildegard und Hänschen, wobei das schöne Maiwetter ein übriges tat, diesen ruhigen Urlaub ganz tief in meine Erinnerung einzugraben. Hänschen hatte nun seine Zulassung für das dritte Semester Medizin erhalten und war mir ein geduldiger und aufmerksamer Gesprächspartner. Ich konnte natürlich nicht wissen, daß ich ihn in diesen schönen Tagen das letzte Mal sah. Aber der Ungewißheit, die über uns schwebte, waren wir uns wohl bewußt.

In Köln war es fast wie im Frieden, an gelegentliche Fliegeralarme hatte man sich gewöhnt. Zu schnell ging es wieder zurück zur Marschbatterie nach Lemgo. Diese befand sich noch immer in Warteposition, weshalb ich noch zu einem dreitägigen Gasspürlehrgang abkommandiert wurde. Es ist ganz beträchtlich, wieviel Unterricht über chemische Kampfstoffe ich in Forst Zinna und jetzt auch in Lemgo bekam. Das konnte doch nichts Gutes bedeuten. Heute bin ich der Meinung, daß damals die Kriegskontrahenten die Auseinandersetzung mit chemischen Kampfstoffen ernstlich vorbereiteten und wir es vielleicht nur der Weltkriegsverwundung von Adolf Hitler zu verdanken haben, daß diese Waffen von den Deutschen nicht zuerst eingesetzt worden sind. Die Kameraden von der Artillerie erzählten uns vertraulich von einer bestimmten Sondermunition, welche nur auf besonderen Befehl des OKW (Oberkommando der Wehrmacht) eingesetzt werden dürfe. Ich machte mir viele Gedanken darüber, weil ich durch mein Interessengebiet Chemie wohl etwas mehr vorbelastet war als andere. Heute kann man lesen, daß damals die Vorräte an Nervenkampfstoffen auf jeder Seite in der Größenordnung von 30.000 Tonnen gelegen haben. Vor einer solchen Ausweitung des totalen Krieges hatte ich Angst, nicht vor eventuellen Atombomben der Deutschen. Dieses Gebiet verfolgte ich von der Veröffentlichung der Hahnschen Entdeckungen an. Man hätte gewiß mehr gelesen in der wissenschaftlichen Zeitung »Forschungen und Fortschritte«, welche ich mir immer nachsenden ließ. Daß zur Schaffung von Atombomben ein gigantischer Aufwand nötig sein würde, wurde wohl von mir und den Fachleuten, die ich bei unserer Truppe von Zeit zu Zeit treffen konnte, richtig gesehen. Um so verwunderlicher mutet einen nachträglich die ganz unrichtige Einschätzung von Albert Einstein an, welche bekanntlich zum Beschluß über den Bau der amerikanischen Atomwaffen den Ausschlag gegeben hat. Ich neige dazu, anzunehmen, daß der geschickte Einstein selbst nicht an eine deutsche Atombombe geglaubt hat, jedoch in seinem Haß pfiffig genug war, die Bedeutung seiner Argumentation für amerikanische Politiker richtig einzuschätzen. Später hat mein Doktorvater, ein ehemaliger Einstein-Mitarbeiter in Berlin, meinen Vermutungen recht gegeben. Im Kriege hatte er nämlich eine gute Einsicht in die deutschen Anstrengungen bei Waffenentwicklungen, weil er in der Luftfahrtforschungsanstalt auf dem Gebiet der kompressiblen Strömungen in der Gruppe um Professor Dr. Doetsch in Braunschweig eingesetzt war.

Über drei Wochen sollte es jetzt noch dauern, bis ich nach Rußland in Marsch gesetzt wurde. In dieser Zeit bekam ich so etwas wie einen »Standorturlaub«. Ich wurde für zwei Offiziere als »Putzer«

eingeteilt und verließ morgens die Kaserne, um oft erst abends zurückzusein. Das war eine Alibifunktion, denn die beiden sehr sympathischen Offiziere dachten gar nicht daran, sich von mir ihre Betten machen zu lassen usw. Das besorgten die Gastgeber oder deren Hausangestellte – oft recht hübsche junge Mädchen, mit denen man viel Spaß haben konnte. Die Offiziere liehen mir Bücher aus ihrer Handbibliothek, und ihre Wirtsleute stellten ein gemütliches Plätzchen zum Verweilen und gute Verpflegung zur Verfügung. Diese hatten selbst Söhne, die im Feld standen, und meinten, daß das Gute, das sie mir antun, irgendwie durch gnädiges Schicksal auch ihren Söhnen widerfahren würde. Noch im Feld unterhielt ich briefliche Verbindung mit ihnen und einem ihrer Mädchen, einer hübschen Liesel ...

Meine Eltern konnten mich noch zu Pfingsten in Lemgo besuchen und wurden bei meinen örtlichen Bekannten liebevoll aufgenommen – gab es doch keine Hotelzimmer wegen Überbelegung des Ortes. Ich bekam »Nachturlaub«, und wir konnten die beiden Tage sehr gut nutzen. Keiner von uns wußte, ob es nicht das letzte Mal war ...

Dann erfolgte meine Versetzung zur Marschkompanie »Beob 3«. Mein Kamerad Max, ein etwas älterer Fabrikant, ließ sich eine Kiste Wein von zu Hause schicken, um mit uns zusammen im Restaurant »Zum Lippschen Norden« noch verspätet auf die Geburt seines Sohnes anzustoßen und um Abschied aus einer schönen Kameradschaft zu feiern. Jetzt trennten sich unsere Wege.

Unser Kommandeur verabschiedete uns mehr schlecht als recht, er war nicht richtig bei der Sache. Sicherlich lag das daran, weil er uns gegen seine wirkliche Überzeugung die Notwendigkeit des »Endsieges« klarzumachen hatte. Wir sprachen darüber, so offensichtlich war das. Jeder dachte in diesen Tagen viel mehr an sein eigenes Ergehen als an irgendwelche politischen Ängste. Notgedrungen bezogen wir unsere vier Eisenbahnwagen und verließen gegen 19 Uhr Lemgo mit viel Wehmut.

Südrußland

Noch rechtzeitig vor der Abfahrt erhielt ich von meinen Eltern ein Paket mit Leckereien und Tabak. Dabei lag auch ein kleiner Brief meines Vaters:

»Lieber Josef!
In höchster Eile auch von mir noch ein paar Worte. Du wirst es wohl sehr bedauern, daß das Idyll von Lemgo nun schon ein Ende gefunden hat. Aber dies ist das harte Gesetz dieses Krieges. Gern wärest Du sicher auch noch mal nach hier gekommen. Aber auch dies ist eine zweischneidige Sache. Die Freude des Kommens wird doch zu sehr überschattet durch den Gedanken des Abschiednehmens. Freue Dich darum, daß Du so eine schlaflose Nacht oder gar zwei schlaflose Nächte weniger hattest, einmal die Reise und dann der nächtliche Alarm hier. Die Reise nach hier ist ja auch alles andere als ein Genuß, denke nur an die vielen Trümmerfelder und die überfüllten Züge. Nun, mein lieber Josef, laß Dir den Gruß aus unserem Garten recht gut munden, und laß uns sobald wie möglich Genaueres hören. Denke auch an unsere Verabredung mit Deinen unterstrichenen Namen. – Hätte ich Sonntag freigehabt, hätte ich vielleicht eine Rundreise gemacht. Leider aber hatte ich am 27. eine Übung, ebenso vom 1. bis 3. und vom 11. bis 14. Am 15. Juli beginnt für mich schon wieder der Unterricht. Also kaum Ferien. Krieg, Krieg und nochmals Krieg. Nun, lieber Josef, hab guten Mut, tue Deine Pflicht und vertraue auf Gott, dann wird alles gut werden.
In herzlicher Liebe *Dein Vater«*

Am 28. Juni gegen 15 Uhr kamen wir auf dem Güterbahnhof Berlin-Wustermark an. Leider war es aus Gründen der Geheimhaltung verboten, privat zu telefonieren. Am Abend erreichten wir Frankfurt an der Oder. Am nächsten Abend langten wir in Warschau an, wo wir noch einen ganzen Tag lagen.

Die Kameraden lasen oder spielten Skat. Bei der ausgezeichneten Verpflegung waren alle bester Laune. Der Himmel war verhangen, und manchmal regnete es. Es kamen kleine Polenmädchen, in Lumpen gekleidet, an den Zug und verkauften Briefumschläge, Limonade und Zeitungen. Am nächsten Tag wurden wir an einen größeren Truppentransport Richtung Minsk angehängt. Aus meinem Tagebuch:

»Auf der Fahrt, den 2. Juli 1943
Um ½ 10 Uhr fuhren wir weiter. Schon in der vergangenen

Nacht schliefen wir in voller Ausrüstung, und auch jetzt sind verschärfte Wachbestimmungen wegen der Partisanengefahr. Erst vor 8 Tagen ist wieder ein Zug in die Luft geflogen. Dazu meldete man herumstreifende Truppen in Bataillonsstärke. Am gestrigen Abend fiel ein Pistolenschuß, und kurz darauf führten unter Kolbenhieben die turkestanischen Wachmannschaften 3 Juden ab. Gerade diese sind besonders aufgebracht, weil man vor 6 Wochen in Warschau das Ghetto vollständig dem Erdboden durch Stukabomben und Artillerie gleichmachte. Dies geschah aus verschiedenen Gründen: 1. sollten sich dort die jüdischen Banditen verbergen, und 2. hielten sich dort deutsche, entsprungene Soldaten auf. Und im übrigen scheint dies eine willkommene Gelegenheit gewesen zu sein, unter den Juden einmal gründlich aufzuräumen. Bei unserer Abfahrt blieb mit anderen noch Max zurück, die uns mit einem Muni-Transport in 2 Stunden wieder einholten. Wir hielten noch einmal in Wolkowisk, wo wir warmes Abendessen bekamen, und dann ging die Fahrt durch ein ganz besonders gefährdetes Gebiet weiter. Es darf nicht geschlafen werden, und alle müssen in Uniform bleiben.

Auf der Fahrt, den 3. Juli
Am Morgen hielten wir zum ersten Mal in Molodetschno. Durch das Gebiet, durch das wir fuhren, zog sich entlang der Bahnlinie eine Reihe von Blockhäusern zu ihrem Schutze hin. Neben dem Bahnkörper lagen -zig zerstörte Eisenbahnwagen und Lokomotiven. Alle 500 m stehen Wachtposten, und alle 1000 m liegen Ersatzschienen. – Am Mittag sind wir in Minsk. Schon aus der Ferne sahen wir das riesige GPU-Hochhaus mit seinen kahlen Fassaden. Die übrigen kleinen Häuser sind zum größten Teil zerstört, und so macht das Ganze einen ziemlich trostlosen Eindruck. Dieser steht so ganz im Gegensatz zu dem freundlichen Eindruck, den die durchfahrene Landschaft hinterließ. Große Kornfelder wechselten mit Buschwald und mooriger Landschaft, unterbrochen von niedrigen Hügeln. – Nun fahren wir weiter Richtung Gomel. Am Abend wird wieder erhöhte Alarmbereitschaft befohlen, nachdem wir in Bobruisk Aufenthalt hatten.

Auf der Fahrt, den 4. Juli, Sonntag
In dieser Nacht um 1 Uhr wurde der uns entgegenkommende Zug gesprengt und beschossen. Man eröffnete von diesem Zuge und dem unsrigen das Feuer (wirkungsvoll mit Vierlingsflak). Am Morgen um 8 Uhr waren wir im Güterbahnhof Gomel. Kurz vorher hatten wir die Befestigungen der alten ›Stalin-Linie‹ durchfahren. Ich schätze, daß wir in ein bis zwei Tagen an unserem Bestimmungsort in der Nähe Charkows sein können.

Auf der Fahrt, den 6. Juli
An diesem Tage ging es weiter nach Süden – und es wurde immer heißer. Es gibt Atebrin-Tabletten gegen Malaria. Im Zuge haben wir schon lange keine Hemden an. Es ist schon morgens um 9 Uhr eine drückende Mittagsschwüle fühlbar. Alle haben sehr viel Durst. – Morgens um 3 Uhr geht Walter R. verloren – nur in Hemd und Hose. Erst mittags in Jassinowataja holt er uns mit 8stündiger Verspätung wieder ein. Den ganzen Tag liegen wir in Jassi, ebenso die kommende Nacht. – Der Bahnhof zeigt schon sehr deutlich die Spuren des Krieges – alle Gebäude sind zerstört. Am Abend kommen Schuhputzer und Frauen an den Zug, die Kirschen verkaufen. Das Viertelliter zu 1 RM. Auch dies zeigt, daß die deutsche Mark nur zehn Pfennig wert ist.

Auf der Fahrt, den 7. Juli
Am Morgen lagen wir noch immer in Jassi. Mittags gab es Suppe und Kaffee, die wir beim Roten Kreuz holten. In der Wartehalle war auch eine große Frontbuchhandlung eingerichtet. Erst nachmittags ging es weiter nach Gorlowka … Ich sah mir die großen, zerstörten Eisenfabriken an. Abends aßen wir im Soldatenheim Grießsuppe, und um 21 Uhr sahen wir den dritten Teil der Aufführung einer ukrainischen Frontbühne: ›Maske in Blau‹ in 10 Bildern. Allen gefiel die Vorstellung ausnehmend gut. Als wir in den Waggon zurückkamen, gab es für jeden noch einen halben Liter Rotwein, und wir feierten Abschied.

Auf der Fahrt, den 8. Juli
Um 9 Uhr war Antreten, und einem Offizier des Arkos (Ar-

tilleriekorps) wurde die am Abend vorher getroffene Abstellungseinteilung vorgetragen (B 16, B 23, B 27). Dann machten wir den Wagen sauber und luden aus. Wir im Wagen von der B 23 (Karl, Walter und ich) fuhren mit einem aus achträderigen Güterwagen bestehenden Zug zur I-Staffel der B 23 nach Konstantinowka. Zusammen waren wir 19 Mann. Um 14.20 Uhr kamen wir dort an, und eine alte Straßenbahn brachte uns bis ›Lederfabrik‹. Hier wies uns ein Oberfunkmeister Quartiere an. Ich wohne in der Straße ›Internationale‹ Nr. 196 bei einer jungen Frau mit 3 Kindern (5 und 3 Jahre und 15 Monate). Keiner kann Deutsch; so muß ich mich mit dem Wörterbuch russisch verständigen. Den Tag über brachte ich meine Sachen in Ordnung, wusch usw. – Am Abend spazierte ich bis zum Soldatenheim.«

Diese Kostprobe soll den Stil meines Tagebuches verdeutlichen, das natürlich Beschränkungen aus Landesverratsgründen unterworfen war. Vieles habe ich nach dem Kriege unmittelbar entschlüsselt, heute ist mir der Code abhanden gekommen. Aber meine damaligen Worte wecken viele Erinnerungen.

Die Wachmannschaften längs der Bahnlinie waren ausnahmslos turkestanisch und nach verschiedenen Berichten extrem grausam. In kleinen Orten standen lange Galgen am Bahnhof, an denen man je über zehn Hingerichtete längere Zeit, baumelnd im Winde, zur Schau stellte. Diesen ersten Eindruck kann ich nicht vergessen.

Meine Wirtin in Konstantinowka war 25 Jahre alt, sie hatte drei Schwestern und zwei Brüder. Ihr Mann diente als Hiwi (»Hilfswilliger«, Russen in »freiwilligem« Einsatz bei der deutschen Armee). Meine Wirtin hatte schon sechs Wochen nichts von ihm gehört und war in großer Sorge. In meinem Quartier lebte noch ein russischer Mann, der früher als Ingenieur in der Lederfabrik gearbeitet hatte. Er gab mir ständig Russischunterricht. Alle Landser sprachen diese Umgangssprache recht flüssig, nur Schreiben war schwer. In meinem Bett gab es Ungeziefer, mein Körper war von etwa 300 Wanzenstichen übersät, allein 30 an der linken Hand – den nackten kleinen Kindern aber schien das nichts auszumachen, ihre rosige Haut war einwandfrei.

Die ukrainische Bevölkerung behandelte uns wie ihre Söhne, jeder war mit dem Vornamen bekannt. Sie berichteten uns von ihrem großen Haß gegen die »eigentlichen« Russen und ihre meist jüdischen politischen Kommissare.

Die jungen Mädchen waren für unsere Begriffe sehr schön, ihre Haut roch nach Sonnenblumenöl, weil sie ständig Sonnenblumenkerne aßen. Später lernte ich viele ukrainische Mädchen kennen, die abends in das Quartier kamen, um zu erzählen, zu singen und sich mit den Kameraden aus der Nachbarschaft zu treffen. Die Sonne hatte alle Straßen zu einer dicken Staubschicht werden lassen. Die Mädchen trugen deshalb ihre schönen Schuhe in der Hand, um sie erst am Haus auf festem Boden anzuziehen, nachdem sie ihre Beine gründlich gewaschen hatten. Viele der heiratsfähigen Junggesellen unter unseren Kameraden wählten ein solches Mädchen als ihre Ehefrau. Die Hochzeit wurde dann echt ukrainisch gefeiert. Sie zogen im Troß der Truppe mit, was auch für die verschiedenen Freundinnen galt. Da die Mädchen in der Schule Deutsch gelernt hatten, sprachen sie perfekt. Sie waren lieb und ehrlich. Und mancher von uns machte sich viele schlimme Gedanken darüber, was mit ihnen einmal passieren würde, wenn das Kriegsglück nicht mehr bei den Deutschen sein sollte. Darüber ist im zeitlichen Vorgriff zu berichten:

Beim Rückzug der Wehrmacht ging es oftmals sehr schnell, so daß die russischen Familien mit ihren kleinen Panjewagen nicht mehr unseren Kraftfahrzeugen folgen konnten. Da waren diejenigen besser dran, welche bei uns aufsaßen, dabei aber Vater, Mutter und alle Habseligkeiten zurückließen. Ich erinnere mich schlimmer Szenen bei der Räumung eines Abschnitts, die wir tatenlos durch unsere Feldstecher mit ansehen mußten. Wir konnten nicht helfen, als die anrollenden russischen Panzer T 34 die von der Straße geflüchteten kleinen Wagen ins Gelände hinein verfolgten und planmäßig überrollten. Jeder einzelne Mensch wurde erreicht, zu Boden geworfen und dann durch Drehen des Panzers vernichtet. Diese Menschen des eigenen Volkes waren den russischen Soldaten nicht auch nur einen Schuß wert. Ich glaube zusammen mit meinen Kameraden, daß Deutsche solcher Taten nicht fähig wären.

In Konstantinowka wurde ich eingesetzt bei Zeichenarbeiten für den Druckereitrupp: hauptsächlich Landkarten. Auch rechneten wir als Auswerter für die Vermessungsarbeiten (Festpunktnetzverdichtung zwecks Errichtung eines Ari-Schießplatzes). Verließen wir unsere zur zweiten Heimat gewordene Gegend, dann wurden wir aber auch mit einer anderen Seite dieses besetzten Landes konfrontiert. Nach uns unerfindlichen Richtlinien wurden Teile der Zivilbevölkerung von der Feldgendarmerie zwangsweise ausgehoben, um zuerst in Lagern zusammengepfercht und dann als Fremdarbeiter abtransportiert zu werden. Die dabei gegen Menschen ausgeübte Gewalt überließ die Feldgendarmerie speziellen Gruppen, grausamen Hiwi aus anderen Gegenden.

Viele Menschen aus der verfolgten Zivilbevölkerung lebten offensichtlich im Untergrund, wo es natürlich mit der Verpflegung sehr schwierig war; wir selbst hatten reichlich Proviant und ernährten unsere Wirtsleute mit. Im Laufe der Monate besaß jeder sein Stammquartier, ich zog um zu der netten Familie eines Straßenmeisters. Dieser hatte eine 15jährige Tochter, Schura, welche für meine Belange lieb sorgte und mein inzwischen erheblich angewachsenes Lager an Lebensmitteln (Konserven), Rauchwaren aller Art, Spirituosen aus Frankreich usw. verwaltete. Ich hatte ihr erlaubt, sich selbst zu nehmen, was sie brauche, wenn ich Dienst an der HKL (Hauptkampflinie) hatte, was wochenlang dauern konnte.

Eines Nachmittags kam ich wieder mit dem VW-Kübel von der HKL zurück. Wir bogen in die »Internationale« ein und begegneten einer kleinen Gruppe Mädchen, welche zum Brunnen gegangen waren, um in Tonkrügen Wasser zu holen. Diese trugen sie auf dem Kopf – eine Erklärung für die Grazie dieser Mädchen. Schura erkannte mich, stellte ihren Krug auf den Boden und kam angelaufen. Atemlos begrüßte sie uns und versicherte sofort, daß sie auf mein Lager gut aufgepaßt habe, es fehle nichts.

Ganz im Gegensatz dazu traten junge Frauen im Stadtzentrum auf: Sie sprachen nur Russisch, kamen auf Flüsternähe heran und sagten: »Hast du Brot? Schlafen bei mir gut.« Es war daher kein Wunder, daß sich die Geschlechtskrankheiten sehr verbreiteten und zeitweise deshalb abends das Verlassen der Häuser für deutsche Soldaten verboten werden mußte. Regelmäßig untersuchten uns die Sanitäter.

Wegen meiner Sanitätsausbildung wurde ich auch einmal dabei eingesetzt und mußte beim »Sanierdienst« im Lazarett mithelfen. Das war für mich eine üble Erfahrung, weil dorthin Soldaten kamen, welche Umgang mit zweifelhaften Frauenspersonen gehabt und dabei keinerlei Schutzmaßnahmen getroffen hatten. Bekanntlich wurde man auch in Deutschland zum Nachturlaub aus der Kaserne nur dann herausgelassen, wenn man eine Packung Kondome vorzeigen konnte. Das gab es also lange vor Aids. Meine »Sanierkunden« machten auf mich einen ausgesprochen schlechten Eindruck, sie waren entweder alt und ungepflegt oder primitiv – oder beides. Für einen jungen Mann fern der Heimat ist eine solche Erfahrung sicherlich heilsam.

Ganz im Gegensatz zur Etappe stand der Dienst an der Front, der 60 Kilometer entfernten HKL. Dort erhielt ich meine wirkliche Feuertaufe, ein Erlebnis, das ich nie vergessen werde und bei dem ich unter guten Sternen stand.

Frühmorgens langten wir auf dem Abteilungsgefechtsstand westlich Isjum an, der sich in einer mit Buschwerk bewachsenen Schlucht befand. In den Nachbarschluchten standen die Geschütze, leichte Feldhaubitzen (LFH). Bei der 3. Batterie schlugen wir unser Zelt auf und verbrachten dort die Nacht. Unsere eigene Batterie war zur Zeit im Nachbarabschnitt zur Aufklärung eingesetzt, da man einen russischen Angriff erwartete. Am nächsten Morgen fuhren wir zur Einsatzstelle bei Sseredinj. Dort lag die Auswertung der Lichtmeßbatterie seit wenigen Stunden in einer Schlucht, in der ich mit einem Kameraden, etwas oberhalb des Talbodens, dann unser kleines Zelt aufschlug. Im Tagebuch gibt es noch eine genaue Skizze. Etwa in Verlängerung der Schlucht befanden sich Höhen, welche sich längs des Flusses Donez hinzogen. An ihren flußseitigen Hängen waren die Schützengräben unserer Infanterie und auf den Höhen Stellungen von 8,8-cm-Flak. Zu unserer Meßstelle Gelb waren es fünf Kilometer und zur nächsten LFH-Batterie 500 Meter. Am ersten Tage bauten mein Kamerad Walter und ich eine Telefonleitung zur Meßstelle. Durch das Scherenfernrohr konnte ich von dort die russischen Stellungen sehr genau ansehen, Bereitstellungen an Lkws, Pontons und Baumstämmen zur Überquerung des nördlichen Donez. Abends war ich nochmals dort, um einen Fernsprechapparat zu überbringen. Auf dem Rückweg verlief ich mich in dem unübersichtlichen Gelände und fand unsere eigene Stellung erst bei völliger Dunkelheit wieder.

Am fünften Tag unseres Aufenthaltes wachten wir morgens um 4.20 Uhr durch das Getöse des Trommelfeuers auf. Unsere eigene Batterie hatte auch nachts ständig geschossen: »Wupp – hiiie«, so klang das. Wir gewöhnten uns daran, so daß wir richtig schlafen konnten. Morgens aber klang das »hiiie – wupp«! Das hatten wir gar nicht bemerkt. Als ich aus dem Zelt guckte, da sah ich die Fontänen der gegnerischen Einschläge in unserem Umkreis. Also nichts wie raus und mit dem Feldspaten ein Schützenloch gegraben. Der Boden war hart und steinig, die Einschläge kamen immer näher, und meine Hand blutete. Ich hatte dann noch etwa zweieinhalb Stunden Zeit, mein Schützenloch zu vervollkommnen. Dann kamen die Tiefflieger, Typ Schlachtflieger ILB, gepanzerte Geräte, die für Infanteriewaffen unverwundbar waren. In meinem Schützenloch fühlte ich mich sicher, ich konnte es schnell erreichen. Wir mußten sofort alle Geräte abbauen, denn solange wir noch unsere Meß- und Auswertegeräte besaßen, wurden wir nicht zur Infanterie abgestellt. Dann starteten unsere Kraftfahrzeuge mit den Gerätschaften, und wir blieben zurück. Notdürftig bauten wir noch ein paar Verteidigungsstellungen mit Maschinengewehrnestern in unserer kleinen Schlucht. Wir fühlten uns vor den Russen ganz sicher, weil bisher die 8,8-cm-Flak auf den Höhen noch keinen Schuß abgegeben hatte. Da kam von vorne ein junger Leutnant der Infanterie gelaufen und berichtete, daß er der letzte Mann sei. Die Flak sei schon nachts abgezogen worden. Da alle Leitungen zerschossen waren und Funkstille herrschte, hatten wir keinerlei Informationen über die Lage. Wir waren nach Abzug unseres Gerätes nur noch ein paar Mann, die sich so schnell zerstreuten, daß ich plötzlich ganz alleine dastand. Ich hatte doch keine Erfahrung, was sollte ich tun?

Ich zog meinen Waffenrock an, raffte die Verpflegung zusammen (in jede Hosentasche ein Paket Butter) und nahm Gewehr, Gasmaske und Feldflasche. Ein Kommißbrot hatte ich in die aufgeknöpfte Feldbluse gesteckt. So bewegte ich mich in möglichst guter Deckung über die nur mit Gras bestandene freie Fläche auf die etwa 500 Meter entfernte LFH-Batteriestellung zu. Diese hatte Schützengräben und Bunker, ein erstrebenswertes Ziel. Natürlich mußte ich mich unterwegs oftmals hinlegen, wenn ich das Pfeifen der Granaten hörte. Da kamen wieder die Tiefflieger, also hinlegen. Jetzt hatten sie mich gesehen und machten kehrt. Sie schossen dann mit ihren Bordwaffen auf einen einzelnen, zitternden Menschen. Die Erde spritzte mir ins Gesicht, aber ich wurde nicht getroffen. Wie froh war ich da, schließlich in der LFH-Stellung zu sein. Die Kameraden in den Schützengräben ließen mich ohne Worte passieren, und ich strebte dem nächsten Bunkereingang zu. Eingetreten, packte mich Entsetzen: Die Pritschen lagen voll von

Schwerverwundeten, auf dem Boden saßen weitere, ein Stöhnen hing in der Luft, jeder war nur mit sich selbst beschäftigt. Also schnell wieder raus in einen Schützengraben. Nun konnte ich die örtliche Lage überblicken. Wir waren vom »Iwan« umzingelt, der sich bis auf etwa 200 m näherte. Da vertrieben wir ihn mit unseren Infanteriewaffen. Sehr oft war uns eine solche Abwehr aber nicht möglich, weil es an Munition mangelte. Die vier LFH-Geschütze waren unsere beste Waffe. Sie wurden von einem kleinen, stämmigen Wachtmeister in Turnhose befehligt, einem wirklichen Akrobaten für den direkten Schuß. Schweißgebadet wie wir alle – meine Butter war inzwischen völlig flüssig geworden –, stand er hinter seinem Scherenfernrohr und rief die Kommandos. Er schoß sehr flach, so daß Abpraller entstanden. Die Verzögerungszünder wurden dabei so eingestellt, daß sich die Granaten in der Luft in geringer Höhe zerlegten und dadurch die Schützenreihen der andrängenden Russen sichtbar lichteten. 48 Panzer T 34 näherten sich bis auf etwa 300 Meter. Sie wurden von Stukas mit gutgezielten Bombenabwürfen vertrieben – mehreren Stukawellen zu je 27 Stück. Uns allen war klar: Solange es hell war, konnten wir unseren Igel halten, nachts würden wir ein Opfer der Übermacht werden. Wir sprachen ganz offen davon, da sich außerdem noch die Kunde verbreitete, die Angreifer seien Zuchthäuslerregimenter, die keine Gefangenen machten. Ihre Messer säßen so locker, daß man keine Chance zum Überleben habe. Ein Kamerad behauptete hartnäckig, am frühen Morgen solche Massaker durch das Scherenfernrohr gesehen zu haben. Ich wußte, daß man damit auf große Entfernung viel erkennen konnte, z. B. machte ich einen Test auf sieben Kilometer Entfernung: Man konnte sehen, ob die Soldaten ein Koppel umgeschnallt hatten.

Wir lagen nur unter verhältnismäßig schwachem Beschuß der russischen Artillerie. Einige Kameraden, die gleich mir im Igel Schutz suchen wollten, hatte es erwischt. Sie waren bewegungsunfähig verwundet und lagen vor dem Stacheldrahtverhau. Es waren nur wenige Sanitäter vorhanden, weshalb laufend Freiwillige gesucht wurden, um mit der Krankentrage die Verwundeten zu holen. Sobald der Ruf nach solchen Freiwilligen ertönte, meldeten sich praktisch alle. Ein älterer Stabsgefreiter mit langer Rußlanderfahrung forderte uns auf, den letzten Gewehrschuß für uns selbst aufzuheben und die Patrone in die linke Brusttasche zu stecken. Je mehr die Sonne sank, desto stiller wurden die Kameraden.

Viele beteten.

Es war schon 18 Uhr vorbei, als plötzlich Bewegung in das Gefechtsfeld kam, weil die Russen jetzt Werferbatterien, genannt »Stalinorgel«, einsetzten. Die Salven lagen noch hinter uns. Ihre Geschosse kündigten sich durch rauschendes Orgeln an, anschwellend zu einem erschreckenden Chor, aus dem man die ungefähre Anzahl der Raketen abschätzen konnte. Beim Aufschlag explodierten diese dünnwandigen Geschosse und hinterließen flache, kleine Krater. Eine Salve war etwa 1800 Meter breit, enthielt etwa 250 Geschosse und dauerte etwa zehn Sekunden. Das alles war für mich neu, und ich betrachtete die Szenerie aufmerksam durch den Feldstecher. Je mehr Salven niedergingen, desto weniger konnte ich erkennen, weil die Sicht durch die braunen, nitrosen Dämpfe der Explosionen immer mehr behindert wurde. Das Krachen war lauter als beim üblichen Geschützfeuer, die Menge des hochgeschleuderten Erdreiches erschien uns jedoch geringer. Schließlich konnte ich links und rechts von unserer Igelstellung angreifende deutsche Soldaten erkennen. Sie kamen in drei Schützenreihen hintereinander, wie auf einem Übungsplatz im Laufschritt. Wenn es in der Luft orgelte, dann gingen sie in Deckung und entschwanden unserer Sicht. Nach den Explosionen der immer gewaltigeren Stalinorgel-Salven rechneten wir kaum noch damit, daß sie sich wieder erheben würden. Doch überraschenderweise erkannten wir nur sehr wenige Ausfälle. Jetzt konnten wir in etwa drei Kilometern Entfernung sehen, daß die Russen aufrecht laufend eine heillose Flucht antraten. Nun waren die drei Schützenreihen an uns vorbei, und wir sahen ihre schwarzen Kragenspiegel und ihre Bewaffnung mit Sturmgewehren. Einer rief: »Das ist Waffen-SS!« Unsere LFH feuerten, was die Haubitzen hergaben. Dann entschwanden die Kämpfenden hinter den Kämmen der Hügel. So hatte ich mir immer eine Elitetruppe vorgestellt.

Jetzt konnten wir die Igelstellung verlassen, um uns zum Abteilungsgefechtsstand unserer B 23 zurückzubegeben. Hinter dem nächsten Hügelkamm standen die Reisebusse der Waffen-SS, bis dorthin waren die Eliteeinheiten gefahren worden. Wir bewunderten die luxuriöse Ausstattung – es gab sogar Vorhänge vor den Fenstern, unter denen geöffnete Kekspackungen lagen. Jetzt erfuhren wir von der Wache, daß es sich um die »Feuerwehr« der SS-Panzer-Grenadier-Division WIKING handele.

Später habe ich mich für diese Einheit interessiert, durch die unser Leben gerettet worden war. Die Waffen-SS umfaßte 1943 etwa eine Million Soldaten, von denen ich damals und auch bei allen späteren Gelegenheiten einen ganz hervorragenden Eindruck gewann. Heute kann ich verstehen, daß eine solche Elitetruppe Neider aus allen Schichten der menschlichen Gesellschaft hervorlockt. In der später als 5. SS-Panzer-Division WIKING bezeichneten Einheit dienten erstmals Freiwillige aus acht verschiedenen Nationen Europas: Dänen, Esten, Finnen, Flamen, Wallonen, Niederländer, Norweger und Schweizer. Der Armee des zukünftigen »Vereinigten Europa« kann man diese Qualität nur herzlich wünschen – immerhin hat man eine gute Unfallversicherung ja nicht deshalb, weil man liebend gerne in einen Unfall verwickelt werden möchte.

Unser Stellungswechsel führte in eine etwa drei Kilometer entfernte Schlucht, wo wir schnell wieder unsere technischen Geräte aufbauten. Ich verlegte Telefonleitungen zu den Feuerstellungen. Da ging direkt neben uns eine Batterie schwerer Feldhaubitzen (SFH) in Stellung. Damit wurde für uns ein erneuter Stellungswechsel fällig, weil mit gegnerischem Beschuß gerechnet werden konnte. Das machten wir aber gründlich, die Lkw wurden eingegraben, Maschinengewehrnester und Schützengräben angelegt. Der Iwan gab keine Ruhe, störte aber unsere Gelassenheit nicht ernstlich, so daß wir in einem nahen See schön baden konnten.

Nach wenigen Tagen starteten die Russen einen neuen Angriff. Unsere Lichtmeßstellen mußten geräumt werden, und ein russischer Panzerkeil stieß genau in unsere Richtung vor. Fieberhaft bauten wir wieder ab, unsere Lkws verluden das ganze Auswertezelt mit Inhalt als großen Knäuel, an dem wir nur die stabilen Telefonleitungen zu kappen hatten. Unsere Lichtmeßordnung der russischen Geschützstellungen funktionierte so perfekt, daß unsere Geschütze auch nachts feuerten. Der Gegner aber blieb nachts ruhig, offenbar mangels ausreichender Ortung. Jetzt konnten wir die T-34-Panzer sehen, es waren 32 Stück. Alle rannten, um die Ausrüstung zu sichern und sich selbst in Deckung hinter den nächsten Hügeln zu bringen, da wir keinerlei Erfahrung in der Panzerbekämpfung hatten. Die Panzer rollten im freien Gelände langsam weiter vor. Ab und zu stoppten sie, um mit ihren Geschützen zu feuern. Mein Batteriechef befürchtete, als Offizier erkannt zu werden und dadurch Russen auf sich zu ziehen. Ich mußte ihm ganz schnell die Rangabzeichen demontieren. Dann rannte ich voll bepackt und keuchend auf die kleinen Hügel hinter uns zu. Ich war jetzt ganz allein und strebte nach einem Hohlweg in die Hügelkette. Ich stolperte immer weiter und konnte das Rasseln der Panzer bald nicht mehr hören, nur noch die Geräuschkulisse der Front: Abschüsse, Einschläge und MG-Feuer.

Die Schlucht verzweigte sich, und ich wählte meinen Weg ganz nach Gefühl. Eine kleine Gruppe deutscher Soldaten kam plötzlich in mein Blickfeld, in der Sonne liegend und in Turnhosen. Ich ging hin und berichtete ihnen von der Lage. Sie hatten nichts davon wahrnehmen können. Ein Landser, offensichtlich der Ranghöchste, meinte: »Endlich, darauf haben wir gewartet.« Ich blickte fragend, die Männer lachten und zogen ihre Panzerjacken an. Da hörte ich auch schon einen schweren Diesel starten. Erst als ich um die Biegung lief, sah ich den Panzer, einen »Königstiger«, der gerade, von seiner Tarnung befreit, vorrollte. Zurück blieben zwei Kameraden, die ihren VW-Kübelwagen hervorholten, aber Zeit hatten. Sie erklärten mir, daß es dem Königstiger dank seines weitreichenden Geschützes sicherlich nicht schwerfallen würde, die T 34 aus sicherer Entfernung zu erledigen, dafür seien sie ja hier. Es gebe nämlich in diesem Abschnitt keine Pak (Panzerabwehrkanonen). Jetzt hörten wir das Königstiger-Geschütz feuern – vielmehr: Die Kameraden sagten mir, das sei es. Wegen der ILB-Tiefflieger mußte ich mich noch einige Male verstecken, erreichte aber schnell meine Kameraden. Diese hatten nun endlich ein Berta-Funkgerät in Betrieb nehmen dürfen und berichteten, daß alle 32 T 34 abgeschossen worden seien.

Durch den russischen Angriff mußten wir alle Meßstellen verlegen und eine Absetzbewegung durchführen. Dabei erwischte es einen beliebten Kameraden, einen Stabsgefreiten, durch viele Granatsplitter am ganzen Oberkörper und Kopf. Er war sofort tot, aber man wollte ihn nicht liegenlassen, sondern würdig begraben. Jetzt fehlte beim besten Willen dazu die Zeit, wir mußten ihn also mitnehmen. Eingeschnürt in eine Zeltplane, wurde er auf die Ladefläche eines Lkw gelegt, der außerdem noch Kanister mit Dieseltreibstoff beförderte. Als der Jüngste bekam ich den Auftrag, die Leiche zu betreuen. Das werde ich nicht vergessen.

Die Kanister waren mit Seilen zu einem festen Block zusammengepackt, die Leiche nicht. Die Wege hatten tiefe Schlaglöcher. Die

Plane des Lkw war geschlossen, und ich saß auf einem Kanister, mit einer Hand mich sichernd, mit der anderen die traurige Fracht in etwa an Ort und Stelle haltend. Es stank ganz schlimm, weil große Hitze war. Ich steckte meinen Kopf durch die Planenknopfleiste nach außen. So fuhren wir los. Woher der Gestank kam, eine ganz eigentümliche Mischung von vergossenem Dieseltreibstoff und Verwesungsgeruch, konnte ich schon nicht mehr orten. So ging es stundenlang. Die Leiche bewegte sich etwa 20 Zentimeter hoch, wenn wir durch ein schweres Schlagloch fuhren. Da kam ein Tieffliegerangriff, und unser Lkw gab Gas, um eine Deckung zu erreichen. Alles fiel durcheinander. Der Kanister, auf dem ich saß, wurde fortgerissen, die Leiche machte sich selbständig, mein Kopf zog sich aus der frischen Luft ins Innere, und es herrschte so große Dunkelheit, daß ich nichts mehr sehen konnte. Da kam ich zu mir und saß auf dem durchnäßten Zeltplanenbündel, das den Toten umhüllte, meine Hose und meine Feldbluse wurden beschmutzt und rochen ganz ekelhaft. Noch tagelang konnte ich mich nicht von diesen Kleidern trennen, weil es keine anderen gab und nur ganz wenig Wasser für eine Säuberung. Am nächsten Morgen schaufelte ich ein Grab, ein Kamerad fertigte ein Holzkreuz, und wir bestatteten den beliebten Kameraden mit einer kleinen Totenfeier, Salutschüssen und einem stillen Gebet.

Am nächsten Tage bezogen wir als Auswerter in einem Wald bei Sslaviansk den Bunker »Buchfink« und reinigten alle unsere Sachen. Dann durfte ich als Beifahrer mit nach Konstantinowka fahren, wo uns der Oberfunkmeister ein Kuchenpaket aushändigte, das für den gefallenen Kameraden bestimmt gewesen war. Wir luden und fuhren zur HKL bei Nikolskoje zurück.

Ich war ständig mit Auswertearbeiten beschäftigt, als uns die »Meßstelle Gelb« anrief, daß unser Kamerad Fritz aus Wuppertal im Hochstand von Granatsplittern getroffen worden sei (Leberflügel abgerissen, Magen und Darm zweimal durchschlagen). Er starb nach der Operation am Nachmittag in Sslaviansk. Mein Kamerad Walter wurde mit Blinddarmentzündung ins Lazarett eingeliefert. Jetzt war ich der einzige Auswerter und ganz unabkömmlich. Inzwischen wurde Köln von einem Vernichtungsangriff heimgesucht, bei dem auch mein Elternhaus einen Fliegerschaden erlitt. Der mir zustehende Sonderurlaub konnte aber nicht gewährt werden.

Die Stimmung in der Heimat geht aus zwei Briefen meines Vaters besonders gut hervor.

»Köln, den 4. Juli 1943
Lieber Josef!
Wir danken Dir herzlich für Deine Zeilen vom 28. Juni. Hiernach werdet Ihr wohl an der Ostfront landen. Hoffentlich hören wir bald Näheres von Dir. Wie auch alles kommen mag, es muß durchgestanden werden und ganz besonders von denen ohne Murren und Fluchen, die sich Christen nennen. Ganz besonders in diesen Tagen der Not verlangt der Mensch nach einer Antwort auf die Frage: Warum, woher und wozu diese schrecklichen Qualen und Ängste? Ist es die Folge der seit über 100 Jahren betriebenen Abwendung der Menschen von Gott? Nur eine alles versöhnende Liebe kann uns aus dieser Bedrängnis befreien. – Köln (Stadtmitte, Kalk, Mülheim und Deutz) sind in großen Teilen ganz furchtbar zerschlagen worden. Das Stadtzentrum existiert nicht mehr. Viele tausend Tote sind die Opfer. Uns geht es bis jetzt 20 Uhr 4. Juli noch gut. Franz Joseph ist am 30. Juni nach Lamspringe abgedampft. Hoffentlich ist er gut dort gelandet. Ich bringe diese Zeilen nach einem Vorort (vielleicht Stommelen); denn hier sind die Bahnhöfe, Post usw. zerschlagen worden. Dir, lieber Josef, recht von Herzen die besten Wünsche und Grüße von

Deinen Eltern und Deiner Tante.«

»Köln, 25. Juli 1943
Lieber Josef!
Wir wollen Dir in 10 Minuten schnell das Wichtigste mitteilen; denn gleich um 19 Uhr fährt Herr S. Richtung Kassel, und er nimmt bei solchen Gelegenheiten immer unsere Postsachen mit, weil es so wahrscheinlich wesentlich schneller geht, da hier ja fast alles durch die letzten Angriffe zerstört worden ist. Unser Stadtteil oder besser unser Viertel hat schwere Treffer bekommen in der Nacht vom 8. zum 9. Juli: Luftmine ist direkt hinter B.s Garten gefallen. Fast alle Häuser in dem Straßenviereck unbewohnbar. Auf unserer Straßenseite Dächer abgedeckt. Mauern des

oberen Stockwerkes herausgerissen, ebenso Fenster und Türen mit Rahmen und Flügeln im ganzen Hause zum größten Teil herausgeschleudert und zersplittert. Auf unserer Straße keine Toten. In der Arnimstraße die ganze anwesende Familie H. tot. Das Haus von R. ist abgebrannt, ebenso das Haus von Frau S. Außerdem liegen einige Häuser ganz an der Erde. Genaueres ein anderes Mal. Wir haben Dir telegraphiert. Alle Frontsoldaten aus der Nachbarschaft haben Urlaub bekommen. Gerd und O. auch. Falls es Dir, lieber Josef, in den Kram paßt, kannst Du uns ja auch beglücken. Hilfe können wir reichlich gebrauchen. Sollte es aber aus irgendwelchen Gründen nicht zu machen sein, dann halte es, wie Du es für gut befindest. Falls Du nach Köln kommen solltest, wirst Du staunen über das Ausmaß der Zerstörungen. Es wird recht lange dauern, ehe wir die Schäden repariert haben. ... Unsere Gärten sind bis jetzt noch leidlich gut durchgekommen. Auf der anderen Straßenseite ist alles weggemäht. Bei dem fraglichen Angriff haben wir bei B. im halbfertigen Luftschutzkeller gehockt mit B.s und S.s zusammen. Ich hatte in dem Loch ein Gefühl, als ob alle Häuser der Umgebung zusammenstürzten. Nun, lieber Josef, alles Gute, Gott befohlen und herzlichste Grüße von uns allen und besonders von

Deinen Eltern

Das bischöfliche Palais ist auch zerstört. Von den anwesenden 10 Ursulinenschwestern sind 2 tot, 2 unversehrt und die übrigen verletzt.«

Nach dem Dienst an der HKL fuhr ich am 3. August wieder nach Konstantinowka, wo ich Quartier Nr. 180 bezog, nach einigen Tagen wechselte ich in Nr. 174. Am Sonntag, dem 8. August, war ich im Wehrmachtsgottesdienst. Am Montag fand im Armeelazarett um 19 Uhr beim Kriegspfarrer eine religiöse Stunde statt. Es waren circa zehn Personen anwesend, und wir sprachen über die Bedeutung der heiligen Messe. Der Dienst auf der Vermessungskammer war gemütlich, und ich konnte manche privaten Zeichnungen machen (Entwürfe zu meinem erträumten Haus). Es gab zu unserer Unterhaltung das Soldatenkino und das Soldatenheim mit Tanzmusik. Da konnte ich zu meiner Freude auch einmal von meiner Tenorstimme Gebrauch machen und zur Tanzkapelle singen:

»Komm zurück, ich warte auf dich, denn du bist für mich ja mein Glück ...« Zu diesem Lied gab es auch den oft gesungenen Text in russischer Sprache, an den ich mich sogar noch heute erinnern kann.

Wir waren mit den deutschen Schlagern sehr gut vertraut – und sollten es auch noch lange Zeit bleiben –, da wir während der Auswertearbeiten in den Nächten in den Pausen immer »Musik machten«, um nicht einzuschlafen. Diese Zwangspausen traten durch Vermessungsirrtümer auf, die dann der Truppführer zu suchen hatte – er hielt sich dabei die Ohren zu. Ein Rechentrupp bestand aus drei Mann, war aber doppelt besetzt, um eine Fehlerkontrolle zu gewährleisten. Diese sechs Mann konnten schon einen »besonderen Sound« erzeugen ... An einem weiteren Sonntag konnte ich sogar an einem feierlichen Hochamt teilnehmen und an einer religiösen Stunde: »Christus ist eines Wesens mit dem Vater«. Irgendwelche politischen Schulungen gab es weder bei uns noch bei anderen Truppenteilen.

Am Sonntag, dem 22. August 43, hatte ich Nachtwache an der Kfz-Halle der 3. Batterie. Der Mond schien schwach, und ich ging leise um das Gebäude. Da lief mir ein kleiner Hund zu. – Was tut nachts ein Hund auf diesem Gelände? Ich konnte nur merken, daß er Anlehnung suchte. Um ihm zu helfen, sperrte ich ihn erst mal in das Führerhaus eines Lkw. Ich brachte ihm morgens eine kleine Mahlzeit und einen Wassernapf. Es war ein graubräunlicher Spitz mit ansprechender schwarzer Zeichnung, sein Gesicht war zum Malen schön. Mit Halsband und Leine führte ich ihn in meine Unterkunft zu Schura. Diese stellte fest, daß das Tier gebadet werden müsse. Vorher aber erhielt er noch den Namen »Stropp«. Der Hund bellte nicht, also mußte er irgendwie beeinträchtigt sein. Das stellte sich beim Baden auch heraus: Ein Pistolenschütze hatte ihm den ganzen Leib durchschossen. Das Geschoß war von der linken Seite aus unter seinen Rippen eingedrungen und hatte den kleinen Hundekörper durch die Öffnung des Beckens wieder verlassen. Offensichtlich aber waren die inneren Organe nicht wesentlich beeinträchtigt, er fraß! Das Tier spürte instinktiv, daß alle Wohltaten von uns kamen, und hörte auf die russische Hundesprache, die ich schnell von Schura erlernte. Auch war er dazu erzogen, sich nicht im Zimmer aufzuhalten, sondern auf der Türschwelle zu liegen und nur dann zu kommen, wenn man ihn rief. Nach Empfang der Streicheleinheiten ging er sofort an seinen alten Platz zurück. Ich führte ihn spazieren, und er wurde immer normaler: Er knurrte schon, wenn seine Aufmerksamkeit erregt wurde, und zeigte leises Bellen. Da erwachte auch sein Interesse am anderen Hundegeschlecht wieder, und er verhielt sich wie ein echter Rüde: Ausflüge in die Nachbarstraße und flinkes Verfolgen von Hündinnen. Seine Wunden verheilten sehr schnell, und er war ganz auf mich fixiert. Da konnte ich ihn bei meinem nächsten Einsatz an der HKL mitnehmen, der in Nikkolajewka bei Barwenkowo stattfand.

Wir lagen in einem unübersichtlichen Wald, in dem stellenweise die Luft von Pferdekadavern verpestet war. Diese können ganz bestialisch stinken. Die schwere russische Artillerie setzte zum Beschuß weitreichende Kanonen ein und litt nicht unter Munitionsmangel. Jede Nacht wurden praktisch alle unsere Telefonleitungen zerstört, die für uns wegen Übermittlung der Meßergebnisse ganz wichtig waren. Keine Meßergebnisse, keine Auswertung möglich – also mußte ich dann Leitungen reparieren. Im stockdunklen Wald bewegte man sich dann ganz vorsichtig und leise, eine Telefonleitung in der Hand und die Pistole griffbereit. Man traf da andere Kameraden, die auch Wege zu machen hatten. Sie trugen ihre Pistole sogar schußbereit ständig in der Hand. Solche Begegnungen konnten bei Schreckhaftigkeit sehr gefährlich werden. Ich mußte also entsprechend vorsichtig sein. Seit ich Stropp hatte, war das alles kein Problem mehr. Er wich nicht von meiner Seite und übersprang die vielen Hindernisse in Form umgestürzter Bäume immer mit einem großen Satz. Näherte sich uns ein fremdes Wesen, dann knurrte er unüberhörbar und hörte sofort auf, wenn ich seinen Kopf anfaßte. Seine Zähne aber blieben deutlich sichtbar, als Zeichen des Alarmzustandes. Sein Ortungsradius war mehrere hundert Meter groß, eine Leistung, die ein Mensch kaum schafft. Das waren rosige Zeiten für mich; er saß am Ende der zerschossenen Leitung, während ich das andere Ende suchte – entfernte ich mich zu weit, dann tauchte er bei mir auf.

Wir wohnten in kleinen Wohnhöhlen oder Wohnlöchern, je nach Gelände, die wir mit einem »Viererzelt« überdachten. Die Spitze des Zeltes befestigten wir mit einer Strippe an einem Baumast. Der stand unter Spannung und ließ auch bei Regen das Zelt schön dicht bleiben. Viel Platz war nicht in einem solchen Zelt, es war nur gut, wenn man ganz alleine darin hausen konnte. Früher hatte ich ständig die Befürchtung, es könne etwas passieren und man würde mich beim fluchtartigen Abrücken im Tiefschlaf vergessen, oder der schnarchende Landser könnte überfallen werden. Alle diese Sorgen waren vorbei, seit Stropp neben mir schlief. Im »Alarmfall« knurrte er und stieß mich mit seiner kalten Hundeschnauze ins Gesicht. Es war einfach ideal.

Nun fuhr ich wieder nach Konstantinowka zurück – mit Stropp, weil ich jetzt meinen verspäteten Urlaub als Fliegergeschädigter bekommen sollte. Ein Kamerad nahm den Hund in seine gute Obhut, und ich löste meinen kleinen Haushalt auf, da der Rückzug bevorstand. Die großen Eisenwerke, welche ganz Konstantinowka durchzogen, wurden nun gesprengt. Das ging in vielen Etappen vor sich und erzeugte große, braune Wolken nitroser Dämpfe. Die russische Luftwaffe trat auch in der Nacht in Erscheinung und schmiß bis zu 60 Bomben. Das war wesentlich mehr als die sogenannte »Rollbahnkrähe«, an die wir uns schon ganz gewöhnt hatten, ausrichten konnte. Solche russischen Nachtflieger waren langsame Maschinen, die den Rollbahnverkehr stören sollten und nur ganz kleine Splitterbomben an Bord hatten – mehr große Handgranaten, die aber immer im Dutzend niederfielen.

Wir waren zwei Urlauber und wurden nachts von einem Pkw zum Bahnhof gebracht. Dort erwischten wir um 0.30 Uhr einen Munitionszug und nahmen auf den großen Kisten mit Nebelwerferraketen Platz. Um 10.05 Uhr kamen wir in Losowaja an, wo vor unseren Augen der Fronturlauberzug abdampfte. Im Übernachtungsheim holten wir dann unseren Schlaf nach.

Es war reichlich Zeit, noch Mitbringsel für unsere Lieben daheim zu tauschen. Drei Liter Sonnenblumenöl wurden an die Urlauber kostenlos abgegeben, Eier (E) mußte man bei der Bevölkerung eintauschen. Ich habe mir noch die Paritäten notiert:

1 Stück Einheits-Tonseife = 3 E,
1 Kamm = 7 E, 1 Feuerzeug = 10 E,
1 Rolle Zwirn = 10–12 E,
10 Zigaretten = 3 E.

Unser Fronturlauberzug sollte am nächsten Morgen um 9.15 Uhr fahren. Er war aber nicht zu sehen. Eine unterschwellig wahrgenommene Unruhe unter der Bevölkerung ließ uns aufmerksam werden. Kein Fronturlauberzug erschien bis Mittag. Da hörten wir das

Gerücht: »Der Iwan hat einen Einbruch in unsere HKL erzielt ... der ›Heldenklau‹ ist unterwegs.« Das war Feldgendarmerie, welche alle erreichbaren Soldaten zu Sondereinsätzen rekrutierte, der Urlaubsschein half da nichts. Der Name sagte schon alles: Diese Alarmeinheiten waren sehr gefährlich. Wir haben also schnell überlegt, was zu tun ist. Über die Ausfallstraßen konnten wir den Ort kaum verlassen, da hielten die »Kettenhunde« jeden an (das war der Name für die Feldgendarmerie). Mein Kamerad war ein erfahrener Landser. Er begab sich zu den Eisenbahnern, »um die Lage zu peilen«. Da hörte er, daß eine Lokomotive ohne Wagen zu einem weiter entfernten Standort fahren müsse, um eine durch Sprengung beschädigte zu ersetzen. Nun ging alles ganz schnell: Wir rafften unser Gepäck zusammen, und die Lokomotive nahm uns in einer Entfernung von 300 Metern vom Bahnhof auf – mit hängenden Zungen hatten wir sie erreicht, weil wir sehr viele Sachen transportieren mußten. Nach einer Stunde Fahrzeit, das waren schätzungsweise 30 Kilometer – schneller fuhren die Züge wegen der Minengefahr nicht –, waren wir am Bestimmungsort und stiegen einfach in den dort liegenden Zug um. Es genügte eben nicht, Urlaub zu bekommen, man mußte auch Glück haben, um ihn zu realisieren.

Wir fuhren den ganzen Tag und kamen jetzt in das besonders durch Partisanen gefährdete Gebiet zwischen Kowel und Brest-Litowsk. Nachts um 0.30 Uhr gab es eine große Detonation und einen Ruck. Unser Zug war gesprengt worden. Die Mine hatte die Lokomotive vom Gleis gehoben, und das Gleis selbst war zerstört. Da standen wir nun und warteten den Morgen ab. Partisanen waren keine sichtbar. Als es hell wurde, ging ich mit einem Kameraden zur Lokomotive, um eventuell etwas heißes Wasser zum Rasieren zu bekommen. Das klappte, und wir kamen ins Gespräch. Dabei gingen wir längs des Bahnkörpers spazieren. Er führte durch freies Weideland, war übersichtlich, so daß wir keinerlei Gefahren sahen. Wenige Kilometer entfernt lag ein russisches Dorf im Morgendunst. Der Kamerad war Unteroffizier bei den Pionieren, weshalb ich ihn nach der Technik einer solchen Mine fragte, der wir zum Opfer gefallen waren. Er schilderte mir recht plastisch die technischen Möglichkeiten der Partisanen, als ich auf dem Parallelgleis auf einer Schiene Sand liegen sah. Es war vielleicht eine kleine Handvoll. Dieser Sand war noch nicht von einem Rad überrollt worden, was man deutlich sehen konnte. Da mußte doch jemand gegraben haben … Ich wagte nicht, näher heranzugehen, denn da konnte eine weitere Mine versteckt sein. Mein Kamerad aber trat sofort fachmännisch in Aktion und grub mit den bloßen Händen ganz vorsichtig eine flache Zigarrenkiste aus, deren Deckel etwa einen Zentimeter offenstand. Er erklärte mir, daß dies eine scharfe russische Tretmine sei, die durch Druck auf den offenen Deckel ausgelöst worden wäre.

Dann grub er weiter und fand zwei Blöcke gelben, paraffinartigen Sprengstoff, jeder ein Würfel mit etwa 50 Zentimeter Kantenlänge. Das war alles. Wir riefen das Zugkommando, welches über unsere zufällige Entdeckung sehr froh war, weil in Kürze unser Hilfszug erwartet wurde, für den offensichtlich die Mine bestimmt gewesen war. Der Zug kam, brachte neue Wagen mit, in die wir umstiegen, und einen Zug der turkestanischen Wachmannschaften. Diese waren schwer bewaffnet und brachten sofort MGs in Stellung mit Richtung auf das naheliegende Dorf. Ein Trupp bewegte sich auf das Dorf zu und trug Kanister mit Dieselkraftstoff. Erfahrene Kameraden wußten, daß gleich das Dorf mit Mann und Maus angezündet werden würde. Wir fuhren schon, da schoß ein MG … aus der Ferne sahen wir eine mächtige Rauchsäule hochsteigen.

Dann kamen wir in Brest-Litowsk an. Die Fliegergeschädigten-Urlauber wurden zuerst in die Entlausungsanstalt gelassen und durften dann in die Stadt gehen, nachdem sie versprochen hatten, sich nicht mit Mädchen einzulassen. Die Geschlechtsorgane aller Soldaten wurden gründlich inspiziert: »Schwanzappell« nannte man das. Ich besuchte eine sehr große, gutsortierte deutsche Buchhandlung und erwarb prachtvolle Bücher gänzlich unpolitischen Inhalts. Nach einer Pause im Soldatenheim, wo es zur Erfrischung Heißgetränk – einen rosafarbenen Aufguß irgendwelcher wohlschmeckender Kräuter ohne Alkoholbestandteile – gab, konnte ich den Zug nach Berlin um 16.30 Uhr gut erreichen. Um 8.30 Uhr langte ich im Schlesischen Bahnhof an, von wo aus ich sofort meine Tante Emmi anrief. Ich freute mich, in ihr zivilisiertes und heimeliges Haus in Johannisthal zu kommen. Meine Cousine Lisa war schon gegen 15 Uhr zu Hause, sie arbeitete jetzt beim OKH (Oberkommando des Heeres).

Als wir den Abend gemütlich in der anheimelnden Wohndiele dieser kleinen Villa saßen und Sekt tranken, hörten wir die Radiomeldung vom Abfall Italiens. Die gute Stimmung war dahin, und wir diskutierten über den schicksalhaften Krieg und über das, was uns widerfahren würde, wenn er verlorenginge. Keiner mehr zeigte Siegeszuversicht, Lisa war ganz auffallend still, weil sie durch ihre dienstliche Tätigkeit mehr wußte als wir.

Einen Tag brachte ich in dem damals noch voll mit Großstadtleben erfüllten Berlin zu. Es war fast wie im Frieden. Wir gingen ins Kino und spazierten zusammen mit Lisas Schwester Mariele durch das schöne Berlin. Am nächsten Morgen fuhr der SFR-Zug um 10.35 Uhr ab Schlesischer Bahnhof und brachte mich um 21 Uhr nach Köln.

Da sah ich die vielen Bombenschäden und roch die ausgebrannten Trümmer. Die Linie 5 verkehrte aber wie gewohnt, die Schaffnerin war nett und freundlich, und auch die Fahrgäste unterhielten sich angeregt miteinander. Offensichtlich hatte sich das gewohnte Verhalten der Kölner nicht verändert. Sie fragten nach Woher und Wohin und machten ihre Witze. Ich dachte mir, daß wohl noch viel Schlimmeres als die heftigen Fliegerangriffe geschehen müsse, um den »kölschen« Optimismus zu beeinträchtigen. Ich war über diesen ersten Eindruck erstaunt, wenn ich auch nicht in Abrede stellen konnte, daß man die wirklich Leidenden ja nie in der Öffentlichkeit sehen kann – auch heute nicht.

Fliegergeschädigten-Urlaub

Die Anmeldung auf dem WBK (Wehrbezirkskommando) an der Rheinuferallee verband ich mit einem Besuch meiner alten Schule, dem »Dreikönigsgymnasium« am Thürmchenswall. Für uns war es damals ganz natürlich, sofort Kontakt mit der so geschätzten Erziehungsstätte aufzunehmen, kam unsere geistige Orientierung doch ganz wesentlich von dort, vornehmlich gebunden an bestimmte Bezugspersonen. Und das war Dr. Hans Berendt, der auch sofort Zeit für mich hatte, obwohl ich ganz unangemeldet gekommen war. Er richtete mich geistig und stimmungsmäßig auf in meiner Haltung zum Nationalsozialismus – im gleichen Sinn, wie es mein Vater tat. Junge Männer sind sehr kritisch, sie klopfen alle nahegelegten Ausdeutungen der Gegenwart in jeder Beziehung auf glaubhaft wahren Gehalt ab.

In einer Kurzformel: Man muß als Deutscher seine Pflicht tun, wie es die Obrigkeit befiehlt – auch wenn es Opfer verlangt. Man hat keinerlei Veranlassung, sich mit irgendwelchen Thesen des Nationalsozialismus zu identifizieren – es geht heute um den Bestand Deutschlands. Keinem von uns, der so handelt, droht eine politische Verfolgung, wenn wir uns vor aussichtslosen Agitationen gegenüber nicht Vertrauenswürdigen hüten. Tyrannenmord ist nach der jesuitischen Moraltheologie zu verurteilen. Es gibt für Deutsche heute keine Alternative, es sei denn, die Geschichte selbst bietet sie uns.

Abends in der Familie sprachen wir auch darüber. Ich konnte nicht begreifen, warum unserer Generation eine solche schlimme Prüfung auferlegt wurde. Niemand konnte mir diese Frage beantworten, bis auf meinen Vater. Der meinte, es läge an einer gewissen unglückseligen Entwicklung der Menschheit, die bereits im letzten Jahrhundert in der »Los-von-Gott-Bewegung« ihre Wurzeln habe. Wir alle müßten durch diese Prüfung hindurchgehen, es würde viel Leid für alle geben, und ob wir zu Lebzeiten eine Besserung der Verhältnisse erwarten könnten, das sei sehr fraglich. Hilfe könne uns nur durch unbedingtes Gottvertrauen gegeben werden. Ich dachte mir dazu, wie schwer es ist, hilflos hinzunehmen und abzuwarten. Wußte ich selbst doch so wenig vom Leben, von meiner eigenen Person, von meinen Schwächen und auch von meinen Stärken. Verhielt ich mich richtig? Konnte ich mich besser entwickeln unter den gegebenen Umständen? Als einziges blieb mir das Training meiner geistigen Potenz und der Erhalt des bisher gesammelten Fachwissens.

Im Elternhaus waren nur noch das Arbeitszimmer und die Küche frei von Kriegsschäden, genug für schöne Stunden in der Familie. Wir betrachteten alte Familienbilder und hörten die Geschichten dazu aus dem Munde der Eltern. Wie würde mein eigener Bericht später einmal aussehen? Mein Vater war damals 52 Jahre alt. Heute kann ich feststellen, daß das Leben alle meine Erwartungen übertroffen hat. Die »Reparatur« durch den Geschichtsablauf ging viel schneller vonstatten, als damals in unseren kühnsten Träumen erhofft werden konnte. Werden die uns nachfolgenden Generationen das noch zu würdigen wissen? Werden wir uns in der richtigen Form dem Herrgott gegenüber dankbar erweisen? Meine andere Orientierungsquelle sprudelte lebenslang aus den Büchern, also besuchte ich meine Stammbuchhandlung Potthoff – ausgebombt, aber wieder aktiv, mit großem Sortiment. Viele Bücher hatte man mir als Stammkunden zur Auswahl zurückgelegt, ich freute mich. Augenblicklich war gerade die »Buchwoche«. Dazu wurde am Ring ein Verkaufsstand aufgebaut, bei dem ich mitwirken konnte, beraten und verkaufen. Die »Deutsche Wochenschau« kam zu Filmaufnahmen – und ich durfte agieren, mehr schlecht als recht, aber die Begeisterung kompensierte die mangelnde Kompetenz. Das Buchangebot war hochwertig, geistig und überhaupt nicht politisch orientiert. Natürlich gab es zwangsweise mitzuführende NS-Schriften, die aber leicht als solche zu erkennen waren und von denen ich schon nach kurzer Durchsicht genug hatte. Es war wie in den großen Frontbuchhandlungen – das Angebot für Kriegszeiten hervorragend.

Zu meiner Freundin Hildegard hatte ich selbstverständlich auch Verbindung aufgenommen und besuchte sie und ihre nette Familie in dem schönen Haus in Stammheim am Rheinufer unterhalb Mülheims. In jeder Beziehung war alles sehr gepflegt und die Aufnahme herzlich. Zum Abendessen gab es wunderbaren Pflaumenpfannkuchen – wie ich mich genau erinnern kann. Der Haushalt wurde gut durch ein russisches Mädchen unterstützt, das sich dort als Fremdarbeiterin offensichtlich sehr wohl fühlte: Sie war kugelrund, blitzsauber, lachte ständig und erfüllte flink ihre Obliegenheiten. Das war so in sehr vielen deutschen Familien. Ich vermute, es gab prozentual mehr Hausangestellte als heute. Es waren angeblich 500.000. Die deutschen Hausfrauen waren durchweg »Nur-Hausfrauen«, sie verwirklichten sich in ihrer Familie, und das reichte ihnen auch. Die Haushaltsführung war einfach perfekt. So erklärt sich vielleicht die trotz der Verhältnisse überall anzutreffende Zufriedenheit und Gastfreundschaft. Gegenüber den zwanziger Jahren meinte jeder, einen beträchtlichen Fortschritt feststellen zu können. Kein Wunder also, daß sich das NS-System etablieren konnte. Die Menschen dachten: Wir werden gut geführt, wenn wir uns nur führen lassen. Jeder, der über ein bestimmtes Maß hinaus »meckerte«, war auch unter engen Freunden minder angesehen, weil er die guten Aussichten für alle aufs Spiel setzen konnte.

»Gemeinnutz geht vor Eigennutz« wurde praktiziert.

Mit der lieben Hildegard und dem rassigen Schäferhund machte ich lange Spaziergänge in den Rheinauen. Wir sprachen hauptsächlich über unsere eigenen beruflichen Zukunftspläne. Sie wollte Biochemikerin werden, womit sie in der Familientradition, welche mit der BASF verbunden war, zu bleiben gedachte. Ihr Onkel war leitend in der Buna-Fabrikation tätig und bestärkte sie in ihrem Berufswunsch. Mir war das sehr sympathisch, wollte ich doch Chemiker werden. Unser Zusammensein war freundschaftlich herzlich und so fern von meinem Kriegsdienst.

In diesem kurzen Urlaub befand ich mich eigentlich auf einem Selbsterfahrungstrip – würde man heute sagen. Das andere Geschlecht zog mich an, aber ich war sehr wählerisch. Außerdem fehlten mir letztlich Intimerfahrungen, um es so zu umschreiben. Gelegenheiten hatten sich schon viele geboten, aber es waren nicht die richtigen Mädchen für meine sicherlich übersteigerten Ansprüche. Ich hatte es noch nicht geschafft, ein Mädchen in seiner unverwechselbaren Persönlichkeit zu akzeptieren, und war sehr empfindsam hinsichtlich aller Anzeichen, die auf die Akzeptanz meiner Person schließen ließen. Die ständigen Berichte meiner Kameraden waren auch nicht geeignet, mir das Leben in dieser Hinsicht zu erleichtern. Ich wußte genau, was ich nicht wollte, aber ich war mir nicht sicher, ob es das überhaupt gab, was ich ersehnte. Und da mußte ich mich ganz auf meine eigenen Empfindungen verlassen. Ich vergaß dabei, daß es den verschiedenen Mädchen, die ich näher kannte, wohl mehr oder weniger nicht anders ging als mir – waren wir alle doch noch sehr jung.

Zu der blonden Annemie fühlte ich mich ganz besonders hingezogen, konnte das aber nicht näher begründen. Ihre Gesamterscheinung war für mich faszinierend, so faszinierend, daß ich da oder dort bei bestimmten Eigenschaften ohne weiteres bereit war, Abstriche zu machen, ohne es als nachteilig zu empfinden. So spann sich eine Herzensbeziehung an, die den ganzen Krieg andauern sollte und erst danach Krönung und Abschluß fand. Sie heiratete schließlich einen bedeutend älteren Mann, mit dem mein jugendliches Gemüt es nicht mehr aufnehmen konnte. Wir besuchten eine prachtvolle Aufführung des »Barbier von Sevilla«, gingen ins Kino und sonntags zusammen in die Messe und diskutierten mit dem geschätzten Fräulein Simon. Ich fühlte mich ganz akzeptiert und denke noch wehmütig an einen zauberhaften Nachmittagsspaziergang im Stadtwald. Ich fand bei ihr keineswegs ein Pendant zu meinen zeitkritischen Überlegungen, aber ich fand eine Rezipientin, die mir das Gefühl gab, daß meine Gedanken wichtig seien. Es war eigentlich eine Unterhaltung mit mir selbst, so eine Art Sprechdenken, das mich klarer sehen ließ und mir alles noch durch zauberhafte Lieblichkeit versüßte. Ich beschloß, diese Beziehung auszuweiten.

Nach Besuchen bei den Eltern meiner beiden Freunde Gerd und Hänschen endete der Urlaub mit der Abreise am 20. September 1943 um 6.34 Uhr von Gleis 3a im Kölner Hauptbahnhof nach Leipzig – meine Mutter und mein lieber Bruder brachten mich zum Zug. Unsere Stimmungslage war ausgeglichen, unser Gottvertrauen ließ uns den Abschied ertragen.

Kessel Donezbogen

Erst nach zehn Tagen, am 30. September, meldete ich mich wieder bei meiner Einheit zurück, in Saporoshje. Meinem guten Kameraden Walter, dessen Eltern ich in Düsseldorf-Kaiserswerth besucht hatte, berichtete ich aus seinem Elternhaus »Abendfrieden« nur das Beste. Ich sagte ihm, wie beeindruckt ich von den dortigen Lebensumständen gewesen sei. Das Eingangstor wurde von einem Mädchen geöffnet, das wegen der Entfernung zur um einen Innenhof angeordneten Wohnanlage ein Fahrrad benutzte, und mittags gab es eine Speisekarte, auf der man wie im Restaurant die Wahl hatte. Solche Lebensumstände hatte ich bisher noch nicht erlebt.

Ich war von der herzlichen Aufnahme durch Walters Mutter angetan und beeindruckt von der geistigen Haltung in diesem Hause, gut katholisch, so wie ich es auch gewohnt war. Es gab keinen falschen Zungenschlag, es gab keine pseudosympathischen NS-Erklärungen, es gab aber auch keinen Defätismus. Ich fühlte mich unter Gleichgesinnten. Walters Vater war Rechtsanwalt und nach dem Kriege in der CDU politisch engagiert.

Ich wohnte in Saporoshje zusammen mit verschiedenen netten Kameraden in einem gemütlichen Haus, um am nächsten Tage als Vermessungs-Auswerter meinen eigentlichen Arbeitsplatz zusammen mit Walter zu beziehen. Am Abend erhielten wir, überraschend für mich, den Besuch recht lieber Mädchen aus Konstantinowka, die mit unserem Troß den weiten Weg gemacht hatten. Die schöne Zeit dort lebte wieder auf: tanzen nach sehr alten russischen Platten, die auf einem noch viel älteren Grammophon abgespielt wurden. Es waren Tangoweisen mit leicht ungarischem Einschlag. Die Mädchen zeigten uns wieder ihre alten Nationaltänze – mit hinreißender Begeisterung. Ihre Vorliebe aber galt auch der damals in Mode stehenden deutschen Tanzmusik, welche der Soldatensender »Gustav« nach wie vor gut übermittelte. Die Mädchen sangen alle deutschen Texte, wenn auch mit einem liebenswerten Akzent. Immerhin hatten sie in der Schule gut Deutsch gelernt. Aber auch ein anderer Sender war leicht zu empfangen: »Radio Moskau«. Wer gedacht hätte, dort russische Tanzmusik zu hören, der irrte ganz erheblich. Es wurde durchweg englische Tanzmusik gespielt, so wie man sie heute in Radiosendungen mit Oldies wieder hört. Diese Musik kann fast schon als klassisch bezeichnet werden, hat sich unser Geschmacksempfinden doch in den letzten 40 Jahren ganz erheblich gewandelt. Die jungen Leute heute lernen zwar auch Englisch in der Schule, verstehen aber nachweislich die Liedertexte viel schlechter als die netten russischen Mädchen unsere damaligen deutschen Schlager. Die englische Tanzmusik fand bei ihnen keinerlei Anklang und wurde nicht nachgesungen. Ich erkläre mir dieses Phänomen dadurch, daß die deutschen Schlager ganz offensichtlich mehr »heile Welt« suggerierten als die englischen Melodien, die als dekadent galten. Bei meinen Klassenkameraden allerdings stand die englische Tanzmusik in gutem Ansehen – war sie vielleicht »intellektueller«? Von den Marschliedern der deutschen Wehrmacht waren nur diejenigen beliebt, welche man auch heute wieder hören kann, weil sie viel älter sind als das nationalsozialistische Liedergut. Niemand sang mehr: »Es zittern die morschen Knochen der Welt vor dem großen Krieg ...« Nur die Hymne: »Die Fahne hoch, die Reihen dicht geschlossen ...« kam zwangsweise im Militäralltag ab und zu einmal vor. Die Musik der großen Klassik war nur selten zu hören, weil E-Musik eben eine unvollkommene Wiedergabe nicht so leicht verkraftet. War sie aber doch einmal zu hören, dann wurde sie zum besonderen Erlebnis. Es gab Offiziere und Mannschaften, die ein Instrument meisterhaft spielen konnten, aber das mußte erst einmal verfügbar sein. Wir hatten das Glück, daß einer unserer jungen Leutnants ein Profitenor bei einer bedeutenden Rundfunkanstalt war. Diese Stunden der Einkehr sind unvergeßlich.

So erinnerten wir uns jetzt auch an eine andere, sehr vermißte ständige Einrichtung in Konstantinowka: den katholischen Gottesdienst und die »religiösen Stunden« bei unserem Kriegspfarrer. Wir konnten uns zweimal in der Woche bei ihm den ganzen Abend lang versammeln, waren zwischen zehn und 20 Kameraden, und unter ihnen befanden sich regelmäßig auch ein oder zwei unserer Offiziere. Der Kriegspfarrer selbst lag mir als Typus sehr, er war aus Mönchengladbach und kannte unseren Religionslehrer von der Pfarre St. Ursula in Köln, Kaplan Falke, sehr gut, weil er mit diesem zusammen zum Priester geweiht worden war. An solchen Abenden wurde uns dringend benötigte Orientierung gegeben, wir empfingen inneren Halt in einer scheinbar haltlosen Zeit, weil wir uns nicht treiben lassen wollten, wie damals so viele Menschen es taten. Jeder hatte die Gelegenheit, zu Worte zu kommen, um seine Meinung zur Prüfung zu artikulieren und korrigieren zu lassen; er konnte von Grund auf bereichert werden. Aus diesen tiefschürfenden Unterhaltungen ergab sich aber nie ein Anlaß zur politischen Ahndung. In stillem Konsens wurde agitatorische, politische Provokation vermieden, ohne irgend etwas zu verschweigen, was uns am Herzen lag. Gesprochen wurde auch von der Euthanasie an Geisteskranken und Behinderten – nicht aber von den später nach dem Kriege offengelegten Judenvernichtungen großen Umfangs in dafür speziell geschaffenen Einrichtungen, weil niemand von uns davon wußte.

Der Erkenntnisstand der Männer an den Fronten unterschied sich deutlich von den in der Heimat damals möglichen Einsichten, wie mir erst *nach* dem Krieg glaubhaft berichtet worden ist. Das ist auch ganz gut zu verstehen: Niemand wollte die Soldaten beunruhigen; keiner wollte die Postzensur auf sich lenken …

Die Massenexekutionen von gefangenen Partisanen kamen allerdings zur Sprache. Jeder von uns hatte die Bedrohung seines Lebens durch diese Banden hautnah erlebt, er sah in ihrer Hinrichtung eine Ausgestaltung der Grausamkeiten des Kriegsgeschehens, gegen die er ganz machtlos war. »Fressen oder gefressen werden« – das war für uns die Frage. Und zur Diskussion der Frage nach der personifizierten Schuld am Kriege gab es sowenig eine Veranlassung wie im gewöhnlichen Geschichtsunterricht. Kriege sind eben eine Erscheinungsform der grundsätzlichen Auseinandersetzung zwischen Völkern, ihre Abfolge wird ja mit den Daten der Schlachten von jeher auswendig gelernt. Das Problem stellte sich für uns vielmehr so: Warum wird gerade unsere Generation in solch grausames Geschehen verquickt? Wie können wir diese schwere Prüfung anständig überstehen?

Aus dem Kreis der Teilnehmer an den »religiösen Stunden« entwickelten sich persönliche Kontakte mit Gesprächen unter vier Augen angesichts der schönen Abendsonne, allein vor einer warmen Hauswand und ohne alle politische Vorsicht. Aber auch bei solchen Gelegenheiten konnte keiner von uns etwas über die Millionenmorde an Juden erfahren. Wenn man sich heute vorstellt, es wäre gegenteilig gewesen, so kann man sich auch die Reaktion bei den Soldaten in einem solchen Fall ausmalen. Sie hätten ihren guten Willen total verloren, die sehr komplizierte militärische Organisation am Leben zu erhalten. Und ohne diese wäre jede Kriegsführung unmöglich geworden. Es war doch so einfach, sich unauffällig zu drücken, sich nicht geistig und körperlich voll einzusetzen. Aber niemand tat das. Keiner sprach von oder dachte an Widerstand gegen den Staat, der unglücklicherweise damals von Hitler verkörpert wurde. Denn es erhob sich sofort die Frage: *»Widerstand wozu? Und was nach dem Widerstand?«*

Es war eben ein Dilemma, es gab keine vernünftige eigene Alternative, schon gar keine, die zum Wohl aller Deutschen gereicht hätte. Der Krieg war unser trauriges Schicksal und auch das unserer Feinde. Heute fällt es schwer, unsere damaligen Überlegungen noch richtig wiederzugeben – dachten wir doch Tag und Nacht nur an dieser einen Sache herum und kamen dabei nicht weiter. Ich für meinen Fall spintisierte ganz intensiv – so würde mein späterer Philosophieprofessor Heimsoeth an der Universität Köln es ausgedrückt haben –, ohne zu einem richtigen Resultat zu kommen. Ich wußte nur, daß die Chance ganz gering ist, persönlich eine Problemlösung zu finden, sie aber gänzlich schwindet, wenn man sich nicht ständig mit diesen Fragen quält. Ich wußte nur, was ich nicht wollte: als Offizier freiwillig noch mehr Verantwortung für das Kriegsgeschehen zu übernehmen. Aber niemand zwang uns, zur Fahnenjunkerschule zu gehen. Als treibende Kraft einer eventuellen Motivation dazu blieb ganz äußerlich die Aussicht auf viel höheres Ansehen, auf ein elitäreres Leben in diesen Zeiten. Darauf zu verzichten, schien mir der Sache angemessen. Denn das Kriegshandwerk kann jeder erlernen, wenn er über irgendwelche Gaben von Natur aus verfügt – sie werden alle in einem modernen Krieg benötigt. Ich bin der Typ des Generalisten und habe ein Berufsleben lang als Manager Erfolg gehabt, also hätte ich gewiß auch als Kriegsmanager von mir reden machen können. Das aber wollte ich auf keinen Fall, ich lehnte einen solchen Einsatz meiner mir vom Herrgott gegebenen Fähigkeiten total ab.

Auch später war es immer meine größte Sorge, um des äußeren Erfolges willen allzu bedenkenlos irgend etwas zu tun. Ich drehte jedes Blättchen um, das auf dem Boden lag, damit dort nicht etwas verborgen bliebe, was meinen Absichten hätte zuwider sein können. Auch mit noch nicht 20 Jahren handelte ich so.

Die Stimmung der damaligen Tage geht wohl am besten aus Zeugnissen hervor, die nicht der Gefahr nachträglicher Umdeutung unterliegen.

So schrieb mir mein Vater im August 1943:

> *»... Ihr armen Kerle sitzt ja übel im Schlamassel drin. Vertrauen wir auf Gott, daß er alles zum Besten lenken möge. In diesem Sinne wünsche ich Dir, mein lieber Josef, von ganzem Herzen ein gütiges Geschick und auch die Kraft und den Mut, alles Schwere und alle Not der Zeit tapfer zu tragen. Euch junge Menschen hat das Leben ja bis jetzt schon in eine recht harte Schule genommen, die mir in Deinem Alter noch unbekannt war. Nur starke Herzen und ein Wissen um den Sinn alles Lebens können einem die Haltung geben, die Schicksalskampf von uns fordert, wenn wir ihn bestehen wollen. So sagte auch der Pastor von St. Anna:*
> *Hab dein Schicksal lieb, es ist der Gang Gottes mit deiner Seele.*
> *So aufgefaßt erhält dieses Geschehen auch unserer Tage einen tieferen Sinn. Also, mein lieber Josef, wir wollen hoffen, daß auch unsere guten Wünsche, um die wir unseren Herrgott bitten, in Erfüllung gehen.«*

Walter war wieder voll einsatzfähig, nachdem er eine Blinddarmentzündung im August ohne Operation gut überstanden hatte. Wir bildeten wieder unser altes Team im Auswertetrupp und richteten uns in einem Haus gut ein. Zu einem solchen Trupp gehören sechs Mann und ein Unteroffizier. Der Trupp bildete zwei Gruppen zu je drei Mann, jede Gruppe rechnete für sich allein. Es gab sehr genaue Regeln über Rundungen und Interpolationen, weshalb die Rechenergebnisse bis auf jede Ziffer genau übereinstimmen mußten. Der erste Mann jeder Gruppe trug die Meßergebnisse der Vermesser, welche am Tag im Gelände mit Theodoliten ermittelt wurden, in entsprechende Rechenformulare ein, woraus folgt, daß der Auswertetrupp nur nachts arbeiten konnte. Der zweite Mann hatte die nötigen Tabellenwerke zur Hand, denen er weitere Daten für die Rechnung entnahm. Schließlich speiste der dritte Mann alle diese Zahlen in eine mechanische Rechenmaschine BRUNSWIGA ein, die zwei parallel arbeitende Vierspeziesrechenwerke hatte. So konnte man die x- und y-Koordinaten gleichzeitig berechnen. Die Maschine wurde mit einer Handkurbel bedient und hatte eine Alarmklingel zur Vermeidung unzulässiger Betätigungen. All dies wird im Zeitalter der Elektronenrechner so genau geschildert, damit jüngere Leser sich vorstellen können, welcher Aufwand damals nötig war. Und es sollte auch nie in Vergessenheit geraten, daß schon in diesen Jahren Konrad Zuse in Berlin das erste praxistaugliche programmgesteuerte Rechengerät der Welt baute.

Die meiste Zeit des Auswertetrupps wurde zur Bereinigung von differierenden Ergebnissen der beiden parallel rechnenden Gruppen verbraucht. Der Unteroffizier hatte die Differenzen zu klären, die sechs Mann saßen dabei untätig herum, und das geschah jede Nacht. Damit wir sechs nicht sitzend einschliefen, mußten wir uns an Ort und Stelle beschäftigen. Reden alleine konnte die Zeit kaum überbrücken, denn mal hat jeder »auserzählt«. Der Truppführer verschloß seine Ohren, und wir haben dann »Musik« gemacht, so gut es ging. Improvisierte »Instrumente« vom Kamm mit Transparentpapier bis zu Blechbüchsentrommeln und Jazzbesen begleiteten die führenden Singstimmen durch das Repertoire der deutschen Schlagerwelt. Wir entwickelten durch die allnächtlichen Übungen ganz beachtliche Geschicklichkeit in der Darbietung und hätten vielleicht sogar öffentlich auftreten können. Die Stimmung war immer hervorragend, und alle blieben wach bis zum Morgengrauen. Wir taten gerne unseren Dienst, da wir den Tag dann zur freien Verfügung hatten. Außer für Schlaf hatten wir viel Zeit für Liebhabereien: Lesen von Büchern aller Art, Anfertigung von graphischen Darstellungen dienstlich oder privat. In unserer Ausrüstung gab es deshalb eine kleine Bibliothek von Kitschromanen und vieles andere zur Freizeitbeschäftigung.

Ich liebte die Groschenhefte nicht und hatte meine eigenen Bibliothekskisten, Munitionskisten mit wohlsortierten Büchern. Um uns wohl zu fühlen, konnte jeder noch seinen eigenen »kleinen Haushalt« mitführen: Kochgeschirre und Pfannen, Porzellangeschirr usw. Zudem hatte ich ein fix und fertiges »Soldatenbett«, einen mit Heu statt Seegras gefüllten Strohsack mit Kissen und Decken, zum Transport aufgerollt und mit einer Zeltplane gegen Regen geschützt. In wenigen Minuten war er schlaffertig. Im Auswerteraum hatte jeder sein Bettgestell, unter dem wir den Lehmboden des Hauses aufhackten zu einer Splittergrube. Bei einem Feuerüberfall wechselten wir also einfach das »Stockwerk« und schliefen weiter auf einem Strohlager. Selbst wenn leichtere Deckenbalken heruntergekommen wären, hätten die stabilen Bettgestelle uns erst einmal geschützt. Für Soldaten war das schon ein feines Leben mit viel individueller Gestaltungsmöglichkeit. Hauptsache war, daß man mit unserer Arbeit zufrieden sein konnte – was sich spätestens am nächsten Tag im Gelände zeigte. Und wir waren qualitätsbewußt – später habe ich das öfter den Technikern in meinem Büro als leuchtendes Beispiel vorgehalten. Diese Art von Sechsergemeinschaft mit individuellen Freizeitgestaltungsmöglichkeiten führte oft zu engen Freundschaften in Form von Zweiergemeinschaften mit all ihren Erscheinungsformen. Mit meinem Freund Walter fuhr ich weltanschaulich auf der gleichen Wellenlänge, keiner hatte vor dem anderen Geheimnisse, was aber nicht ausschloß, daß wir ab und zu auch Differenzen austragen mußten. Das geschah mit Muskelkraft und anschließender Versöhnung, wie das unter jungen Menschen viel leichter als unter Erwachsenen möglich ist. Lebenslang vergaß keiner von uns diese Zeit. Deshalb kann ich auch hier versichern, über den Informationsstand der Soldaten wahre Aussagen zu machen.

In unserer näheren Umgebung merkten wir sehr wohl, uns in Feindesland zu befinden. Unsere Wirtsleute sorgten gut für uns, keinerlei Hintertriebenheit wurde offenbar, das Verhältnis war herzlich. Wir gaben ja auch von unseren materiellen Dingen gerne Äquivalente für die Mühsal mit Sauberkeit, Küche und Wäsche ab. Heute sorgen oftmals gut bezahlte Dienstboten für ihre Herrschaft nicht so rückhaltlos gut. Um so mehr ist mir in Erinnerung, daß es auch Ausnahmen gab. Kein Wunder, aber wir waren vorsichtig. Die Sprachbarriere verhinderte im allgemeinen das Verständnis der Privatunterhaltungen unserer Gastgeber, wenn sie Dialekt redeten, was sie aber vermieden, um nicht unser Mißtrauen zu erwecken. Russisch verstanden wir für den einfachen Umgang inzwischen alle. Dialekt aber war schwer zu erlernen. In der Schreibstube arbeitete ein Kamerad, der im Zivilberuf bei der Kriminalpolizei tätig war. Er verstand den Dialekt. In der Küche arbeitete ein altes russisches Weib, das nur noch einen Zahn hatte. Mit Geschicklichkeit hielt die Alte eine ständig rauchende Maiskolbenpfeife mit dem russischen Tabak, Machorka, zwischen den Lippen, weshalb sie nur selten redete. Besuchte sie aber die Toilettenanlage im Schuppen, legte sie die Pfeife ab. Sie redete dann im Holzverschlag in ihrem Dialekt laut vor sich hin, während sie auf dem Kasten mit dem Loch saß. Das kam uns etwas komisch vor. Der Kriminalkamerad bezog Lauschposten und verstand plötzlich ihre lauten Reden: Es waren genaue Berichte über alles, was sie in den Büros hatte hören können. Sie verstand offensichtlich auch sehr gut Deutsch. Also untersuchten wir das »Örtchen« genauer. Neben dem Fäkalienloch befand sich eine kleine verschließbare Öffnung, welche in einen Kellerraum führte. Darin hielt sich ein russischer Nachrichtenmann in Uniform mit einem Sendegerät auf – so die Berichte der herbeigerufenen Feldgendarmerie.

Solche Bereinigungen waren ja nicht unsere Sache, wir hätten gar nicht die Professionalität besessen. Niemand hat das auch je von uns verlangt. Bei aller Blauäugigkeit haben wir immer sehr genau registriert, was um uns vorging, und waren aufmerksam, wenn unseres Erachtens die Menschenrechte verletzt wurden. Das läßt sich bekanntlich in keinem Krieg vermeiden, wir aber wollten so wenig Verletzungen wie irgend möglich. Wo durchgegriffen werden mußte, traten deshalb Spezialeinheiten in Aktion. Das waren nach unseren Feststellungen Hiwis (Hilfswillige fremdländischen Ursprungs). Diese konnten konsequent und grausam vorgehen.

Seit einigen Tagen hörten auch wir den Lärm der Front. Die Russen feuerten mit schweren Geschützen, und der Ring um Saporoshje wurde immer enger. Auf unserer Seite wurden Nebelwerfer eingesetzt, was aber nur vorübergehend Entlastung brachte. Sie trugen nur sechseinhalb Kilometer weit, während die 21-cm-Geschütze der Russen bis zu 18 Kilometer reichten. An einem Tag herrschte eine ganz besondere Situation, weil die Luftabwehr sehr aktiv geworden war. Offensichtlich hatte man die 8,8-cm-Flak auf unserer Seite erheblich verstärkt. Die russischen Schlachtflieger waren noch nie mit solchem Feuerzauber empfangen worden. Wir standen draußen und beobachteten die Luftabwehr im blauen Himmel. Da bemerkten wir eine ungewohnte Erscheinung: Von vielen der Detonationspunkte hoch am Himmel liefen konzentrische, weiße, nebelartige Ringe aus. Es sah so aus wie Kondensstreifen hinter einem Düsenflugzeug, nur eben konzentrisch ringförmig und laufend. Als ich meinen Kameraden zu erklären versuchte, daß es sich nur um Kondensringe handeln könne, die nichts weiter zu sagen hätten, nur eine Folge einer ganz bestimmten Luftfeuchtigkeit seien, erntete ich schärfste Ablehnung. Ich konnte das gar nicht verstehen, bis ich hörte, daß die Kameraden der unumstößlichen, widervernünftigen Meinung waren, es handele sich um eine neue »Geheimwaffe«. So verbohrt hatte die geschickte Propaganda über Geheimwaffen viele sonst vernünftige Menschen gemacht. Wer kann das heute noch verstehen? Einige Unbelehrbare glaubten auch am nächsten Tage noch an Geheimwaffen, als sie hörten, daß am Vortag Hitler den Brückenkopf inspiziert habe.

Um den 12. Oktober 1943 erhielten wir den Befehl zum Rückzug auf das Westufer des Dnjepr. Die Auswertung war schnell abgebaut und verladen auf unserem Dreiachser-Diesel, der nachweislich auch mit schlechten Straßenverhältnissen fertig werden konnte. Er wurde nun zu unserer Auswertetrupp-Rechenstelle. Einige der jüngeren Kameraden, darunter auch ich, wurden in der beginnenden Nacht zu einem Einsatzkommando abgestellt, das im zu räumenden Frontabschnitt soviel Material unserer Ausrüstung retten sollte wie möglich.

Ost-Saporoshje war scheinbar von allen Menschen verlassen worden. Wir waren acht Mann auf einem schweren Geländewagen mit drei Achsen und einem Maschinengewehr auf Lafette. Je zwei Mann saßen vorne und hinten auf den Kotflügeln, um in der Dunkelheit ohne Fahrzeugbeleuchtung Hindernisse und Fahrweg erkennen zu können. Am Wagen seitlich war eine Kabeltrommelhalterung montiert, die mittels Handkurbel und Übersetzung Fernsprechkabel schnell auftrommeln konnte. Ein Mann hatte vorne das Kabel in der Hand, um es zu lenken, zwei Mann sprangen ab und zu ab, um Kabelbefestigungen zu lösen. Der Rest der Mannschaft sicherte und betätigte die übrigen Einrichtungen. In unserer

Nähe wurde nicht geschossen, wohl aber flogen ab und zu Eisenstücke durch die Luft und sirrten wie Granatsplitter. Diese stammten von den Eisenbahnschienen, aus denen in kurzen Distanzen Stücke herausgesprengt wurden. Die Wohnhäuser lagen dunkel da und schienen ganz verlassen zu sein. Als wir durch eine Wohnstraße brausten, nahmen wir drei Mann in Hiwi-Uniformen wahr, mit denen wir kurz sprachen. Sie kannten die Losung und hatten Kalaschnikow-Maschinenpistolen umgehängt. Ihren Berichten zufolge waren in den Häusern nur noch die Katzen und in Verstecken »ganz alte« Leute – sie werden sicherlich nicht älter gewesen sein, als ich es heute bin. Diese Menschen wollten ihr schützendes Heim auf keinen Fall verlassen und waren sehr erfindungsreich bei der Wahl ihres Unterschlupfes. Die Hiwis und ihre Hunde aber waren noch gewitzter, sie kannten die Gewohnheiten ihrer Landsleute ganz genau. Jeder Einwohner, der bei dieser Kontrolle erwischt wurde, mußte mit sofortiger Erschießung rechnen. Gefangene konnten nicht mehr gemacht werden, weil keiner wußte, wohin damit. Kurze Zeit später hörten wir dann Schüsse aus den auf Einzelfeuer umgestellten Kalaschnikows und dachten an die armen erwischten Menschen. Diese hatten tatsächlich nicht genügend überlegt, weil sie ja von nachdrängenden russischen Truppen auch mit sehr viel Vorbehalt aufgenommen worden wären, wenn nicht sofort erledigt – eben auch aus Einfachheitsgründen. Diese Umstände fanden wir keineswegs akzeptabel, aber wir hatten auch keine Idee, wie das zu ändern sei.

Als unser Wagen übervoll beladen war, brausten wir zur einzigen Brücke über den Dnjepr, einer langen Stahlbrücke mit großen Fachwerkträgern, unterhalb des Staudammes gelegen. Auf dem Westufer standen deutsche Posten, welche uns kontrollierten. Da kam ein Pionierleutnant hinzu und lud uns zu einem Schnaps in seinen kleinen Bunker ein, weil er meinte, den letzten Passanten, und das waren wir, die kunstvolle Sprengung der Brücke vorführen zu müssen. An einer großen Zeichnung erklärte er uns die verschiedenen Punkte, an denen die Sprengladungen angebracht worden waren, und in welcher Reihenfolge diese zünden sollten, um den ganzen großen Fachwerkträger, Brückenfeld für Brückenfeld, nieder in das Flußbett zu befördern. Er setzte einen letzten verschlüsselten Funkspruch über sein Berta-Sprechfunkgerät ab und erhielt das Schlüsselwort zur Sprengung. Jetzt betätigten seine Leute die verschiedenen elektrischen Zündgeräte. Ich hatte zur Sicherheit meinen Mund geöffnet, da man ja nie wissen konnte, wie stark die Detonationen sein würden. Und da: Nichts regte sich! Der Leutnant war ganz perplex und bekam einen sehr roten Kopf. In diesem Moment stürzte ein Landser in den Bunker und rief: »Nichts wie weg, der Iwan ist schon im Fluß!« Wir hasteten sofort zu unserem starken Wagen, dessen Fahrer ein alter Hase war, er hatte vorsorglich den Motor laufen lassen. In hohem Tempo nahm der Dreiachser alle Schlaglöcher, um uns wieder in Sicherheit zu unserer Einheit zu bringen.

Unser nächstes Quartier schlugen wir in Kanzerowka auf, wo wir wegen russischer Einbrüche auch nicht lange bleiben konnten. Über Wesebye ging es dann in die Nähe von Kriwoy-Rog in ein primitives Dauerquartier. In dem Lehmhaus gab es nur einen Raum, in der vorderen Hälfte lebten wir und in dem hinteren Teil, verdeckt durch den großen Lehmofen, eine Frau mit zahlreichen Kindern. Der Ofen wurde mit Stroh befeuert und speicherte die Wärme gut für eine ganze Nacht. Auf der kleinen Herdplatte köchelte ein großer, birnenförmiger, schwarzer Kessel, gefüllt mit bis zu zehn Hühnern, leise vor sich hin. Laufend wurden Wasser, Kräuter, Zwiebeln und Paprika sowie Hühner nachgefüllt, wenn wir unsere Essensportion entnommen hatten. Es war eine köstliche Speise.

Die hygienischen Verhältnisse in dem kleinen Haus aber waren alles andere als gut, draußen lag mehr als knöchelhoch Schlamm, einen Abort gab es nicht. Jeder mußte sehen, wie er seine Ausscheidungen so in den Schlamm setzen konnte, daß der Dauerregen wirkungsvoll die Entsorgung bewerkstelligte. Die junge Frau war sehr bemüht, unsere Sachen in Ordnung zu halten. Allerdings war diese Ordnung fernab von der preußischen, was ich bemerkte bei ihrer Tellerwäsche. Ein Liter Spülwasser reichte für das ganze Eßgeschirr, die Teller wurden nur auf der Oberseite gespült, auf der Rückseite hatten sie eine dicke und dauerhafte Kruste angesetzt. Wasser war sehr knapp, wenn man nicht Regen auffing.

Am 12. November 1943 fühlte ich mich sehr müde und schlapp. Sobald ich saß, fiel ich in Schlaf. Bei Verrichtung meiner Notdurft stellte ich zementfarbenen Stuhlgang fest – ich hatte die ansteckende Gelbsucht bekommen. Der Harn war dunkel wie Münchener Bier – so die gut erinnerliche Rede unseres geliebten Dr. Dahm als Kennzeichen der Gelbsucht. Das bedeutete für mich

Krankenhaus, ein Umstand, der mir nicht so ungelegen kam. Denn wir hatten wegen der russischen Angriffe ein mulmiges Gefühl, da zur Verteidigung unseres Abschnitts dieselbe Infanteriedivision eingesetzt war, welche sich bereits bei Isjum nicht sehr erfolgreich geschlagen hatte. Die Russen traten mit großer Übermacht und schier unerschöpflichen Munitionsreserven an.

Soeben hatte ich einen Brief der geliebten Martha, Betreuerin meiner Kinderjahre, erhalten, in dem es hieß: »... so oft denke ich an Dich und hoffe, daß Dir das Glück auch weiterhin hold ist. Du und wir alle stehen in Gottes Hand, und unser Vertrauen bleibt nicht unbelohnt, auch wenn wir es erst später verstehen.« Zu meiner eigenen Beurteilung der Lage hatte ich in diesen Tagen nach Hause geschrieben. »... was wir den tatsächlich ungeheuren russischen Angriffen entgegenzusetzen haben. Ich beurteile die Lage als aussichtslos – jedoch nicht ganz hoffnungslos. Na, hoffen wir mit Gott, daß wir im Winter nicht den Rest kriegen.«

In einem anderen Brief versuchte ich meine Eltern zu beruhigen: »... wenn ich auch so schreibe, wie es ist, so sieht es doch immer noch gefährlicher aus.« Tatsächlich bestand die Gefahr tödlicher Einkesselung, was uns allen klar war. Es gab eine Urlaubssperre bis Frühjahr 1944; die Feldpostpäckchen hatten inzwischen eine Laufzeit von zwei Monaten – waren es doch die manifestierten Grüße unserer Lieben daheim. Die Truppe gab an jeden Soldaten spezielle Briefmarken für Luftfeldpost und für gewöhnliche Päckchen aus, die der Mann dann seinen Korrespondenten zu schicken hatte, damit er von diesen überhaupt etwas bekommen konnte. Es war also alles nicht so einfach, und dennoch war es immer wieder bewundernswert, wie zuverlässig es funktionierte.

In diesen Tagen schrieben mir meine Eltern auch vom Tode des so geschätzten Studienrats Dr. Melchior Oster. Ich antwortete: »Ich hätte nie gedacht, daß ein solcher Mensch einmal seinem Leben selber ein Ende machen würde. Aber es wird sicherlich noch vieles geschehen, was wir nie gedacht hätten.« Die Ausweglosigkeit der geistigen Situation dieser Zeit kann man heute nicht mehr nachvollziehen, die überlieferten Dokumente müssen für sich sprechen und sagen leider für die heutigen Menschen noch viel zuwenig aus, weil ach so vieles unausgesprochen blieb.

Mit meinen schwachen Kräften ging ich nun durch den tiefen Schlamm zum HVP (Hauptverbandsplatz) der 9. Panzerdivision, wo ich gegen 14 Uhr eintraf. Inzwischen hatten sich meine Beschwerden durch Brechanfälle stark vergrößert, ich konnte mein Umfeld nur noch beschränkt wahrnehmen. Am 14. November brachte uns ein Sankra (Sanitätskraftwagen) zur Hauptkrankensammelstelle im 45 Kilometer entfernten Kriwoy-Rog. Gegen Mittag wurde der Lärm der Front immer stärker hörbar. Mit einbrechender Dunkelheit wurden wir zu einem behelfsmäßigen Lazarettzug gefahren, wo ich in Wagen 19 einen Liegeplatz fand. Meine Apathie ließ mich die Fahrt von fünf Tagen nur wie im Traum erleben, aber es wurde gut für uns gesorgt. In Lemberg machte man uns von Ungeziefer frei und untersuchte uns ärztlich. Am 21. November brachte uns eine alte Straßenbahn zum Zug ins Reich, der gegen 18 Uhr abfuhr. Inzwischen hatte ich mit vielen Kameraden sprechen können, die über die Frontlage informiert waren. In der Nacht des 14. – also als wir abfuhren – hatte der Russe den Kessel Donezbogen endgültig geschlossen, es gab für die etwa zehn deutschen Divisionen kein Entweichen mehr. Offensichtlich hatte mein Schutzengel gut für mich gesorgt – wie so oft in diesem Krieg.

Lazarett »Mutter und Kind«

Nachts um ein Uhr kamen wir in Holzminden an und wurden vom Lazarettpersonal liebevoll empfangen. Zuerst gab es ein wunderbares Wannenbad und sehr gutes Essen, dem ich leider krankheitsbedingt weniger zusprechen konnte – dennoch erfreuten sich die Kameraden daran, wie gut man für sie sorgte. Die Behandlung erfolgte durch Bettruhe, Karlsbader Salz und entsprechende Gallendiät, so daß sich schon nach wenigen Tagen meine Lebensgeister wieder etwas regen konnten. Dennoch nahm ich irgendwie die Umwelt nicht so wach wie vorher wahr, was sich auch in den nächsten Wochen nicht verlieren sollte. Ich stelle dies an meinen Tagebuchaufzeichnungen fest, die für meine Begriffe als außergewöhnlich mager zu bezeichnen sind. Das Lazarett hatte das Niveau eines Privatsanatoriums und 80 Betten, die von vier Krankenschwestern betreut wurden. Außerdem gab es noch jede Menge Hilfspersonal, darunter waren viele nette Mädchen, die sich offensichtlich wunderten, daß der Sinn vieler Kameraden und auch von mir nicht von ihren anderen Seiten als ihrer Mütterlichkeit beeindruckt wurde. Früher hatte das Haus dem Müttergenesungswerk der NSV (Nationalsozialistische Volksfürsorge) gedient, daher auch der Name »Mutter und Kind«. Mit unserem Transport aus Lemberg waren 20 Kameraden angekommen, von denen vier Gelbsucht hatten.

Als es mir wieder etwas besser ging, nutzte ich die Zeit, um in meinem Fachgebiet Stoff zu wiederholen. Das ging nicht so gut, wie ich erhofft hatte, aber ich blieb zäh bei der Sache. Das fiel auch unserem netten Stabsarzt auf, der mir eines Tages sagte:

»Sie haben mehr Ruhe in unserem Giebelstübchen. Da arbeitet ein Verwundeter an einem Werk über primitive Religionen.«

So freundete ich mich mit einem protestantischen Missionsprediger namens Wilhelm an, der universell gebildet war. Denn für seine Tätigkeit benötigte er ja auch umfassende medizinische Kenntnisse – nach dem Kriege in fremden Ländern. Ich weiß nicht, was aus ihm geworden ist, sehe ihn aber noch über den vielen Briefen von Missionaren hocken, den Quellen für sein Werk. Oft kam der Stabsarzt zu verhältnismäßig persönlichen Gesprächen ins Giebelzimmer. Wir drei fuhren auf der gleichen Wellenlänge, wobei die Konfession überhaupt keine Rolle spielte. Der allgemeine Ton im »Muki«, wie man unser Haus abgekürzt nannte, hatte keinerlei NS-Indoktrination. Die einzige Berührung mit der NSDAP bestand in einer vorgedruckten Postkarte, welche wir befehlsgemäß an unsere zuständige Ortsgruppe zu senden hatten. Auf ihr war vermerkt, wie es uns geht und daß dann, wenn keinerlei Besuche im Lazarett erfolgen, uns nach Abschluß der Behandlung ein längerer Urlaub gewährt werden wird. Als Reaktion auf diese Karte erhielten wir jeder ein sehr schönes Geschenkpaket der Ortsgruppe mit allen guten Wünschen, die aber nicht mit braunen Durchhalteparolen oder Parteifloskeln verziert waren – bis auf den Gruß »Heil Hitler«.

Alle Reisefähigen bekamen vom 18.12.43 bis 5.1.44 einen Weihnachtsurlaub, der nicht auf den Genesungsschlußurlaub angerechnet wurde. Vorher aber erlebten wir noch eine ganz prachtvolle Weihnachtsfeier, echt christlich und auf den Geschmack von Soldaten hervorragend zugeschnitten. Es sei deshalb genauer berichtet, weil die heutigen Zeitgenossen sich gar nicht richtig vorstellen können, wie wir damals gelebt haben und uns folglich auch fühlten.

Schon am ersten Adventssonntag hatten wir erlebt, welcher Geist im Hause »Muki« regierte. Wir wurden durch einen Chor der weiblichen Belegschaft geweckt, der ein protestantisches Adventslied intonierte. Danach gab es ein besonderes Frühstück mit Adventskranzdekorationen und Gabentellern auf allen Tischen. Kränze fand man auch auf den Stuben und hängend in den Gängen. Der 17. Dezember aber sollte alles übertreffen. Morgens nahm jeder, der auch nur irgend dazu in der Lage war, an den Vorbereitungen für die Feierlichkeiten teil. Mir war es zugefallen, ein Gedicht im ernsten Teil der Feier vorzutragen. Der Titel war vorgegeben und damals als konfessionsneutral, sprich gottgläubig, allgemein bekannt: »Hohe Nacht der klaren Sterne ...« So ganz aber paßte mir der Sinngehalt doch nicht, ich beriet mich mit meinem Stubengenossen Wilhelm. Wir entdeckten, daß doch keiner alle Strophen des Gedichtes, das auch gesungen wurde, auswendig kennen könne. Folglich modifizierten wir beide den Text in christlicher Tendenz.

Zur Einstimmung in die Weihnacht war um 14 Uhr religiöse Stunde mit dem katholischen Priester von Holzminden, die rege besucht wurde. Um 17 Uhr gab es ein Festessen: Nudelsuppe, Schweinskotelett mit Kartoffeln und Bohnensalat, Nachtisch. Um 19.30 Uhr begann dann die Feier im Speisesaal mit einem schönen, großen Christbaum. Der Stabsarzt sprach, und ich trug »mein« Gedicht vor. Niemand nahm am veränderten Text Anstoß, nur der Stabsarzt machte dazu unter vier Augen eine knappe Bemerkung, die mich zu ähnlichen Unternehmungen anspornte. Dann trat die Tanzkapelle ein, und wir alle waren froh bis zwei Uhr nachts.

Meine Eltern freuten sich natürlich sehr über den Urlaub, meine eigene Stimmung aber war eher gedämpft; lag es an der Krankheit oder an den Zeitumständen – ich weiß es auch heute noch nicht. Meine neue Freundin Annemie war bettlägerig krank, und die Nachrichten von meinen anderen Kontakten in der Heimat waren eher durchwachsen, so kann man sagen. Hänschen hatte das beste Vorphysikum des Semesters gemacht und war dann zu den Grenadieren in Rawitsch eingezogen worden – ich sollte ihn nie mehr sehen. Mein Freund Gerd hatte wegen Totalschadens seines Elternhauses Urlaub gehabt und bei Hänschen gewohnt, der aber wegen seines Examens kaum Zeit für ihn haben konnte. Zusammen gruben sie aus den Trümmern eine gewisse dickbauchige Sektflasche aus, die bei allen unseren feuchtfröhlichen Abenden als Tresor für Zettelchen diente, um uns nach heil überstandenem

Kriege erinnern zu können – heute ist sie verschollen. Äußerlich hatte sie einen großen Wachsbart angesetzt von all den Lichtern bei unseren schönen Stunden. Gerd hielt es nicht länger in Köln, weil seine Eltern in den Westerwald gezogen waren und jeden Abend bei Köln-Aufenthalten den Weg ins Bergische Land machten, wo sie ein bombensicheres Zimmer gemietet hatten. Das taten damals viele Leute, wenn es ihre beruflichen Verpflichtungen erlaubten. Ich beneidete diejenigen, welche Jagdhäuser in der Eifel besaßen, hatten sie dort doch für die ganze Familie ein schönes und sicheres zweites Zuhause.

Gerd bewegte sich also von Köln nach Berlin zu meiner lieben Cousine Lisa. Ich erhielt davon genaue schriftliche Berichte, habe aber weder Lisa noch Gerd treffen können. Dafür hörte ich vielerlei Geschichten:

Als Gerd in Urlaub war, saß er bei meinen Eltern. Mein Vater kam soeben vom Schneider, wo er seine neue Uniform abgeholt hatte. Er mußte sie natürlich vorführen, was er auch tat – ungewöhnlich für diesen sonst eher in allen persönlichen Dingen sehr zurückhaltenden Menschen. Gerd stellte sofort fest, daß man vergessen hatte, den Reichsadler anzubringen. Mein Vater hatte das Fehlen des Hakenkreuzes an der Uniform vollkommen übersehen … Bedingt k.v. (kriegsverwendungsfähig) und aus Altersgründen hatte er keinen aktiven Dienst zu leisten, dennoch mußte er als Reserveoffizier der Artillerie eine Umschulung hinsichtlich der modernen infanteristischen Kampfweisen mitmachen. So wurden die letzten Reserven mobilisiert.

Lisa schrieb mir in ihren Briefen immer in Umschreibung ihrer Dienststelle statt dessen »Geschäft«. Das Geschäft war das OKH (Oberkommando des Heeres). Man muß in ihren vielen Briefen zwischen den Zeilen lesen können. Sie hatte zu mir ein ganz außergewöhnliches Vertrauen. So schrieb sie im August: »Ich hoffe ja, daß alles anders kommt, als hier geredet wird. Die Leute richten sich nur damit zugrunde, weil sie auf Gerüchte hören, die gar nicht stimmen.« Den letzten Nebensatz kann man getrost streichen, so war er gemeint. Gleichzeitig sprach sie vom erwarteten Großangriff und der Evakuierung aller Kinder bis 14 Jahren, ihrer Mütter und der alten Leute. Lisa hatte bei den Angriffen große Angst im Keller des schönen Hauses in Johannisthal, an dem ihre Mutter und ihre Schwester Mariele so hingen. Diese vertraten den Standpunkt: »Wenn wir das Haus verlieren, dann sind wir lieber auch gleichzeitig tot.« Lisa war da ganz anderer Ansicht, hatte aber Hemmungen gegenüber Mutter und Schwester und wäre viel lieber in einen Bunker gegangen. Ich bestärkte sie nach meinem Grundsatz: Wer sich selbst nicht nach besten Kräften schützt, der kann auch nicht erwarten, von Gott beschützt zu werden. Da ging sie in den Bunker. Dort schrieb sie mir einen langen Brief in Fortsetzungen gemäß Angriffsverlauf; Tempelhof brannte lichterloh. »Wenn man im Geschäft (OKH!) alle reden hört, dann könnte man auch eine Heidenangst bekommen. Am besten, man hört gar nicht hin.«

Die Urlaubstage von Gerd in Berlin wollten nicht richtig gelingen, es fehlte die alte Unbeschwertheit – so hörte ich von beiden Seiten. Ihnen ging es offensichtlich nicht anders als mir.

In diesem Moment schrieb mir Gerd:

»Was sagst Du dazu, daß Himmler Reichsinnenminister geworden ist?« Und: »Habe mittlerweile die erste und wohl auch letzte Stufe der militärischen Hühnerleiter erreicht. Weiter geht es wohl bei der vermutlichen Dauer des Krieges nicht mehr.« Zur Zeit meines Urlaubs war Gerd in Rußland am Ladogasee. Von dem Traum eines Treffens des ganzen Triumvirats zu Silvester konnte leider keine Rede mehr sein.

Wenn man in diesen Tagen eine normale Postkarte zu sechs Pfennig kaufte, dann konnte man darauf folgenden Spruch lesen:

> *»Der Führer kennt nur Kampf, Arbeit und Sorge.*
> *Wir wollen ihm den Teil abnehmen, den wir ihm abnehmen können.«*

Zwischen den Blättern meines Tagebuchs dieser Periode liegt ein Zettel, auf dem vermerkt ist:

> *»Derjenige, der höher steigen will, als er kann,*
> *läuft jeden Augenblick Gefahr, tiefer zu fallen, als er war.«*

Ich tue mich heute sehr schwer, will ich meine Situation in diesen Monaten richtig wiedergeben – irgendwie war mir diese Zeit ganz leer, so wie eine Pflanze im Wachstum verharrt, wenn sie gerade noch so viel Wasser und Licht erhält, daß sie nicht abstirbt. Meine Gesundheit besserte sich äußerlich zusehends, innerlich aber war alles hoffnungslos. In dem kurzen Weihnachtsurlaub besuchten mich zwei meiner alten Klassenkameraden, hielt ich Kontakt zu der lieben Hildegard, welche sich auf ihr Abitur vorbereitete, traf ich zusammen mit meinen alten Lehrern Dr. Dahm und Dr. Berendt und sah auch Fräulein Simon. Sorgsam habe ich an jedem Tag aufgeschrieben, was sich ereignete, nichts davon aber konnte mein Herz bewegen. Offensichtlich ging es meinen Kontaktpersonen ganz ähnlich, ohne daß sie wußten, wie ihnen geschah. Meine Mutter schrieb mir Anfang Januar 1944 ins Lazarett in ihrer Einfühlsamkeit sinngemäß: Wenn auch jetzt die kurzen Urlaubstage vorüber seien, so frage sie sich innerlich, ob auch alles unternommen worden sei, mir diese Tage zum Erlebnis werden zu lassen; sie meine, das sei nicht geschehen; aber es sei nicht die Absicht gewesen, einen solchen Eindruck zu hinterlassen; gewiß könne man zukünftige Urlaubstage noch anders gestalten, um mir mehr Freude zu bereiten. Diesen Worten brauche ich wohl nichts hinzuzufügen. Die Menschen damals waren vom Kriege so gebrandmarkt, daß sie nicht mehr wußten, wie es weitergehen könnte. Das Schlimme war: es gab keine Alternativen. Niemand konnte sich vorstellen, welche Aktivitäten ihm eine bessere Zukunft bescheren würden. Jeder versuchte nur, unmittelbare Bedrohungen seiner nackten Existenz zu minimieren.

Ich ging gerne wieder ins »Muki« zurück, so wie vielleicht ein Klostermann sich wieder hinter die vertrauten Mauern begibt, um den Turbulenzen der Welt zu entfliehen. Dort befaßte ich mich mit einer Rundbriefaktion an meine alten Klassenkameraden. Mangels zureichender Postverbindungen kam dieses Unterfangen noch viel früher zum Erliegen, als von mir befürchtet. Es war ein Fehler im Konzept vorhanden, denn Kettenbriefe setzen zuverlässige Postverbindungen voraus. Außerdem wollte ich später eine Gesellschaft gründen mit dem Namen AWG (»Allgemeine wissenschaftliche Gesellschaft«). Ein erster Rundbrief ist noch im Entwurf vorhanden:

> *»Studierende, die interessiert sind, eine über ihr Studienfach hinausgehende Orientierung in naturwissenschaftlicher Richtung zu erhalten, finden dies in der AWG. Diese Gesellschaft ist ein Zusammenschluß aller Gleichgewillten auf der Basis einer Arbeitsgemeinschaft. Bedingung zum Erwerb der aktiven Mitgliedschaft ist die Verpflichtung zur Abfassung einer Abhandlung oder eines Referates im Zeit-*

raum jedes Vierteljahres. Die besten dieser Abhandlungen oder Referate gelangen vom Verfasser selbst in den vierzehntägig stattfindenden Versammlungen zum Vortrag ...«

Dann kommen Einzelheiten über die Veröffentlichungen der AWG und schließlich der Text einer Beitrittserklärung. Nichts außer einem bißchen Papier ist von diesen Ideen geblieben. Sie dokumentieren aber den Willen, etwas zu tun. Es gab ja nicht viel zu tun, und manches, was man hätte tun können, war nicht erlaubt – folglich finden sich davon auch keine Spuren mehr. Irgendwie geistig tot aber war ich offensichtlich in dieser Zeit nicht, leider fehlen mir die zahlreichen Briefe an meine Freunde.

Am 11. Januar 1944 gab es eine Aufregung im gleichmäßigen Tagesablauf des Hauses »Muki«. Fast über uns fand ein Luftkampf statt, ein deutscher Jäger gegen einen kleinen Pulk von zweimotorigen britischen Bombern, die sich offensichtlich auf ihrer Heimreise befanden. Alle, Soldaten und Schwestern, befanden sich im Park. Der Jäger schoß drei feindliche Maschinen ab, ehe er selbst flugunfähig geschossen wurde. Der Pilot stieg aus und landete mit seinem Fallschirm direkt im Lazarettpark. Es war ein leichtverwundeter Oberfeldwebel mit ehrenvollen Auszeichnungen: deutsches Kreuz in Gold, Frontflugspange in Gold, Eisernes Kreuz erster Klasse usw. Er wurde zum Star des Hauses – sinnbildlich für die Personifikation der Hoffnung aller normalen Mitmenschen: »Es gibt noch Deutsche, die siegen können, und diese bestehen aus Fleisch und Blut ...« Aber es war nur ein Funke, der da glimmte. Die allgemeine Demoralisierung blieb dem kundigen Auge nicht mehr verborgen, es hatte sich nur noch nicht rundgesprochen, was jetzt mit den Deutschen los war. Mitte des Jahres sollte ich fern in Rußland weilen, dort, wo Zucht und Ordnung noch wie in alten Zeiten funktionierten. Um so stärker würde ich später empfinden können, was ein Zusammenbruch bedeutet, wie die wirkliche Stimmung in der Heimat in den letzten Kriegstagen gewesen sein mag. Unsere stolze Heeresgruppe Kurland wurde in diesem Krieg auf dem Schlachtfeld nie besiegt. Es sind die Gegensätze, welche das Erleben dramatisch werden lassen. Hellwach sahen wir jungen Männer um die 20, wie sich das Leben dokumentierte im Zeitgeschehen, aufmerksam alle Nuancen erspürend, um zu erfahren, was Leben eigentlich bedeutet, wie es sich darstellt, wie es ist und wie es sein sollte. Ich wurde damals angesichts des Stars im Lazarettbett mit seinen Bewunderern sehr nachdenklich und empfing die erste Lehre über das Verhalten der Massen.

Der lieben blonden Annemie ging es schon wochenlang gesundheitlich nicht gut, sie hatte sich verschiedenen operativen Eingriffen unterziehen müssen, ihre Briefe konnte sie selbst nicht schreiben ... Aber Krankenlager macht besinnlich, wie ich am eigenen Leibe hatte erfahren müssen. Dieser Stimmung ist offensichtlich die Auswahl eines Mundartgedichtes zu verdanken, das sie mir schickte:

Ich mööch ens ....

Ich mööch noch ens in Kölle sin,
En mingem leeve Kölle,
Ich mööch der Dom noch gän ens ein
Un met de Lück verzälle.
Ich mööch noch ens nen Ovend lang
En ner kölsche Weetschaff setze
Un bei su mancher kölche Stang
De Speisekaat avesse.
Ich mööch noch ens noh'm Hännesche gon
Un do vun Hätze laache,
Dobei ich han et off jedon –
Mich am Kuletsch vermaache.
Ich mööch noch ens mit mingem
Jungen de Zolonische träcken.
Un bei de Deere, schwatz un brung,
En Moppeblos verjöcke.
Ich mööch noch ens zur Kressdagzick
Om Aldermaat jet kaufe
Des Ovends, wann op jeder Sick
Em Leech de Ratte laufe.
Ich mööch noch ens ... wä mööch dat nit?
Meer müsse all jet waade,
Et kütt gewess noch ens de Zick,
Wo huh et Hätz kann schlage.

Zeitlebens habe ich geantwortet, wenn mich Geschäftsfreunde auf meinen unüberhörbaren Kölner Dialektrest ansprachen:

»Wir sind robust und lebensfroh und verschiedenes andere, denn wir haben bei den Römern gelernt.«

Und wir sind nicht kleinzukriegen – ob geschäftlich oder privat, hätte ich hinzufügen sollen. Kölner sind diktaturresistent und konstruktiv, sie haben ein verdammt gutes Gedächtnis, wenn man ihnen unanständig gekommen ist. Daß dies kein Nährboden für nationalsozialistische Durchhalteparolen war, braucht wohl kaum erläutert zu werden. Aber schwarze Schafe gab es auch dort – und die Kölner haben sich die gemerkt.

Später ging es der Mutter von Annemie sehr schlecht, weil sie mit der Gestapo (Geheime Staatspolizei) in Konflikt geraten war. Und dabei hatte sie als Mutter nur ganz natürlich reagiert. Annemie war zum Reichsarbeitsdienst gekommen und hörte mit Erstaunen ab und zu die anfeuernden Reden der Maidenführerin, einer ganz Linientreuen. Davon berichtete Annemie ihrer Mutter, insbesondere über die Richtlinien für das Verhalten eines guten deutschen Mädchens. Alles wurde natürlich aus zweiter oder dritter Hand kolportiert, war also höchst ungenau. Denn die Maidenführerin hatte sich sinngemäß so ausgedrückt, daß Annemie verstand:

»Jedes deutsche Mädchen soll dem Führer ein Kind schenken!«

Als die Mutter das hörte, war sie entsetzt und machte ihrer Verärgerung bei anderen Frauen Luft. Das reichte zu einer Anzeige bei der Gestapo, gefolgt von Abholung durch Ledermantelmänner und Inhaftierung im Keller des Gestapogebäudes. Das dauerte einige Tage und veränderte ihr Unterbewußtsein so sehr, daß die Folgen noch lange nach Kriegsende anhielten. Sie hatte einen Knacks bekommen, von dem sie sich nicht mehr erholen sollte.

Meine eigene Persönlichkeitsentwicklung wird durch einen Zettel in meinen Aufzeichnungen dieser Tage deutlich:

»Darf man es als Hybris bezeichnen, wenn ein Mensch oder eine kleine Gruppe sich nicht in allen Dingen, besonders solchen des Gefühlslebens, mit allem anderen Volk auf eine Stufe stellen will, sondern sich manchmal sogar gegen die ›vielgepriesene‹ Natur dazu zwingt, eines höheren und hehren Zieles wegen zu verzichten, um dadurch zu gewinnen?«

Erfreulich war für mich die Nachricht, daß mein Freund Gerd nun auch die Gelbsucht hatte und im Deutschen Lazarett in Petschur

(Estland) lag. Dagegen erschütterte mich die Nachricht über den Tod von zwei Mitgliedern der Refugio-Bande: Klaus starb nach längerer Zeit auf einem Hauptverbandsplatz infolge Verwundung, und Walter – der Freund der Kindertage – fiel bei einem Fliegerangriff auf den Flugplatz Klagenfurt.

Mein Genesungsurlaub in Köln dauerte vom 22. Januar bis zum 20. Februar 1944. Die Aufzeichnungen eines jeden Tages sind vorhanden, aber in wesentlichen Teilen in einer raffinierten Geheimschrift abgefaßt, die ich heute noch nicht wieder knacken konnte. Jeder mußte damals ja sehr vorsichtig sein. Schade für meine Erinnerungen. Aber auch Bemerkungen in den Briefen dieser Zeit fanden schon damals nicht die Beachtung, welche sie verdient hätten. Meine Cousine Lisa schrieb mir unter dem 26. Januar 1944:

> *»Ich schreibe nur ganz kurz und will Dir mitteilen, daß, wenn Du über Berlin kommst, Du selbstverständlich zu uns kommst. Daß ich mich darüber freue, brauche ich Dir wohl nicht erst zu schreiben. Ich brauche Dich wieder einmal, damit Du mir meinen Kopf zurechtsetzt und mir Mut zusprichst.*
> *Ich habe Angst vor irgend etwas Entsetzlichem, was ich nicht so recht beschreiben kann, und im Brief schon gar nicht, denn ich weiß ja nicht, ob nicht doch einmal ein Brief geöffnet wird.*
> *Ich hätte zwar auch den Willi, der gestern bei uns einen Abstecher gemacht hat, fragen können, aber er ist mir doch noch etwas fremd, und da kann ich nicht so sprechen und fragen. Komm her, dann werden wir schon sehen.«*

Willi war ein Vetter, Mathematiker und Theologe, Sanitätsunteroffizier und Dolmetscher in Rußland. Später wurde er Jesuit und Konzilsberater in Rom. Mit ihm fühlte ich mich bis zu seinem späten Tode sehr eng verbunden. Ihm verdanke ich viel für mein Wertesystem.

Er sprach acht Sprachen und hatte einen Überblick, wie man ihn nur selten finden kann. Bei meinen Cousinen war er auch wegen seines guten Klavierspiels und seiner großen Natürlichkeit äußerst beliebt, mir war er oft weltanschauliche Orientierung. Auch er vermutete, daß damals Lisa etwas aus ihrer dienstlichen

Tätigkeit gewußt haben muß, was entsetzlich zu nennen richtig ist. Nach meiner Meinung kann es sich im Kontext mit ihren vielen anderen Briefen nur um Kenntnisse über die Judenvernichtung gehandelt haben. Aber wer dachte im Kriege an solche Untaten? Geschahen nicht schon Unmenschlichkeiten genug? Das war mein damaliger Erkenntnisstand – nicht mehr und nicht weniger.

Vom 30. Januar 1944 datiert die Eilnachricht auf dem roten Vordruck:

> *»Lebenszeichen von Lisa ... aus Johannisthal ...:*
> *Wir sind ausgebombt, alles gesund –*
> *herzlichen Gruß Lisa*
> *(Inhalt zugelassen höchstens 10 Worte Klartext)«*

In diesem Genesungsurlaub habe ich mich viel mit meinem naturwissenschaftlichen Fachgebiet beschäftigt, weil ich fühlte, in diesen jungen Jahren am besten lernen und behalten zu können, woran ich mich aber ständig durch den Militärdienst gehindert sah. Mit meinen fachlichen Freunden in diesen Jahren hatte ich überlegt, welche Art von Verwundung uns unbedingt erspart bleiben müsse, um weiterhin fachlich arbeiten zu können. Unabdingbar schien uns das Augenlicht und mindestens ein Arm. Einer dieser Freunde verlor tatsächlich ein Bein, was ihn aber nicht gehindert hat, ein ganz hervorragender Mathematiker zu werden – er war später mein Assistentenkollege am »Mathematischen Seminar« der Universität Köln.

Im Urlaub habe ich gelesen:
Lessing: Hundert Paragraphen zur Erziehung des Menschengeschlechtes.
Kowalewski: Differential- und Integralrechnung. Verschiedene Aufsätze über Hochfrequenztechnik.
Alder: Organische Chemie
Bavink: Naturphilosophie
Einstein: Spezielle Relativitätstheorie
Westphal: Physik
Nietzsche: Zarathustra

Leider fehlten mir alle meine Freunde, mit denen ich das erworbene Wissen hätte besprechen und vertiefen können – besonders Hänschen. Denn zur Technik des Wissenserwerbs gehört bei einem jungen Mann häufig das Lernen durch Wiedergabe an einen sachverständigen und interessierten Zuhörer. Mein Vetter Willi hatte mir sehr früh das Buch »Heyse: Technik des wissenschaftlichen Arbeitens« in die Hand gegeben, dessen Anleitungen ich sorgsam beachtete, besonders die Technik mit dem Zettelkasten.

Die Verbindung zur Familie meines Vaterbruders, Onkel Paul, zu Tante Änne und besonders Cousine Marianne wurde in den Urlaubstagen intensiviert, wir besuchten einmal ihr Haus in Essen, und einmal kamen sie zu uns. Besonders ausführlich habe ich mich mit meiner Cousine Marianne unterhalten und die Tradition des Politisierens mit ihr fortgesetzt. Sie war glänzend informiert, weil der Beruf als akademische Dolmetscherin für Englisch und Französisch ihr einen Einsatz am kriegswichtigen Institut zur Erforschung der ausländischen Pressemeinung in Vreden bei Münster gebracht hatte. Einmal sprachen wir bis um drei Uhr nachts. Sie konnte ganz vertraulich vielerlei berichten, was man auch in »Radio London Deutschlanddienst« nicht hören konnte, aber von der systematischen Judenmassenvernichtung in Gaskammern mit Krematorien war nie die Rede – ich hätte es mir notiert, und es hätte deshalb nie Opfer einer Verdrängung in meiner Psyche werden können. Heute muß ich mir denken, daß die Feindprintmedien anders ausgerichtet waren, als man uns heute oftmals glaubhaft machen will. Jedenfalls kam die Nachricht vom Mord an den Juden nicht rüber, woran es auch immer gelegen haben mag.

Hildegard war voll mit Abiturvorbereitungen als Externe beschäftigt, und als sie vernahm, daß »mein« Dr. Dahm auch als Prüfer dabeisein würde, gab es kein Halten, ich wurde für Privatunterricht verpflichtet, was ich sehr gerne tat. In ihrem Elternhaus herrschte die alte gastfreie Gemütlichkeit, wenn auch durchsetzt von den Sorgen um die Partner bzw. Ehemänner ihrer Schwestern.

Wie ich es mir vorgenommen hatte, intensivierte ich meine Bemühungen um die Gunst der blonden Annemie. Wir erlebten eine gute Aufführung der »Zauberflöte« und gingen oft in die Lichtspieltheater (»Fahrt ins Abenteuer«, »Karin und der Fremde« usw.). Alle diese angebotenen Unterhaltungen waren konzipiert, das Volk vom Kriegsgeschehen abzulenken, in eine andere Welt zu versetzen, um die Kräfte des Unterbewußten zur Aufnahme der Kriegslasten fähig zu machen. Auch die Versorgung mit Nahrungs- und

Genußmitteln war so reichlich, daß kein deutlicher Mangel empfunden werden konnte. Fronturlauber wurden ganz besonders gut versorgt. Jeder Mensch hatte seine Quellen, sei es durch Hergabe von Geld, das durchaus noch Wert hatte und dessen eventueller Mangel ganz deutlich empfunden wurde, oder durch Eigeninitiativen wie Hühnerhaltung, Kaninchenzucht und Gartenbau. Mein Vater zahlte damals die erste Hypothek auf mein Elternhaus an den Gerlingkonzern zurück. Das Haus wurde damit schuldenfrei. Kleine Geschenke mannigfacher Art konnte man entweder in den Geschäften kaufen oder selbst anfertigen. So wurden die Kaninchenfelle zu nützlichen Kleidungsstücken verarbeitet, die außerdem noch schön aussahen. Auch das Bezugsscheinsystem für Textilien funktionierte, so daß die durch Bomben Geschädigten ihren dringenden Bedarf durchaus decken konnten.

Annemie ging es auch, äußerlich gesehen, wirtschaftlich ganz gut – nur ihre Gesundheit machte Schwierigkeiten, sie mußte wieder kurz ins Krankenhaus. Zum Ende meines Genesungsurlaubs aber konnte ich Fortschritte hinsichtlich meiner Bemühungen um ihre Gunst verzeichnen, ein Umstand, der mich die weiteren Kriegstage sehr viel leichter ertragen ließ. Ihre Herzlichkeit und ihr liebes Wesen waren unkompliziert, eine echte Kompensation meiner komplizierten Lebensart – ich kann auch in der Rückschau nicht dankbar genug dafür sein.

Mein einmonatiger Urlaub ging viel schneller zu Ende, als sich das ein Soldat im Einsatz im allgemeinen vorstellen kann. Mit neuen Büchern ausgerüstet, trat ich nun die Fahrt in die Garnison an, lang, aber ohne Probleme. Am 20. Februar 1944 brachte mich mein Vater zusammen mit meinem Bruder zum Gleis 2b des Kölner Hauptbahnhofes, wo mein Zug um 17.52 Uhr nach Berlin abfuhr. Unsere Stimmung war ausgeglichen, wir machten uns alle keine Illusionen, waren zuversichtlich in die Hand höherer Fügung ergeben. Am nächsten Morgen um 7.30 Uhr bemühte ich mich vergeblich, Lisa telefonisch zu erreichen, und um 9.14 Uhr ging es vom Schlesischen Bahnhof weiter nach Königsberg, wo ich um 18.22 Uhr eintraf – so präzise ist meine Buchführung.

Genesenden-Batterie

Drei Monate sollte ich noch in Königsberg zubringen dürfen, eine Schonzeit, mit der ich nicht gerechnet hatte. In dieser äußerlich vom Kriege nicht gezeichneten Stadt war kulturell etwas los, Buchhandlungen, Theater, Opernhaus, Konzerte und Kirchen. Das ganze Leben war sehr gut abgestimmt auf die Anwesenheit vieler Soldaten, denen man die Zeit fern der Heimat schön machte. Keine der zahlreichen Gliederungen der NSDAP mischte sich ein, man konnte ihre Existenz überhaupt nicht feststellen. Braune Uniformen im Straßenbild waren praktisch nicht zu sehen. In der Kaserne herrschte ein Frontkämpfern angepaßter Ton, Disziplin und Ordnung cum grano salis, keine politische Indoktrination, weise Offiziere, die uns die eigene Persönlichkeit nicht streitig machen wollten. Wir achteten sie deshalb besonders.

Die Seeckt-Kaserne in Ponarth erreichte ich mit der Straßenbahn. Später berührte mich angenehm die landserfreundliche Art der Straßenbahner, weil die Entfernungen im Stadtgebiet groß sind. War man von einem Stadtausgang auf dem Heimweg, dann konnte man eine Bahn auf offener Strecke ohne weiteres anhalten und wurde mitgenommen.

Die Kameraden auf Stube 15 der Genesenden-Batterie waren sehr angenehm, kamen sie doch von den verschiedensten Frontabschnitten. Allerdings war ich erstaunt, daß es in der Kaserne Wanzen gab, aber das war ein Zugeständnis an die Ostpreußenverhältnisse, welche ich noch näher besichtigen konnte. Ich hatte eine kürzere Tätigkeit in der Waffenkammer, wozu es gehörte, ab und zu bei einer Munitionsfabrik im Lande einen Koffer mit Munition abzuholen, Werfergranaten und Handgranaten. Das Personal in dieser Munifabrik bestand nur aus Frauen, die lange keine Männer gesehen hatten. Sie waren irgendwie toll, was ich noch nicht erlebt hatte. Auf mich und meinen älteren Kameraden stürzten sie sich in handgreiflicher Form: Sie schoben überraschend einen Besenstiel von hinten zwischen die Beine und hoben diesen hoch. Ich bin da ganz empfindlich und konnte mich mit einem brutalen Satz in Sicherheit bringen, mein Kamerad nicht – vielleicht aber wollte er es auch nicht. Jedenfalls waren seine Berichte über das Erleben mehr als spärlich, sicherlich schämte er sich vor dem Jüngling. Ich hatte mich ins Freie begeben und meinen Kameraden die Munikoffer bringen lassen. – Bei einem Probeschießen kamen wir auch mitten im Lande in ein Bauernhaus, das sehr einfach war, es gab kein elektrisches Licht und keine Fließwasserinstallation, Wanzen waren da durchaus vorstellbar. Später hatten wir bei der Truppe Pferdepfleger aus Ostpreußen, welche von ihrem Zivilleben berichteten. Ich als Kölner hörte Sachen, die ich einfach nicht glauben konnte. Die Unterkünfte der Knechte waren spartanisch, das Verbleiben in ihnen allein von der Wohlgelittenheit bei der Herrschaft abhängig. Wer sich unbeliebt machte, wurde des Ortes verwiesen. Damit war er stellungslos und folglich auch ohne festen Wohnsitz. Nirgendwo durfte er sich länger als 24 Stunden aufhalten. Der Gutsherr inspizierte morgens hoch zu Roß die Feldarbeit und die Ställe. Dabei führte er eine Reitpeitsche mit sich, aber keineswegs für sein Pferd. Jeden Tag sauste dieses Instrument auf den Rücken des einen oder anderen Knechts, meistens dann, wenn dieser sich überhaupt nichts hatte zuschulden kommen lassen, nur zur permanenten Machtdemonstration. Ob das Sonderfälle waren, kann ich nicht sagen, aber es wurde mir von mehreren Seiten zuverlässig erzählt. Diese Willkür erstreckte sich abgewandelt auch auf die jungen, schönen Mädchen im Machtbereich – hauptsächlich auf die schönsten.

Den verschiedenen Spielarten des Lebens stand ich oft staunend gegenüber. Ich konnte meinen eigenen Weg nur kraft meiner Erziehung finden, alles andere schien mir mit ganz beträchtlichen Unsicherheitsfaktoren verknüpft. Das ist für die Auseinandersetzung mit der politischen Führung keine gute Ausgangsposition. Auch wußten wir nicht, was überhaupt in unserer Zeit politisch möglich sein und dem Heil unseres Volkes dienen könnte. Wir waren verunsichert. Die Macht der an sich »braunen« politischen Führung wurde für uns durch den Kriegsherrn dargestellt, repräsentiert durch den »Herrn General«. Natürlich hatte ich als Gefreiter von dieser Institution keine hautnahe Vorstellung, sollte sie jedoch bald bekommen.

Die Genesenden hatten sehr viel Freizeit, zu deren Gestaltung neben dem fast täglichen Besuch der Lichtspieltheater das Essen in den zahlreichen gemütlichen Lokalen zählte. Unter einem Mangel an Lebensmittelmarken litten wir nicht, weil wir von zu Hause, von Freunden und von der Kaserne ausreichend versorgt wurden. Zudem brauchten wir keine großen Mengen herzugeben, da man offensichtlich in den Gaststätten auch über markenfreie Versorgungswege verfügte. Eine ganze Zeit lang hatte ich eine dienstliche Tätigkeit außerhalb der Kaserne, war also »Selbstverpfleger« und bekam dafür eine stattliche Markenzuteilung. In unserem Alter hatten wir ständig guten Appetit.

Die Kinokarten mußte man im Vorverkauf erwerben und sich dafür in eine Schlange stellen. So stand ich eines Morgens hinter einem sehr hübschen Mädchen, dessen gepflegte Kleidung auf eine gediegene Familie schließen ließ. Auch andere Kameraden hatten aufmerksam diese schöne junge Frau registriert und versuchten, sie in ein Gespräch zu ziehen. Sie aber war verschlossen, weshalb mein Hintermann in seinen Reden ihr gegenüber immer gewöhnlicher wurde – um es so auszudrücken. Schließlich überstieg das ein gewisses Maß. Die junge Dame wurde abwechselnd rot und bleich, da stellte ich den Ruhestörer zur Rede, mit Erfolg. Nun akzeptierte mich das Mädchen als Gesprächspartner, und wir erwarben die Kinokarten zusammen, was nebeneinanderliegende Plätze bedeutete. Für den Abend verabredeten wir uns vor dem Kino. Sie kam aber erst sehr spät, es lief schon der Vorfilm. In der Dunkelheit fanden wir schnell unsere Plätze – in einer Loge, was ich als kleiner Gefreiter nicht erwartet hatte. Das Mädchen und ich unterhielten uns leise und angeregt, da ging das Licht zur Pause an. Rechts neben uns waren noch zwei besetzte Sessel, von mir kaum beachtet. Im Licht erblickte ich die Kragenspiegel eines Generals, mir wurde etwas mulmig. Da stellte mich das Mädchen seinem Onkel und seiner Tante vor. Entgegen meiner sonstigen Art blieb ich sehr schweigsam … Gottlob wurde es schnell wieder dunkel. Ich hörte nun, daß die junge Dame soeben ihr Abitur bestanden habe und einige Ferientage bei Onkel und Tante in Königsberg verbringe, sie kenne hier keine jungen Leute. Diesen Wink mit dem Zaunpfahl habe ich überhaupt nicht verstanden. Daß ich genau diesem General später dienstlich begegnen sollte, das konnte ich auch noch nicht wissen.

Bei einem Frühappell rief mich der Batteriechef vor die Front. Er bemerkte: Ich sei doch Student der Naturwissenschaften, und er wolle mich fragen, ob ich etwas von Fotografie verstehe. Nachdem ich dies mit Einschränkungen bestätigt hatte, wurde ich zum Generalkommando abkommandiert – die ganzen Tage lang, mit »Selbstverpflegereigenschaft«. Dort meldete ich mich und wurde einer netten jungen Dame vorgestellt, die das Fotolabor leitete. Bei ihr sollte ich arbeiten – ich sah fortan das Tageslicht nur noch mittags. Die Laborantin benutzte die Laboreinrichtungen auch, um für uns beide köstliche Milchkaramellen zu fabrizieren – das und ihr Name »Keuchel« veranlaßten meine Kameraden zu spaßigen Bemerkungen.

Meine Aufgabe bestand darin, von Kleinbildfilm-Negativen Vergrößerungen anzufertigen. Nachdem ich darauf hingewiesen worden war, daß alles streng geheim sei, konnte ich mir diese Dokumente näher ansehen. Es handelte sich um engbeschriebene Karteikarten, die Anweisungen für die Sprengungen im Fall der Räumung Ostpreußens enthielten. Die Bauwerke waren genau angegeben, ebenso die Sprengkammern und die vorgesehenen Ladungen. Ich war irgendwie verwundert, da ich nie an diese Möglichkeit gedacht hatte.

Nach einigen Tagen hatte ich den ganzen Karton Fotopapier verbraucht. Ich erkundigte mich, was jetzt geschehen solle. Meine Vergrößerungen waren gut gelungen. Nun sollte ich diese dem Chef vorzeigen, um weitere Anweisungen zu erhalten. Und das war eben der General aus dem Kino. Der erkannte mich wieder, und ich kam im Laufe der Wochen zu einem sehr positiven Verhältnis zu diesem sympathischen, keineswegs sichtbar nationalsozialistischen Menschen. Jetzt durfte ich auch an die Originalkartei und aus dieser einzelne Stapel entleihen, um davon in der Werft Schichau mit einer sehr guten Leitz-Einrichtung Negative anzufertigen.

Im späteren Leben haben mich Generäle auch weiterhin interessiert, weil ich genau wissen wollte, was für Menschen das sind und welchen »Durchblick« sie tatsächlich damals gehabt haben konnten. In meiner beruflichen Tätigkeit konnte ich verschiedenen Persönlichkeiten der Zeitgeschichte ganz spezielle Fragen stellen. Im Mittleren Osten traf ich auf Generalmajor a. D. Otto Ernst Remer, damals in Damaskus. Er war im Krieg nach eigenen Aussagen der jüngste deutsche General, von Adolf Hitler vom Major zum General befördert, als er 1944 als Kommandeur des Berliner Wachbataillons »Großdeutschland« angewiesen wurde, den Putsch gegen die deutsche Reichsregierung niederzuschlagen. Er machte Zeitgeschichte und konnte nach dem Kriege viel darüber nachdenken. Alle Einzelheiten kann jeder leicht nachlesen, nicht aber meine nächtelangen Unterhaltungen mit ihm unter vier Augen.

Ich versetzte mich in seine damalige Lage und überlegte, wie ich an seiner Stelle wohl gehandelt haben würde. Immerhin hatte er von seiner vorgesetzten Dienststelle einen ungewöhnlichen Befehl erhalten. Ich hätte genau wie er bei der dieser vorgesetzten Instanz intensiv nachgefragt.

David Irving hat sich als britischer Historiker genauestens mit den Quellen über die Ereignisse um Otto Ernst Remer befaßt und berichtet in »Götterdämmerung 1942–1945« auf Seite 296:

> *»Hitler wurde ans Telefon gerufen. Wieder war es Goebbels, und dieses Mal stand der stutzig gewordene Major Remer neben ihm. Dieser Offizier sah nicht mehr klar. Er wußte nicht, ob seine eigenen Vorgesetzten oder dieser schlaue Fuchs von einem Reichspropagandaminister versuchten, die Regierung zu stürzen. Man hörte, wie Hitler ins Telefon schrie, warum denn Himmler noch nicht in Berlin sei. Aber er war seit der Detonation fast taub und konnte die Antworten kaum verstehen. Deshalb verlangte er, Remer selbst zu sprechen.*
> *›Hören Sie mich? Erkennen Sie meine Stimme?‹*
> *Remer hatte einige Monate zuvor fünfundvierzig Minuten bei ihm verbracht und aus seiner Hand das Eichenlaub entgegengenommen; Hitlers Stimme war unvergeßlich.*
> *›Major Remer, man hat versucht, mich umzubringen, aber ich lebe.*
> *Major Remer, ich spreche als oberster Befehlshaber der Wehrmacht.*
> *Nur meine Befehle sind zu befolgen. Sie haben Berlin für mich zu sichern. Wenden Sie alle Mittel an, die Sie für notwendig halten.*
> *Erschießen Sie jeden, der versucht, meinen Befehlen nicht zu gehorchen.‹«*

Und auf Seite 305 überliefert Irving folgende Worte Hitlers:

> *»Ich bin dem Remer ja so dankbar, daß er in Berlin so schnell die Sache gemeistert hat. Ich brauchte nur noch mehr solcher hervorragender und politisch kluger Offiziere und mir wäre um unsere Zukunft nicht bange. Aber dieses feige Pack schickt mir aus Berlin diesen noch feigeren Stauffenberg. Hätte er wenigstens den Schneid gehabt und wäre mit seiner Aktentasche neben mir stehengeblieben …«*

Auch General Remer wußte damals nach seinen eigenen Aussagen mir gegenüber nichts von »industriell organisierten« Judenvergasungen. Seine Loyalität zur Führung war noch voll in Ordnung.

Erst sehr viel später hörte er davon und wurde bereit, in seinem Einflußbereich auf ein gnädiges Kriegsende ohne unnötige Opfer hinzuwirken. Beinahe aber wäre ihm das zum Verhängnis geworden. Als er in den letzten Tagen von Berlin eine Abteilung Hitlerjungen, 16 Jahre alt und mit Panzerfäusten ausgerüstet, vor sich stehen hatte und ihnen befahl, in diesem nunmehr aussichtslos gewordenen Kampf zurück nach Hause zu gehen und ihr Leben in Sicherheit zu bringen, da versuchte einer der Jungen, ihn zu erschießen. Im letzten Moment konnte das verhindert werden. Der Junge aber hatte sich ja nur nach dem Befehl gerichtet, den wir in diesen Monaten alle erhalten hatten:

> *Ein Vorgesetzter, der Rückzug befiehlt, wenn die Stellung um jeden Preis gehalten werden soll, darf von jedem Mann auf der Stelle sofort erschossen werden; ja es ist dessen Pflicht, das ohne Zögern zu tun!*

Damals gab es für Minderjährige keine von ihrer Verantwortung entlastende Schonzeit …

Das weitere traurige Schicksal von General Remer (Aberkennung seiner Pension als Generalmajor i. R.) zeigt sehr deutlich, was geschehen kann, wenn sich Persönlichkeiten »in der Politik« versuchen, denen dazu die wirkliche Fähigkeit fehlt, wenn es auch unbestritten bleiben soll, daß Remer auf seinem Fachgebiet, der Truppenführung, hohe Auszeichnungen und Anerkennung erhalten hat. Der gute Wille allein kann Fachkenntnisse nicht ersetzen, kann keine Befähigung erzeugen. Was übrigbleibt, ist ein sogenannter »Revisionist«, einer, der den nach seiner Ansicht »ungerechten« Geschichtsablauf durch andere Ungerechtigkeiten korrigieren möchte. Um ihn sammeln sich Gleichgesinnte, deren Eignung zur Geschichtskorrektur dadurch oft aber keineswegs zunimmt.

Als junger Mann habe ich solche Schwierigkeiten gefühlsmäßig deutlich und rechtzeitig erkannt und in meinem Leitspruch niedergelegt, denn es müssen sehr viele günstige Einflüsse, Fähigkeiten und Schicksalsfügungen zusammentreffen, um eine wertvolle Politikerpersönlichkeit wachsen zu lassen. Zu einem solchen Werdegang aber fühlte ich mich nie berufen. Wer tut schon gerne etwas, bei dem er keine Hoffnung auf Erfolg haben kann? Die Frage ist: *Lebenslang Politamateur oder Fachprofi,* d. h. Profi auf speziellem Fachgebiet.

Eine Begebenheit sei hier eingeflochten: Bei einer geschäftlichen Besprechung in Bad Kohlgrub ergab es sich abends in der Hotelbar, daß man mit anderen Gästen ins intensive Gespräch kam – Ende der siebziger Jahre. Es war ein Herr mit diszipliniertem Auftreten, nur wenige Jahre jünger als ich und sympathisch, der mich schließlich bat, seinen Beruf zu erraten – meinen konnte er durch die Begleitpersonen aus den Häusern Krupp und Stinnes gut abschätzen. Ich tippte auf Rechtsanwalt und konnte das begründen mit seiner Fähigkeit, sich auszudrücken und aufzutreten. Ich hatte unrecht, er war der Brigadegeneral C. der Bundeswehr, Kenner ihres Aufbaues und ihrer Probleme von Anfang an. Da ging unsere Unterhaltung erst richtig los und dauerte bis zum Morgengrauen.

Politik und Militär arbeiten Hand in Hand – auch in westlichen Demokratien. Mich wundert es noch heute immer wieder, wie sich die Politik leicht über Einzelschicksale hinwegsetzen kann. Es ist nämlich gar nicht so einfach, den finanziellen Wert eines militärisch dargebrachten Menschenlebens zu beziffern. Geld ist doch viel leichter ersetzbar als Leben. Bei einer Diskussion mit einem unserer höheren Offiziere von der Hardthöhe in Bonn, der offiziell alle Einzelheiten des vom Kriegsziel her schon fragwürdigen Falklandkrieges studiert hatte, hörte ich: Die USA haben ständig militärische Spezialsatelliten in Bereitschaft, um sie im Konfliktfall gezielt für den aktuellen Kriegsschauplatz starten zu können. Denn es kann nicht davon ausgegangen werden, daß in Betrieb befindliche Himmelsspione sich entsprechend umlenken lassen. Die Falklandinseln lagen im Beobachtungsbereich eines Wettersatelliten, der nur unverhältnismäßig große Objekte erfassen konnte. Das Auflösungsvermögen der militärischen Himmelsaugen ist bedeutend höher, und ihre Funktionen sind vielfältiger. Für den Falklandfeldzug hätten die USA einen Spezialsatelliten starten können, wenn Großbritannien zu einem finanziellen Beitrag bereit gewesen wäre. Es war für die politische Führung in London aber viel einfacher, sich auf den hohen Einsatzwillen und großen Mut ihrer Soldaten zu verlassen – auch wenn die Chance mit einem Satelliten viel größer hätte sein können. Verachtung der humanitären Belange ganz gewöhnlicher Soldaten? Tausende von Toten, um ein paar Pfund zu sparen?

In Königsberg verliefen die Tage anregend und abwechslungsreich. Denn dort studierte mein Freund Erich Medizin, der mit unserem Triumvirat ja die für Hänschen unfallträchtige Radtour in den Teutoburger Wald unternommen hatte. Weihnachten hatte er sich verlobt, und seine Braut war auch in Königsberg. In ihrer schönen Wohnung verbrachte ich viele gemütliche Stunden. Daß Erich einst unser HJ-Gefolgschaftsführer gewesen war, hätte ein Fremder überhaupt nicht bemerken können.

Die Entwicklung des Krieges tötete bei fast allen Deutschen jede Art von Sympathie für die NS-Ideologie vollkommen ab. Das Phänomen der ursprünglich kräftigen nationalsozialistischen Bewegung ist nach meiner Meinung nur dadurch zu verstehen, daß damals den Deutschen keine praktizierbare Alternative angeboten wurde! Die »Weimarer Demokratie« hatte »abgewirtschaftet«. Und ist es unnormal, wenn sich besonders junge Leute für das Naheliegende begeistern? Junge Menschen verhalten sich heute doch auch nicht anders – im Grunde streben sie alle nach einer gewissen, um nicht zu sagen: nach größtmöglicher Sicherheit. Damals war die Mehrzahl gleichgeschaltet, und das machte den entscheidenden Unterschied aus, der in die Geschichte eingehen sollte. Im Interesse der zukünftigen Entwicklung unserer Gesellschaft kann man sich mit diesen psychologischen Wechselwirkungen gar nicht intensiv genug befassen, wenn auch heute viele Zeitgenossen die Beschäftigung mit dem »Schnee von gestern« strikt ablehnen. Leider besteht jedoch immer die Gefahr, daß aus schlimmem Gestrigem das Morgige werden könnte …

In Königsberg hörte ich die Johannespassion in der Neuroßgärtnerkirche, erlebte den Karfreitagsgottesdienst in der Propsteikirche und ebendort den Ostersonntag. Am Ostermontag war Militärgottesdienst mit einer bemerkenswerten Predigt über das Wort:

> *»Herr, bleib bei uns, es will Abend werden,*
> *der Tag hat sich geneigt.«*

Die Wochen verliefen im Fluge, ich wurde noch zu einem Unterführerlehrgang abkommandiert. Wir wurden wieder für die Front fit gemacht, Geländedienst, Reitunterricht, Schießen mit der LFH 18 (Leichte Feldhaubitze 18 cm). Das Niveau der Lehrgangsteilnehmer und der Offiziere war ausgezeichnet, viele von Zivilberuf Studienräte, es gab keinerlei politische Reden – auch nicht in Andeutungen. Nach einem Wochenendurlaub in Köln, einem Fliegeralarm der kräftigeren Sorte, einem Wiedersehen mit Annemie und Hildegard nach gut bestandenem Abitur und Abschiednehmen von Eltern und Bruder ging es nach dem Lager Stablak-Süd zur Frontabstellung. Wie es sich immer in meinem Leben ereignete, wegen meiner psychosomatischen Konstruktion bekam ich eine kräftige Angina und mußte diese ausschlafen. Ich wußte ja, jetzt wird es ernst.

Nordrußland und Kurland

Die Reise ging am 17. Mai 1944 nach Riga, dort wurde ich der Beobachtungsabteilung B 62 zugeteilt. Diese lag bei Polosk, wohin wir über Dünaburg fuhren. Ein Schlachtfliegerangriff auf unseren Zug gab einen Vorgeschmack. Am 22. Mai 1944 begrüßte uns unser Kommandeur, Major Grams, von dem ja schon eingangs berichtet wurde. Meine erste Unterkunft war im Bunker »Leichenberg«. Seitdem sehe ich Friedhöfe mit anderen Augen an, weil der Bunker in das Erdreich eines Friedhofes gebaut worden war. Das übrige, tiefer liegende Gelände zeichnete sich durch fast abgrundtiefe Morastigkeit aus, überall bewegte man sich auf Knüppeldämmen, im Boden gab es keine Vertiefungen, in denen man hätte Deckung finden können. Aus der Ebene erhob sich ein mit alten Bäumen und einer Kirche bestandener Hügel, in dem schon Generationen ihre letzte Ruhe gefunden hatten. Neben meinem Bett konnte ich aus der ungeschützt anstehenden Erdwand kleinere und größere Menschenknochen herausziehen und ab und zu einen Fetzen Leichentuch. Uns störte das wenig, es war angenehm warm und trocken im Bunker.

In einer Nacht verirrte sich ein Russe in den dunklen Bunker, große Aufregung, bis das erste Sturmfeuerzeug aufflammte. Ich stand da in Unterhose mit meinem Messer in der Hand, da trat der Eindringling einen Schritt zurück und mir genau auf den rechten großen Zeh. Der Nagel wurde so deformiert, daß ich länger als zehn Jahre nach Kriegsende, als er schließlich abfiel, noch immer an den »Leichenberg« erinnert wurde. Meinem späteren Freund Helmut, den ich dort kennen- und schätzenlernen sollte, erging es mit einem russischen Abenteuer etwas anders. Und von ihm hörte ich Geschichten der B 62 vom letzten Winter. Der Leser kennt Helmut bereits vom ersten Kapitel.

Die B 62 lag damals bei Jasma im Schnee. Ein intelligenter ROB-Uffz. (Reserveoffizierbewerber-Unteroffizier), Eriksen, war ein undurchsichtiger Typ, unberechenbar und etwas dämonisch, wie Helmut meinte. Ein anderer Freund von Helmut war auf der Schreibstube tätig und Laienprediger, er kannte Helmuts Vater, einen protestantischen Pastor und zuletzt Superintendent in Stettin, gut. Eriksen war von Zivilberuf Rechtsanwalt und mit dem NS-Regime überhaupt nicht einverstanden. Das äußerte er nach Alkoholgenuß sehr lautstark. Anläßlich einer feuchtfröhlichen Feier im Kreis um Eriksen kam jemand auf die Idee, die Feier mittels des Feldtelefons zu belauschen. Das geht sehr einfach. Der Lauscher kam zu dem Schluß, dort sei eine Meuterei im Gange, und machte eine schriftliche Meldung an den Kommandeur, Major Berg, Vorgänger von Grams. Ein Gefreiter, nämlich Helmut, mußte sofort den Unteroffizier Eriksen verhaften. Er wurde separiert und rund um die Uhr bewacht, ausdrücklich befohlen: »auch beim Pinkeln«. In dieser Situation brachen 40 russische Panzer durch, jeder Mann wurde gebraucht, auch der Inhaftierte. Danach vergaß man, ihn wieder einzusperren. Eriksen manifestierte seinen Haß auf Hitler immer mehr. Im Auswertebunker hing, wie allgemein üblich, ein Hitlerbild. Eriksen war inzwischen Leutnant geworden und befahl dem Leiter der Auswertung mit den überlieferten Worten:

»Hängen Sie sofort das Bild ab. Wenn Sie es hängenlassen wollen, dann können Sie sich ja statt dessen auch ein Bild von einem Kind auf einem Nachttopf aufhängen.«

Der betreffende Wachtmeister hatte noch eine dienstliche Rüge von Eriksen nicht vergessen und machte eine schriftliche Meldung. Der Kommandeur kannte ja Eriksen und negierte die Meldung. Dem Wachtmeister teilte er mit, daß die Sache erst verfolgt würde, wenn er eine neue Meldung schreibe. Dieser aber hatte die Stimmung der Kameraden gegen sich, und so wurden Eriksen für seine weitere Karriere keine Steine in den Weg gerollt. Er wollte unbedingt aufsteigen und beeindruckte den General mit interessanten graphischen Darstellungen. Der Kommandeur war auf seiner Seite. Man kam überein, den General durch ein persönliches Geschenk weiter zu verpflichten. In Dünaburg lagerte beim Troß der Abteilung nämlich eine Kiste, in der sich ein sehr schönes Radio befinden sollte. Helmut kam durch eine Verquickung der Umstände dazu, dieses Radio aus Dünaburg zu holen. Da bei solchen Sachen Geschicklichkeit nicht die Stärke von Helmut war, kam es zu spaßigen Situationen.

Helmut ging der Ruf voraus, ein grundehrlicher Mensch zu sein, wenn er auch ein schlampiger Soldat war. Der Major schickte also nach Helmut, der auf Posten stehen sollte. Helmut war nicht zu finden. Ein nettes russisches Mädchen hatte ihn nämlich eingeladen, der garstigen Witterung gemeinsam in einem Erdloch zu trotzen, von dessen Eingang aus er ja alles übersehen könne. Im Loch befanden sich die russischen Angehörigen des Mädchens und eine Menge Wodka. Helmut aber schaute mehr in das Glas als durch den Eingang. Nur der Läufer des Kommandeurs konnte ihn schließlich finden, und die Russen gaben ihm noch eine Flasche Wodka mit auf den Weg. Die Postenaufgaben von Helmut und ihre Nichterfüllung gerieten völlig in Vergessenheit, wichtig war allein das Radio für den General. Helmut fand in Dünaburg die Kiste und das Radio mit einem prächtigen Gehäuse. Das wurde dem General zugestellt, und alle warteten auf die Reaktion. Der General drückte nur sehr zurückhaltend seine Verwunderung darüber aus, daß das Radiogehäuse innerlich vollkommen leer sei. Keiner, auch Helmut nicht, hatte es für nötig gehalten, das Geschenk genau zu prüfen. Eriksen aber machte militärische Karriere.

Unser Verweilen bei Polosk fand schneller ein Ende, als uns lieb war, weil die Russen die Front zurückdrückten. Sie hatten eine große Überlegenheit mit Artillerie und Granatwerfern. Wir lieferten ganz ausgezeichnete Zielkoordinaten, hatten aber viel zuwenig Munition. Unsere Arbeit wurde auch an höherem Orte lobend anerkannt. Unsere Abteilung schaffte den Rückzug bei 40 bis 50 Marschkilometern pro Tag ohne nennenswerte Verluste. Wir erhielten die »Großkampfzulage«, ein besonderes Paket mit Verpflegung und Marketenderwaren. Die Stimmung bei den Soldaten war gut.

In diesen Tagen schrieb ich an Annemie:

»Nordrußland, den 3. Juli 1944
Meine liebe Annemie!
Nun geht wieder ein Tag zur Neige, und meine Gedanken ziehen gen Westen der sinkenden Sonne nach, die als riesiger, glutroter Feuerball in die Fluten des großen Sees taucht. Die Schatten der Bäume und der primitiven, strohbedeckten Panjebuden werden länger und länger, aus den versumpften Tälern steigen milchige Nebel langsam auf – der Schrei eines Nachtvogels zittert durch die totenstille Luft, kein Windhauch läßt die Blätter rauschen – ab und zu erinnert das Tacken eines einzelnen Maschinengewehrs daran, daß überhaupt Krieg ist ... sonst Friedhofstille — im feuchten Gras raschelt eine Kröte, die auf ihre nächtliche Jagd zieht ... Hierdurch erst werde ich aus meinen Gedanken aufgeschreckt und erkenne, daß ja Leben da ist – Leben! Ja, alles lebt – auch ich! Es ist nicht gut, im Geiste zurückzuschweifen in die glücklichere Vergangenheit, denn immer wieder wird man hart an die Wirklichkeit gestoßen – und sei es nur eine häßliche Kröte, das Tier der Hexen und Zauberer, die das Menschlein daran erinnert, was ist! Ach ja, ich bin ja Soldat; bin fern in Rußland, weiß nicht, was das Morgen für uns alle im Toben der Weltenschlacht bringen wird und was aus mir selber werden wird – nur eines weiß ich gewiß: daß ich jetzt hier mit meinen Gedanken einsam und alleine am Ufer eines herrlichen Sees sitze und nichts habe als die Erinnerungen an Schöneres als das Heute – und die Hoffnung auf ein besseres Morgen, welche mir die Kraft zum Ausharren verleiht.
Aber was bedeutet dies alles?
Ist dies wirklich Besitz?
Es ist eher ein Glaube an etwas zu Besitzendes!
Und was besitze ich nun in Wahrheit?
Nichts als diesen Glauben – den Glauben an ein erfüllendes Leben mit meinen Schicksalsbrüdern. – Aber wenn dies auch sehr viel ist, so verlangt das unberechenbare Menschenherz doch noch etwas anderes ...
Was ist dieses andere, so fragst Du?
Du ahnst es nicht?
Dann will ich es Dir sagen: eine Heimat für meine Gedanken; ein Plätzchen des Geborgenseins, wo ich neuen Mut

und neue Kraft schöpfen kann und darf! Wo ich nicht einsam zu sein brauche, wo ein Herz mit dem meinen fühlt und den gleichen Takt schlägt – mit mir hofft, bangt und lebt, ja ›lebt‹, wie wir Menschen heute sein müssen, um die Größe und Schwere zu tragen!
Ach, geliebtes Mädchen, ich habe Dir da vielleicht von Dingen gesprochen, die Du nicht verstehst, die eben nur ein Landser fühlen kann und selten in Worte fassen – fühlst Du nicht, was ich meine, dann nimm ein Streichholz, auf daß dieses Papier nicht noch Unheil anrichte! Es ist ein Spiel mit dem Feuer, in Herzen zu schauen. – Vielleicht muß ich Dich, liebe Annemie, bitten zu vergessen und – zu vergeben!
Wie dem ist, das kannst nur Du alleine ahnen – aber ich weiß, wenn Du mir das sein willst, was Du mir versprachst, dann verstehst Du alles – mehr als diese Zeilen berichten. Ich grüße Dich!

Gute Nacht
Dein Josef«

Der Monat Juli 1944 war durch dauernde Absetzbewegungen gekennzeichnet, die uns nicht zu unseren eigentlichen Aufgaben kommen ließen. Ich war dem »Wetterzug« zugeteilt, der meteorologische Aufgaben mannigfaltiger Art zu erfüllen hatte. Die wichtigste Tätigkeit war die Anfertigung der »Schallwettermeldung«. Dazu wurde ein »Pilotballon-Aufstieg« durchgeführt und von möglichst zwei Meßstellen aus mit Theodoliten verfolgt. So ergaben sich die Windrichtungen und Windgeschwindigkeiten in den verschiedenen Höhen, wodurch Rückschlüsse auf die Schallausbreitung in der Atmosphäre möglich wurden. Das war eine Voraussetzung für die Auswertung der Messungen durch die Schallmeßstellen. Diese erfaßten gegnerische Geschützabschüsse und erlaubten somit eine Ortung.

In diesen Tagen hatten viele Kameraden große persönliche Sorgen: Ihre Angehörigen waren »ausgebombt« worden, verletzt oder ums Leben gekommen; ihre Familien wurden von Haus und Hof vertrieben, befanden sich auf dem Treck und waren zudem noch mißhandelt worden. Da unsere Versorgung mit Alkohol überreichlich war, sprachen viele diesem anormal zu. An manchen Tagen waren alle älteren Kameraden betrunken, um ihre großen Sorgen und ihren Kummer zu betäuben. Wir Jüngeren erlagen dieser Gefährdung viel weniger, wir waren nicht an Alkohol gewöhnt, und wir kannten vom Leben nur wenig. Die Hauptlast der Daseinsbewältigung lag in diesen Tagen sowohl bei unseren hervorragenden Offizieren, die angesichts der Betrunkenen beide Augen zudrückten, als auch bei uns jungen Leuten.

Meine Beziehung zum NSFO-Hauptmann Dr. Woike wurde in diesen Tagen etwas enger – man kann es sehen, wie man will –, als er mich nachts auf Posten kontrollierte. Nach über 50 Kilometern Marsch lagen wir in einem Buschwald, der sehr unübersichtlich war. Die Position des Wachpostens wurde von dichtem Unterholz umschlossen, sehen konnte man so gut wie nichts, und sehr müde war ich auch. Plötzlich vernahm ich hinter mir ein leises Knacken von Zweigen – es muß schon laut gewesen sein, da ich nicht sehr gut hören kann. Mein am Riemen über der Schulter hängender Karabiner, dessen Sicherungsflügel auf der mittleren Position stand wegen der schnelleren Feuerbereitschaft, wurde am Lauf ergriffen und nach unten gezogen. Ich reagierte blitzartig und brachte mit einem energischen Griff der linken Hand das Gewehr wieder unter Kontrolle. So flink, wie das geschah, konnte der Angreifer das Gewehr gar nicht loslassen. Das Korn wurde durch seine geschlossene Hand gezogen, und er mußte regelrecht verarztet werden, mit dickem Verband. Dr. Woike hatte mich kontrollieren wollen ... Er machte gute Miene zu seinem Schmerz und lobte meine Aufmerksamkeit. Ich dachte, er würde mir das dennoch irgendwie verübeln.

So war es aber nicht, wie ich schon am nächsten Tage feststellen konnte. Unser Marschpensum betrug über 50 Kilometer, schon nach 40 Kilometern waren alle sehr müde. Wir dösten so vor uns hin, eine Hand am vorausfahrenden Pferdefuhrwerk, die Augen oft geschlossen, ab und zu durch die Augenliderschlitze auf den Boden blinzelnd. Denn das war ratsam, weil die unbefestigten, staubigen und morastigen Straßen von den Partisanen mit Tellerminen verseucht worden waren. Mit einem Fußtritt konnte man sie auslösen – mit entsetzlichen Folgen. Ab und zu kamen wir an den flachen Sprengtrichtern vorbei, wo es Kameraden erwischt hatte. Die »größte Sicherheit« war dann gegeben, wenn man genau in der Spur des eisernen Radreifens ging und die Füße voreinandersetzte. Diesen Mannequingang hatte ich mir angewöhnt. Als uns wieder einmal der Geländewagen von Hauptmann Woike überholte, hielt dieser an. Ich durfte aufsteigen und den Rest des Weges fahrend bei einem kräftigen Schluck und einer guten Zigarre verbringen. Er hatte also nichts übelgenommen.

Besonders der 11. Juli 1944 ist mir in deutlicher Erinnerung, weil unser Tagesmarsch durch zehn Schlachtfliegerangriffe gestört wurde. Von ihrer Natur her war unsere Einheit infanteristisch nicht so leicht beweglich, dazu hatten wir viel zuviel Gepäck. In diesen Tagen mußten wir uns nach und nach davon trennen; es wurde verbrannt, damit wir schneller marschieren konnten. Periodenweise rückte die Front auf Sichtweite heran, und wir wurden mit Ari- und Granatwerferfeuer ganz schön eingedeckt. Auch die Stalinorgelbatterien warfen ihre demoralisierenden Geschosse zu uns, denen klar wurde, daß es so nicht weitergehen kann. Wir mußten unbedingt wieder eine feste HKL (Hauptkampflinie) aufbauen, brennende Dörfer und Pferdekadaver waren nicht das richtige Umfeld.

Am 15. Juli passierten wir die Grenze nach Lettland, erkennbar am »Goldenen Tor« und den Wachtürmen, aber auch angenehm wegen der deutlich besseren Landschafts- und Häuserpflege. Es war eine andere Welt, deren Einwohner nicht mehr zu unseren Feinden rechneten.

Wir verhielten uns entsprechend, waren aber weiterhin vorsichtig, weil ja Partisanen nicht so leicht zu erkennen sind. Wir sollten jedoch noch nicht zur Ruhe kommen, der Russe drückte gewaltig. Die stellenweise gelungenen Durchbrüche russischer Truppen brachten uns ganz schön in Schwung, so daß sich oftmals eine gewählte Marschrichtung als unpassierbar herausstellte, weil »der Iwan« schon vor uns da war. Also reduzierten wir unser Gepäck nochmals, um beweglicher zu werden. Auch die Zivilbevölkerung hatte große Angst vor den russischen Soldaten. Sie versenkte ihre wichtigste Habe in den Teichen, damit diese Dinge Feuer überstehen und später wieder leicht geborgen werden konnten. Diese Menschen waren ganz arm dran. Für eine Flasche sorgenbrechenden Alkohol wollten sie ihre letzte Habe geben. Mich hat das erschüttert, weil ihre Frauen und Töchter darin eingeschlossen gesehen wurden. Diese Menschen waren ganz ohne Hoffnung, und wir dachten uns dabei, was uns wohl erwarten könnte, wenn wir in Feindeshand fallen würden.

Von der Front her tönten besonders nachts die Propagandalautsprecher des »Nationalkomitees Freies Deutschland«; die dort von Deutschen (!) artikulierten Sprüche lauteten etwa:

»Kameraden! Kommt zu uns!
Lauft mit weißer Fahne zu uns über!
Die schönsten Frauen Rußlands erwarten euch!«

Dann ertönten Gekicher von Frauen und Tanzmusik, um wieder zu den alten Sprüchen überzuleiten. Kein Kamerad hat diese Deutschen verstanden, die sich für so etwas hergeben konnten. Wer es akustisch nicht glauben wollte, der konnte es optisch auf den Flugblättern, abgeworfen von den unangenehmen, gepanzerten Schlachtflugzeugen ILB, lesen. Diese Blätter waren zum Teil als »Passierscheine« aufgemacht, abzugeben bei den Russen, versehen mit der Garantie für eine bevorzugte Behandlung – auch durch die schönsten Frauen Rußlands. Für was haben uns eigentlich diese Leute gehalten, welche hinter solchen Aktionen standen? Ganz sicher waren es nicht Offiziere der Art, wie wir sie hatten und hochschätzten – auch nach 50 Jahren noch!

Das *»Nationalkomitee Freies Deutschland«* wurde am 12./13. Juli 1943 in Krasnogorsk bei Moskau gegründet von Walter Ulbricht und Erich Weinert. Später gesellte sich auch Wilhelm Pieck dazu. Schon diese Namen wirken wie ein negatives DDR-Markenzeichen, das keiner zu erklären braucht. Die bolschewistische Führung versprach sich von dieser Unternehmung eine Keimzelle für eine Widerstandsbewegung im Reich, wußte aber nicht, daß sich nur zusammen mit den Massen der Deutschen und mit deren hochentwickeltem und einzigartig befähigtem Beamtentum eine sinnvolle Änderung der Verhältnisse erzielen lassen könnte. Realitätsfernes Spintisieren der Unzufriedenen führt in die Sackgasse »eines« Kommunismus, der an sich verführerisch Heil verheißt, es aber an praktischen Anleitungen zur erfolgreichen Lebensbewältigung bisher in der Welt überall hat fehlen lassen. Das ist traurig – aber wahr. Auch heute fühlen sich sehr viele Menschen »verschaukelt« – es fragt sich nur, von wem.

An einem dieser unruhigen Tage wurden wir ganz besonders in die Enge getrieben: Nach langen Eilmärschen, bis zu 80 Kilometer an einem Tag, verbrauchten sich unsere körperlichen Reserven. Dann fühlten wir uns einigermaßen sicher und schliefen den Schlaf der Gerechten. Unser Weitermarsch wurde aber nach wenigen Kilometern durch russische Kräfte gestoppt. Die Alternative war unpassierbar, weil sich auf diesem Bahngleis ein russischer Panzerzug näherte. Das Gelände um Straße und Bahndamm war unpassierbares Moor. Was tun? Einigeln, bis wir von russischen Granaten zusammengeschlagen werden würden? Da half uns ein einheimischer Mann. Im Moor gibt es nämlich passierbare Stellen, die nicht abgrundtief sind. Man muß sie nur kennen, erkennen kann sie keiner – auch die Russen nicht. Der Einheimische führte uns im Zickzack durch diese moorige Wildnis, so entkamen wir der sicheren Gefangenschaft.

In der nächsten, regnerischen Nacht kamen wir in eine kleine lettische Stadt. Wir waren todmüde, und alle Häuser waren von den Einwohnern verschlossen. Wo sollten wir rasten? Sollten wir die Leute aus dem Schlaf reißen? Das kam nicht in Frage, denn wir waren ja jetzt in einem befreundeten Land. Wir suchten im Nieselregen nach einem freien Platz, fanden aber nur die Kirche mit dem sie umgebenden Friedhof. In der Kirche war es sehr kalt, dort konnten wir also nicht schlafen – blieb nur der Friedhof. Wir machten es uns auf den Gräbern bequem: Wenn man den Stahlhelm aufsetzte, konnten die Grabsteine gut als Kopfkissen dienen. Mit der Zeltplane deckten wir uns zu. Ich mußte aufstehen und ging zum Pinkeln außen an die Friedhofsmauer. Dann suchte ich wieder nach meinem alten Platz, es war stockdunkel, die treibenden Regenwolken gaben nur ab und zu den Mond frei. Das Bild, das sich bot, war einmalig, weil der Friedhof lebte.

Unter den hohen Bäumen flackerten auf verschiedenen Gräbern kleine Lichter auf, glühten Zigaretten und bewegten sich Gestalten, die man überhaupt nicht erkennen konnte. Mir kam es vor wie die erste Phase der Auferstehung – ein gutes Zeichen und zum Nachdenken.

Schließlich kamen wir an einen großen See und konnten dort für zwei Tage in eine dringend benötigte Ruhestellung gehen. Da erreichte uns die Nachricht vom Attentat auf Adolf Hitler.

Wir trauten unseren Ohren kaum, wurden aber hellwach, als wir alle nun einen neuen Fahneneid auf *»Hitler persönlich«* leisten mußten. Der militärische Gruß wurde sofort abgeschafft und durch den »deutschen Gruß« (Erheben des ausgestreckten rechten Arms mit Hand auf Augenhöhe) ersetzt. Was soll's, alle fügten sich, es waren ja nur Äußerlichkeiten. Was war los? Dann aber bekamen wir die schlimmsten Bedenken, als uns mitgeteilt wurde, daß unser Verhalten in gewissen Fällen des »Vaterlandsverrats« mit Sippenhaftung geahndet werden würde. Feigheit vor dem Feinde, Überlaufen zum Feind und Wehrkraftzersetzung (Defätismus) usw. standen auf dieser Liste. Die Strafe für solche Taten würde unsere direkten Angehörigen treffen, die Eltern und Geschwister, die Frauen und die Kinder. Inhaftierung und Verbringung in ein KZ (Konzentrationslager) wurden wörtlich angedroht. Jetzt verstanden wir die Welt nicht mehr, wir wurden mehr als nur sehr bedenklich verunsichert.

Und damit uns das alles auch richtig in Fleisch und Blut übergehen konnte, wurden wir in kleinen Gruppen zum Gespräch über diese Neuordnung versammelt. Offensichtlich wollte man die »unsicheren Kantonisten« ausmachen. In meinem jugendlichen Leichtsinn beteiligte ich mich an der Diskussion aktiv und überschritt trotz meiner sonst üblichen Vorsicht nach Meinung meines Batteriechefs, Oberleutnant Schnelle, ein gewisses Maß. Er nahm mich alleine beiseite:

»Sie reden sich um Kopf und Kragen. Das, was Sie sagen, ist ja auch meine Meinung, aber es ist nicht für die Öffentlichkeit bestimmt. Wenn Sie mit jemandem darüber reden wollen, dann machen wir beide ganz alleine einen Spaziergang – dann können Sie mir Ihr Herz ausschütten, dann können Sie auch mit meinem Verständnis rechnen.«

Meinem Freund Helmut, der Oberleutnant Schnelle viel länger und besser kannte als ich, berichtete ich darüber. Er meinte, das sei seine sympathische Art und ganz ernst zu nehmen – man konnte in dieser Zeit ja nicht vorsichtig genug sein. Bei diesem Urteil bleibt Helmut auch nach 43 Jahren; er und ich bedauern, daß Schnelle seit damals, als wir Kurland verließen, verschwunden ist. Ehe wir auf den Tanker »Rudolf Albrecht« gehen konnten, wollte er noch schnell in der Nähe des Hafens in Windau einen kleinen Besuch bei einer Freundin machen, sicherlich, um ihr noch etwas zu bringen, ein Abschiedsgeschenk. Da muß ihn »der Untergrund« erwischt haben. Aber keiner von uns weiß das genau, wie wir auch heute nur noch Günter aus unserer alten Einheit wiedergetroffen haben. Wir beide sind ja keine »Militärtraditionalisten«, wir hatten in der Zwischenzeit genug mit unserem eigenen Leben zu tun. Dennoch drängt es mich heute, alle diese Erlebnisse und Haltungen mit Fleiß aufzuschreiben, weil ich fest davon überzeugt bin, daß nur so »das Gestrige nicht zum Morgigen« werden kann, daß es zur neuen deutschen Identität zwingend gehört, die eigene Vergangenheit sehr gründlich zu verstehen. Ich sehe diese kurzen Kriegsjahre als zwar äußerst schmerzliche, aber dennoch unbedingt notwendige Erziehungsphase im Werden eines besseren Europa an, so wie der einzelne Mensch verschiedene Phasen in seinem kleinen Leben zwangsmäßig durchlaufen muß – ob er diese als angenehm empfindet oder nicht. Weil aber menschliche Individuen entwicklungsmäßig viel besser miteinander verglichen werden können als Völker, tun sich sehr viele Historiker auch heute noch immer schwer bei der ganz richtigen Darstellung dieser Kriegsjahre.

Die sorgfältige Schilderung meines eigenen Entwicklungsganges kann nicht für sich in Anspruch nehmen, typisch zu sein, wohl aber, der Wahrheit genau zu entsprechen. Damit qualifiziert sie sich als Mosaikstein im Gesamtbild. Viele deutsche Zeitzeugen sollten sich anregen lassen, auch zu berichten, es wichtig zu nehmen, was damals mit ihnen geschehen ist. Ihre Darstellungen können gar nicht genau genug sein, um den Fachmann verstehen zu lassen. Die zeitliche Distanz verhindert Verfälschungen durch persönliche Eitelkeiten in einem gewissen Maß, aber ausschließen kann sie diese nicht. Gleichgültigkeit ist der Tod positiver seelischer Entwicklung, und diese sollten sich doch alle Menschen von Herzen wünschen.

Meine eigene Situation in Lettland habe ich viel besser verstanden, als ich bei Alexander Mitscherlich las: *»Ich muß stark sein in entfesselter Zeit.«* Denn die freiwillige Isolierung von der Gruppe sei die allerschwerste Kontrolleistung des Ichs. Aber auch mein Ich brauchte Luft zum Leben und klammerte sich deshalb an Gegebenheiten der Umwelt, die meinen Phantasien entgegenkamen. Und wenn diese durch ein schönes Mädchen versüßt werden konnten, dann streichelte das meine Seele. Ich hatte bei den besonders schönen jungen Mädchen nur deshalb Chancen, weil sie instinktiv erfaßten, daß ich nicht mit ihnen schlafen wollte, meine Entwicklung war noch nicht soweit. Die Schönen aber wollten sich auch bewahren vor den Anfechtungen durch die vielen Soldaten. Ich erschien ihnen als der beste Schutz. Lebenslang habe ich meine eigene Geschlechtlichkeit nicht als Konsumartikel auffassen können, weil ich dabei viel zuviel von meinem Gemüt abgeben muß.

Besonders neuere amerikanische Untersuchungen (vgl. Emmy E. Werner in »Spektrum der Wissenschaft« 6/89, Seite 118) zu den Problemen der Sozialisation haben mir die Augen geöffnet, meine hier geschilderten Lebensjahre als ganz entscheidend für meine weitere Persönlichkeitsentwicklung anzusehen. Wichtige Jahre für eine Persönlichkeitsbilanz sind die Lebensalter ein Jahr, zehn, 18 und 30 Jahre. Diese Angaben verstehen sich natürlich nicht so präzise. Im allgemeinen entsteht um 18 der Lebensplan und um 30 die Ansicht (Wertesystem). Die Selbstwertsteigerung des Kindes erfolgt bereits durch die Ausbildung seiner Fähigkeiten, seines kommunikativen Verhaltens und seines Vermögens zur Problemlösung. Menschen müssen Kindern bieten: Entwicklung von Vertrauen, Selbständigkeit und Entschlossenheit.

Eine gesunde Persönlichkeit ist erkennbar an einem zielgerichteten beruflichen Weg und an stabilen zwischenmenschlichen Beziehungen.

Die kindliche Entwicklung hängt ganz maßgebend ab von der Stabilität der Familie und dem gebotenen sozioökonomischen Status. Selbst erwerben aber muß der Mensch: Selbstwertgefühl und ein vernünftiges Wertesystem.

Wir aber lebten damals fern von der erziehenden Familie, nicht in geordneten Verhältnissen, von uns wurden Leistungen gefordert, zu denen wir in unserem Lebensalter eigentlich noch gar nicht fähig sein konnten, aber wir mußten dennoch weiterleben, eine solide Grundlage für unser späteres Leben schaffen – ein Prozeß, der überhaupt nicht mehr nachgeholt werden konnte.

Die kleine Marschkolonne des Wetterzuges bestand aus vielleicht einem Dutzend Soldaten und erreichte beim Ausklingen des heißen Sommertages im dichten Laubhochwald eine Lichtung. Der schmale Waldweg lief dort aus, wir sahen uns nach einem Nachtquartier um. Wegen der Fliegergefahr hatten wir die größeren Straßen sorgsam gemieden und uns mehr im Schutz der Baumkronen vorwärts bewegt. Da erblickten wir ein stattliches Bauernhaus unter den großen Bäumen. Helmut und ich sahen uns um nach den Bewohnern, während unsere kleinen Pferdefuhrwerke anhielten. Niemand war zu sehen. Die Haustür stand offen, auch innen niemand. Aber alle Zeichen deuteten darauf hin, daß hier kurz vorher noch Leute gewesen sein mußten. Vieh aber sahen wir auch nicht. Ein großes Tor zum Keller war angelehnt, wir öffneten es und traten in einen kühlen Vorkeller. In der Ecke lief aus einem Brunnenrohr Wasser in einen Holzbottich, in dem sich Milchkannen befanden. Diese waren, wie sich herausstellte, mit frischer süßer Sahne gefüllt. Auch keiner unserer Kameraden hatte einen Bewohner finden können. Aber müde und hungrig waren wir. Jeder füllte in sein Kochgeschirr von dieser köstlichen Sahne, nahm aus dem Gepäck sein Säckchen mit Zucker und etwas Brot. Wir Jüngeren hatten unseren Appetit ganz gründlich überschätzt: Die entnommene Portion reichte noch für eine zweite Mahlzeit. Als wir uns satt gegessen hatten, beschlossen wir, für die Nacht zu bleiben, und spannten endlich die Pferde aus.

Da kamen plötzlich zwei junge Frauen aus dem Wald, begrüßten uns freundlich und sagten, daß alle Bewohner aus Angst das Haus verlassen hätten. Sie konnten sich überzeugen, wie friedlich wir waren, und riefen alle anderen Leute ins Haus. Diese kamen und brachten das Vieh aus dem Wald wieder mit. Das Bauernhaus war sehr geräumig und im Wohntrakt nobel eingerichtet. Es gab eine Bibliothek mit einem deutschen Flügel, dessen makelloses Schwarz überhaupt nicht zu unserem Dreck passen wollte. Unsere Nachtquartiere ließen uns in tiefen Schlaf sinken; ausgeruht und sauber gewaschen, sah die Welt für uns wieder ganz anders aus. Wir legten einige Ruhetage ein und vernahmen die Geschichte der Bewohner. Zu diesem Gehöft gehörten einige weitere Gebäude, tief im Wald versteckt und offensichtlich auf keiner Karte verzeichnet. Wir waren angeblich die ersten Soldaten in diesem Haus seit der Besetzung Lettlands durch die Russen, welche das Gehöft aber übersehen hatten. Kaum zu glauben, aber absolut glaubhaft mit vielen Einzelheiten vorgetragen.

Der ganze Betrieb war autark, mit selbstgesponnenem Leinen und schönem, prächtigem Wollzeug. Die Einrichtungsgegenstände waren grundsolide und von schier unbegrenzter Lebensdauer. Es gab eine Menge Rindvieh, gesunde Schweine und mancherlei Federvieh. Ich war ganz beeindruckt: Da gab es doch in der turbulenten Welt des Krieges einen kleinen Platz mit Sonnenschein, der fern des Geschehens lag. Die Baulichkeiten waren sehr sorgfältig aus Feldsteinen errichtet und in tadellosem Zustand. Die Formgebung entsprach unserem Geschmacksempfinden – so etwas hatten wir noch nie gesehen. Der Bauer konnte ganz leidlich Deutsch verstehen und lud uns für den Abend zu einem Festessen ein. An viele Einzelheiten kann ich mich nicht mehr erinnern, wohl aber daran, daß es für jeden auf einem übergroßen Porzellanteller ein ganzes gebackenes Huhn gab. Der Tisch war mit weißem Leinen, schönen silbernen Bestecken und Kristallgläsern gedeckt, einfach unglaublich. Es gab noch viel mehr zu essen, wie auf einer Bauernhochzeit. Wir benahmen uns äußerst gesittet, zumal auch zwei unserer Offiziere hinzugekommen waren. Nach dem langen Essen versammelten wir uns mit einer Anzahl Flaschen aus unseren Vorräten in der Bibliothek, Soldaten und Bewohner gemischt, auf den Sitzgelegenheiten und dem Fußboden. Oberleutnant Dr. Mitschka hatte sich hinter den Flügel gesetzt, er konnte meisterhaft spielen. Von Zivilberuf war er Studienrat in Breslau oder Leipzig, ich weiß es nicht mehr. Er intonierte bekannte Melodien aus der Opernwelt und regte den zweiten Offizier an, seine geübte Gesangsstimme zu erheben. Das war Leutnant Ostendorp, von Zivilberuf Opernsänger, Tenor beim Westdeutschen Rundfunk in Köln. Es gab ein improvisiertes Konzert. Noch heute sehe ich vor meinem geistigen Auge Ostendorp mit dem Glas in der Hand an den Flügel gelehnt, die Kragenhaken des Waffenrocks geöffnet, den Kopf hochrot, die Stimme voll und meisterhaft. Niemand konnte sich diesem Zauber entziehen, die Frauen der Bewohner heulten leise vor sich hin, kein Tuch konnte diese Fluten von Tränen bändigen. Es gab auch viele Weisen zum Mitsingen – bis tief in die Nacht und mit vielen Gesprächen. Und es gab keine falschen Töne, jeder benahm sich gesittet wie zu Hause, alle beklagten das große Leid des Krieges und gaben ihrer Sehnsucht nach einer friedlichen, schönen Welt Ausdruck. In den Köpfen mancher Kameraden, deren Familien von schlimmem Kriegsschicksal getroffen worden waren, spielten sich Gefühlsturbulenzen ab, die wir Jüngeren gewiß noch nicht verstehen konnten. Es gab keinen falschen Zungenschlag, keine politischen Äußerungen, es gab nur frohes und wehmütiges Miteinander. Schon nach einem weiteren Tag kam der Befehl zum Weitermarsch. Wir verließen dieses gastliche Haus mit frisch geschlachteter Marschverpflegung und in großer Wehmut.

Auch in einem anderen großen Gutsgebäude wurden wir für einige Wochen sehr nett aufgenommen, in Kalnasausi. Das Anwesen war im Besitz des letzten lettischen Ministerpräsidenten, den die Russen bei ihrem Einmarsch inhaftiert hatten und von dem in seiner Familie jede Nachricht fehlte. Wir bezogen mit unseren selbstgezimmerten Feldbetten einige der nobel ausgestatteten Räume und hatten unsere Arbeitsgelegenheiten nahe dabei in unseren mobilen Einheiten. Das Gut wurde noch bewirtschaftet, es gab Vieh und prachtvolle Pferde. Eine Akkumulatorenbatterie versorgte die Beleuchtung und die Rundfunkempfänger. Jeden Morgen lief im Hof eine Lokomobile einige Stunden, um die Batterien wieder aufzuladen. Für unsere Verpflegung sorgte unsere eigene Feldküche, unabhängig vom Gutsbetrieb. Ab und zu aber erhielten wir vom Gut den selbstgebrauten Gerstensaft, ein dunkles und schweres Bier. Es hatte viel Ähnlichkeit mit dem bekannten Bier von Kloster Andechs. Zu Festlichkeiten gab es Speiseeis. Das konnten wir überhaupt nicht verstehen, denn damals waren Kälteerzeuger noch nicht verbreitet. Das Eis wurde mit Hilfe von Wintereis erzeugt, gelagert in einem tiefen Keller, der sogar mit einem Gespann befahren werden konnte. Wir staunten über den Lebensstandard dieser Menschen.

Mehr darüber hörte ich dann von einer attraktiven jungen Dame, mit der ich mich näher anfreundete. Sie war die Verlobte des Gutsbesitzersohnes, der irgendwo seinen Dienst in der lettischen Verwaltung tat. Sie und ihre Eltern stammten aus Riga und besaßen eine Nähmaschinenfabrik. Ich sah die Familienalben und konnte mir ein Bild vom Leben in Friedenszeiten machen. Alle diese Menschen hatten einmal ihre Hoffnung auf die Ausdehnung des deutschen Einflußbereiches auf Lettland gesetzt und waren todtraurig, nachdem das Kriegsglück die Deutschen verlassen hatte. Sie zitterten vor der Rückkehr der Russen, die sie in sehr schlechter Erinnerung hatten. Das Mädchen sprach ein gebildetes Deutsch, weil es, solange es noch ging, Germanistik studiert hatte. Der Umgang miteinander vollzog sich in den durch gesellschaftliche Normen gesetzten Grenzen, so daß man vom eigentlichen Seelenzustand auch in den nächtelangen Gesprächen nicht viel hören konnte. Nur beim Austausch süßer Zärtlichkeiten schwang immer eine unausgesprochene Bitternis mit ... Dann kam der Tag, an dem uns der Marschbefehl ereilte. Die Wirklichkeit hatte uns wieder eingeholt, und die gesellschaftlichen Verhaltensweisen verblaßten, die innere Wahrheit erschien. Es gab viele Tränen, ich war erschüttert über den Zwang, den sich diese lieben Menschen wochenlang auferlegt hatten.

Und ich dachte auch darüber nach, wie es uns zumute sein würde, wenn wir selbst einmal den Russen ausgeliefert sein sollten. War mein Leben in seinen ganz wesentlichen Äußerungen bisher von »braunen Ängsten« beherrscht worden, so kamen mir nun die »roten Ängste« als entsetzliche, höllische Steigerung in den Sinn.

Helmut und ich fühlten uns hilflos ausgeliefert, wir wußten nicht, was wir mit einiger Aussicht auf Erfolg hätten tun können. Aber wir wußten, daß wir unbedingt etwas tun mußten! Aber was? Wie schön wäre es doch, wenn die Gerüchte von britisch-deutscher Waffenbrüderschaft in Erfüllung gehen würden und wir ein Gefangenenschicksal in Rußland vermeiden könnten. Aber eine Fata Morgana hat noch nie einen Verdurstenden vor dem sicheren Tode gerettet, so real konnten wir schon denken. In unserem Alter waren wir beide noch eng an die Rockzipfel unserer Familien angebunden. Helmut vielleicht mehr als ich, denn die Lage in Stettin war kritischer als in Köln. Immerhin machte es einen ganz gewaltigen Unterschied aus, ob westliche oder östliche Soldaten die Besetzung vollzogen. Unsere Vorstellungen von den zu erwartenden umwälzenden Ereignissen waren ganz stümperhaft, wir hatten ja keinerlei Erfahrungen mit Eroberungen, Besetzungen, Militärregierungen usw. Ich konnte mich nur dunkel an die Berichte meines Vaters über die Besetzung des Rheinlandes nach dem Ersten Weltkrieg erinnern, an die bürgerkriegsähnlichen Auseinandersetzungen zwischen den Deutschen, an den Ruhrkampf, an die Separatisten usw. Alles war leider nebulös. Verstand half trotz aller Anstrengungen nicht weiter, und sprechen mit einem vertrauenswürdigen älteren Menschen konnten wir darüber auch nicht, wir waren arg verlassen.

Da wundert es nicht, daß ich mich seelisch ganz auf meine kleine Freundin Annemie konzentrierte, die mit ihren einfachen, ganz lieben Briefen mir versicherte, daß meine warmen Gefühle genauso erwidert würden. In diesen Monaten habe ich viel geschrieben, weniges ist nur erhalten, weil es hauptsächlich Briefe an meine beiden lieben Freunde des Triumvirats waren. Ganz unterschiedliche

Briefe: an Hänschen mehr philosophisch in die Tiefe gehende, an Gerd solche mit Wirklichkeitsbezug – er hätte mich sonst ausgelacht. Diese Diversifikation meiner geistigen Energien hatte viel für sich, es wurde ein Spektrum abgedeckt, das mit einem einzigen lieben Freund kaum hätte bewältigt werden können. Leider kann ich meine Art auch nicht ändern, alles kompliziert anzugehen – die ständigen sanften Hinweise meiner lieben Frau haben in über 40 Jahren Ehe keine Änderung bewirken können. Meine Auseinandersetzung mit meinem Erleben und mein Bestreben, Grundlagen für meine weitere Existenz zu schaffen, waren so intensiv, daß ich heute alles nochmals ganz hautnah erleben kann.

Aus diesen Tagen stammt:

Sternensehnsucht

Donnern, Krachen – Bersten der Granaten
Rattern, Knattern – Stöhnen der Soldaten
Eisengeklirr und Lungengekeuch
Kugelgegirr – des Todes Geräusch –
Strahlende Helle – finstere Nacht –
Pfeifen, Surren, Singen und Sirren …
Will Gott die ganze Welt verwirren?
Tod, Leid, Kummer, Sorge,
Schmerzen – Schlacht.

Vorbei der Lärm – vorüber die Schlacht –
Dem Toben der Heere folgt Stille …
Was hast, Allmächtiger Du, gemacht?
Warum ist dies alles Dein Wille?

Großes, unendlich tiefes Geisterreich –
Wären wir Dir, Du Unfaßbarer, gleich
Und kennten des Menschenschicksals Sinn,
Leid, Sorgen, Schmerzen wären dahin …
Nicht mehr brauchten wir neiden um Glück –
Menschsein aber ist arm und einsam!
Sind wir dem Allgewaltigen gram,
Weil nur die Sterne ahnen das Glück?
Hat Dich einmal ein Stern entzückt,
Wie froh denkst Du daran zurück …

In diesen Tagen tauchte, am 24. September 1944, erstmals in den Befehlen der Heeresgruppe der Name »Kurland« auf. Der einzelne Soldat erlebte ja das Geschehen nicht so, wie es heute ein Historiker darstellen kann. Der einfache Soldat blieb über das Gesamtgeschehen total im unklaren. Deshalb eine Liste der wichtigen Kurlandschlachten:

	Auftakt	22.06.44 – 12.10.44
1.	Schlacht	13.10.44 – 24.10.44
2.	Schlacht	27.10.44 – 15.12.44
3.	Schlacht	21.12.44 – 31.12.44
4.	Schlacht	24.01.45 – 03.02.45
5.	Schlacht	20.02.45 – 10.03.45
6.	Schlacht	18.03.45 – 31.03.45

Werner Haupt: »Das war Kurland« – Die sechs Kurlandschlachten aus der Sicht der Divisionen (PODZUN-PALLAS-Verlag GmbH in Friedberg/H. 1987).
Vom gleichen Verfasser: »Kurland«-Bildchronik einer vergessenen Heeresgruppe 1944/45« (im gleichen Verlag 1984)

Eine siebte Kurlandschlacht sollte es nicht mehr geben, offensichtlich waren nun bei der Roten Armee die Prioritäten anders gesetzt worden. Kurland war eingeschlossen, und die deutschen Truppen gingen ihrem ungewissen Ende entgegen – zwar in der Feldschlacht unbesiegt, in der Sache aber unterlegen. Wir erlebten damals vielleicht am deutlichsten die Endepoche eines konventionellen Krieges – Helmut und ich waren uns instinktiv der Bedeutung dieser Zeitspanne bewußt und stellten die verschiedenartigsten Überlegungen an.

Einen Tag vor der Räumung von Riga erlebte ich, welch ein Ruf Generaloberst Schörner vorausging. Wir hatten damals auf einem separat gelegenen Bauernhof eine schöne Stellung als »Wetterzug« bezogen und nutzten einen kleinen Ortsurlaub gerne zu einer Fahrt nach Riga – per Anhalter, würde man heute sagen. In Riga gab es noch städtische Atmosphäre, interessante Lokale und auch schön angezogene Mädchen. Ich saß auf der Ladepritsche eines Lkws und sah plötzlich, daß sehr viele Fahrzeuge kehrtmachten. Fußgängersoldaten drehten sich um und suchten im Laufschritt das Weite. Wir hielten an und fragten. Es hieß: »Nichts wie weg, der Heldenklau kommt.«

Das bedeutete, die Feldgendarmerie rekrutierte auf der Straße jeden erreichbaren Soldaten für Alarmeinheiten. Diese waren ein Himmelfahrtskommando, weil zusammengewürfelt und nicht eingespielt. Die Leute kannten sich ja untereinander gar nicht. Alarmeinheiten wurden zur Abwehr von gegnerischen Einbrüchen eingesetzt. Es ging alles ganz schnell: Soldbuch her und Meldung bei der Sammelstelle X bzw. Aufsitzen auf das bereitstehende Kraftfahrzeug.

In diesen Wochen bewohnten wir einen Bauernhof in der Nähe eines größeren Waldgebietes. Es war ein gemütliches Quartier. Die Wirtsleute zogen in einen leerstehenden Stall um und betreuten auch unser mitgebrachtes Beutevieh. Ein Teil des Wetterzuges war in einen etwa zwei Kilometer abgelegenen Bauernhof ausquartiert worden, wo sich die zweite Meßstelle für den Pilotballonaufstieg befand. Unsere gewohnte Arbeit lief sehr gut, und wir waren den Umständen entsprechend ganz zufrieden.

Zum Bauernhof gehörte auch ein großer Schäferhund, mit dem ich mich befaßte. Er wurde zutraulich und schlief oft neben meinem Bett. Nur in den Vollmondnächten war der Rüde nicht im Haus zu halten. Er stand im Hof und heulte wie ein Wolf. Aus den Wäldern wurde sein Ruf beantwortet. Wir wußten nicht, ob dort wilde Hunde oder Wölfe lebten, da der Wald bis auf eine Batterie schwerer Steilfeuergeschütze unbesiedelt schien. In den Nächten mit Kampfhandlungen feuerten diese ganz tadellos. Mündungsfeuer war wegen der Salzvorlagen nicht auszumachen, deshalb bekamen wir auch keinen Feindbeschuß.

In anderen Nächten hörte man nur das Heulen der Wolfshunde, sonst war alles still. Unser Rüde machte dann eine Exkursion, die bis zu zwei Tagen dauern konnte. Er kam immer arg mitgenommen zurück, wir verbanden seine Bißwunden.

Wie der Hund, so reagierten auch die Kameraden, sie schauten nach den Schönen des Landes aus. Eines Tages kam unser Zugführer und erklärte, daß es in dem großen Wald wunderbare Walderdbeeren gebe, die ein älterer Kamerad und ich für unsere Verpflegung sammeln könnten. Wir machten ungläubige Gesichter. Er aber meinte, daß sich zwei junge Mädchen bereitgefunden hätten, uns zu den ertragreichen Beerengründen zu führen. Das gefiel uns schon besser. Im Walde angekommen, wurden wir genötigt, uns ganz bequem niederzulassen, sie, die beiden hübschen Mädchen, wollten schon genügend Beeren ganz schnell allein sammeln. So geschah es, und wir hatten viel Spaß. Mein Kamerad war deutlich älter als ich. Die Mädchen hatten zu ihm ein eher »töchterliches« Verhältnis. Er besaß viel Lebenserfahrung und hatte einen ganz besonderen persönlichen »Ruhm« gesammelt. Er konnte sich nämlich als »ganz simpel« verstellen. Keiner ahnte, daß er ein Meisterkartenspieler war. Die Kameraden spielten damals in allen Lebenslagen mit Leidenschaft um Geld und alles Hab und Gut »Siebzehnundvier«. Dieser Kamerad verleitete Neuankömmlinge zum Spiel und beutete sie dann gehörig aus. So war es ihm auch bei den beiden Mädchen leicht möglich, sie zu einem Besuch bei uns zu überreden. Die Hübscheste der Mädchen hieß Velta und machte mit ihren langen blonden Locken und ihrer fröhlichen Art auf mich besonders Eindruck. Ich zeigte ihr das auch.

Am nächsten Sonntag wurde in unserem Quartier gescheuert und geputzt, es war Kuchen gebacken worden, und natürlich standen auch mannigfaltige alkoholische Getränke bereit. Für die Mädchen braute man »Bärenfang« auf unsere Art, Wodka mit Honig und »Schokakola«, der koffeinhaltigen Fliegerschokolade (mit Pervitin). Sie war wirkungsvoll gegen Schlaf und wurde bei Fronteinsätzen ausgeteilt. In Verbindung mit Alkohol war sie teuflisch, weil man betrunken wurde, ohne es richtig zu merken. Unser Gruppenführer war ein kleinwüchsiger, dunkelhaariger und braunhäutiger Unteroffizier Weilinger aus Wien mit dem Vornamen Pepi. Eigentlich hatte er keine richtige Unteroffiziersqualifikation, er war »Unteroffizier ehrenhalber«. Ihm wurde der Rang als Dank für die Lebensrettung des Offiziers verliehen, bei dem er Putzer gewesen war. Pepi hatte trotz seines auf den ersten Blick sympathischen Dialektes dauernd Probleme mit seinem Selbstwertgefühl. Das machte ihn sehr schwierig.

Helmut und mich traf das ganz besonders, weil wir »kleine Intellektuelle« waren, ganz fernab von seinem Zivilberuf als Schankwirt in Wien. Der Zivilberuf hatte ihn außerdem chronisch alkoholabhängig gemacht, gekennzeichnet dadurch, daß er schon infolge einer ganz normalen Schnapsration, die jeder ohne Folgen vertrug, betrunken war. Pepi war dann schon völlig weggetreten. Nachdem er einige Wiener Lieder gesungen hatte, die er stilecht und bühnenreif darbot, kam sein Rauschzustand sichtbar zur Wirkung. Er griff nach den Mädchen, die ihn ja überhaupt nicht kannten – diese schreckten zurück. Velta flüchtete sich in meine Arme, was für Pepi zuviel war. Er schrie mich mit »dienstlichen Befehlen« an, was aber die Mädchen überhaupt nicht beeindruckte. Es war ganz klar, ich hatte ihm die Tour vermasselt. Und das bekam ich an den folgenden Tagen zu spüren. Ein Zivilist kann sich gar nicht vorstellen, wie solche lächerlichen Vorkommnisse die Atmosphäre vergiften können. Nachdem die Mädchen fort waren, beschuldigte er sie auch schon, ihn irgendwie bestohlen zu haben – ich weiß nicht mehr, was. Pepi forderte mich dann auf, ihm den Schaden zu ersetzen, denn ich stecke ja mit Velta unter einer Decke. Als mich Velta bald wieder besuchte, da kam das Faß zum Überlaufen. Pepi wurde ganz ausfallend und giftig. Seine Beschimpfungen mußte ich mir auch noch »stillgestanden« anhören, obwohl bekanntlich der Umgangston in der Mannschaft an der Front eher leger ist. Auch Helmut meinte: *»Jetzt übersteigt das jedes tolerierbare Maß. Wir müssen etwas gegen ihn unternehmen.«*

Pepi versuchte dauernd, die mitgehörten Gespräche zwischen Helmut und mir als »Wehrkraftzersetzung« zu interpretieren, scheute sich jedoch, eine schriftliche Meldung zu machen. Er sprach aber mit dem NSFO, Hauptmann Dr. Woike, darüber. Da dieser uns beide gut kannte, hat er Pepi leicht davon überzeugen können, auf der falschen Fährte zu sein. Das aber machte Pepi innerlich noch wütender. Er hetzte auch andere Kameraden gegen mich auf.

Bei einem davon hatte er Erfolg. Dieser war von Zivilberuf Zirkusartist und verrichtete eine Tätigkeit als Faktotum für alles. Unter anderem war er für die Betreuung unserer eigenen Kühe zuständig. Ich wurde eines Tages eingeteilt, an seiner Stelle die Tiere von der Weide zu holen. Als ich abends die letzte Kuh in den Stall führen wollte, tauchte der eigentliche Kuhpfleger plötzlich auf. Er beschimpfte mich sofort, irgend etwas nicht »kuhgerecht« getan zu haben. Ein Wort ergab das andere. Und dann versuchte er, mir mehrere Ohrfeigen zu geben. Ich war ganz überrascht und forderte ihn auf, das sofort zu unterlassen. Ich war wütend geworden. Der Überraschungseffekt war verklungen, und ich entsann mich der Künste unseres Boxlehrers. Da ging es dem Artisten schlecht. Er wußte noch nicht, daß ich fachgerecht zuschlagen konnte. Er schlug verzweifelt zurück gegen meine Deckung, und ich schlug ihn regelrecht k.o. Seine Nase platzte dabei leider auf, was ich nicht beabsichtigt hatte und was mir leid tat. Er lief in die Unterkunft, um eine Waffe zu holen, woran ihn die Kameraden gottlob hindern konnten. Pepi kam hinzu, und ich hatte nun bei ihm endgültig »verschissen«. An alle anderen Kleinigkeiten kann ich mich nach so vielen Jahren nicht mehr erinnern.

Helmut meinte nur: »Wenn wir jetzt nichts unternehmen, dann gibt es Mord und Totschlag.«

Und wir beide haben dann wirkungsvoll etwas unternehmen können, was uns für lange Zeit wieder Ruhe gab – Pepis Zorn aber glimmte im Unterbewußtsein weiter. Was wir taten, war eigentlich ganz einfach. Wir legten ein kleines Büchlein an, beschriftet: *»Dienstliche Verfehlungen des Uffz. Joseph Weilinger.«*

Wir sammelten einige Wochen: Datum, Uhrzeit, Gegenstand der Verfehlung, einschlägige Bestimmung der HDV (Heeresdienstvorschrift), Zeugen. Viele Verfehlungen des Unteroffiziers kamen leicht zusammen, sie hätten sich natürlich auch bei uns selbst sammeln lassen, aber der Unteroffizier nahm sich doch eben etwas mehr heraus als die Gefreiten. Dann paßten wir eine Gelegenheit ab, ihm das unter die Nase zu reiben. Schön unauffällig und ganz zufällig. Wir alle hatten nachts Wache am Funkgerät zu sitzen. Jeder nutzte die Zeit zum Briefeschreiben und Lesen. Wir richteten es so ein, daß die Wache zwischen Helmut und mir an Pepi fiel. Helmut »vergaß« sein Schreibzeug, in dem sich das Büchlein befand. Es war mit einem Trick so abgelegt, daß man ein Öffnen von unbefugter Hand feststellen konnte. Pepi hatte also Einsicht in sein Sündenregister genommen … Er war nun wie ausgewechselt.

Diese breit dargestellten Dinge machten eigentlich unseren Alltag aus, der Dienst selbst war leicht. Höhepunkte für mich: schöne Spaziergänge mit Velta, die vor den Russen eine unglaubliche Angst hatte. Ihren Eltern ging es ebenso und vielen in der Flüchtlingsunterkunft im Walde, zu der ich schließlich geführt wurde. Auch bei mir fingen die »roten Ängste« an, sich zu manifestieren. Zu alledem kamen noch die Hiobsbotschaften, welche verschiedene Kameraden erreichten.

Die Heeresleitung erhöhte die Rationen an Alkohol. In solchen Tiefpunkten wurde praktisch kein Dienst mehr versehen, der »Wetterzug« fiel einfach aus. Die Offiziere drückten beide Augen zu angesichts des Leids. Wir Jünglinge aber haben nicht getrunken und waren deshalb in der Lage, auf Sparflamme »den Schornstein am

Rauchen« zu halten. Die Älteren waren zum Teil eine volle Woche lang stark betrunken. Sie aßen nichts mehr, sie tranken nur noch ... In einer solchen Situation erreichte uns der Befehl, sofort Stellungswechsel zu machen. Die sonst führenden Älteren lallten: *»Es ist doch sowieso alles Scheiße.«*

Die Rote Armee war durchgebrochen und bewegte sich auf unsere Position zu. Helmut und ich überlegten fieberhaft, was zu tun sei. Da kamen wir auf die Idee, unsere gehorteten Schnapsvorräte »den Bestien zum Fraße vorzuwerfen«. Sie stürzten sich darauf und wurden plötzlich ganz willig, sie bewegten sich, zwar bedenklich schwankend, aber zielsicher. So schafften wir in letzter Minute einen wenig rühmlichen Rückzug. Niemand verlor später ein Wort darüber – aber wir beide hatten deutlich an Prestige gewonnen.

Am 10. Oktober 1944 wurde die letzte Landverbindung zwischen dem Reich und Kurland von den Russen unterbrochen. Wir waren eingeschlossen, und wir wußten: endgültig. In dieser Situation fragte mich mein Chef, ob ich an einem Reserveoffizierslehrgang teilnehmen wolle. Nach reiflichen Überlegungen lehnte ich wiederum ab. Zwischendurch hatte ich das ganze Problem meinem Vater geschrieben, denn Post wurde ja immer noch zugestellt. Mein Vater tat damals Dienst in der Wehrmacht in Köln. Man hatte ihm eine Infanterieeinheit in Bataillonsstärke anvertraut. So klang dann auch sein Antwortbrief – leider, weil für mich besonders wichtig, nicht mehr erhalten. Eine Seite lang las ich etwas über meine zu bemängelnde Pflichtauffassung, über meine ihm genau bekannten Schwächen (Egozentrismus, übersteigertes Selbstwertgefühl, Bequemlichkeit, mangelnde Objektivität – wenn es mir in den Kram passe usw.) und über all die Opfer, die von anderen in dieser schweren Zeit dargebracht würden. So endete der Brief – mir lief es kalt über den Rücken, dann wurde mir glühend heiß, meine Magengrube zog sich schmerzhaft zusammen. Noch nie hatte ich mich so im Gegensatz zu meinem von mir über alles verehrten Vater gefühlt. Da entdeckte ich unten auf der Seite ganz klein geschrieben: »b. w.«. Und auf der Rückseite stand dann:

»Das war meine Meinung als deutscher Offizier, als Vater aber stimme ich Deiner Entscheidung voll zu, mache so weiter, und Gott befohlen.«

Auch mein Vater war also sehr kompliziert konstruiert – woher sollte ich das sonst wohl haben? Im Lehrgang wäre ich vielleicht überhaupt nicht angekommen, weil das große Transportschiff versenkt wurde.

Auf dem Rückzug hatte ich »Dusel«, als in einer bedrohlichen Lage ein Stoßtrupp zusammengestellt und ich dazu ausgewählt wurde. Beim Antreten in voller Ausrüstung fiel ich auf: Ich hatte keinen Stahlhelm. Ein Anpfiff durch den Kommandeur blieb nicht aus. Ich konnte jedoch entgegnen, meinen Stahlhelm vor einigen Tagen auf Befehl einem Offizier des Generalstabes überlassen und nicht zurückerhalten zu haben. Denn mein Stahlhelm hatte eine Besonderheit: Er war der größte der Abteilung, und es gab nur einen dieser Größe! Ich wurde infolgedessen vom Stoßtruppunternehmen ausgeschlossen, zu meinem Heil, denn es kam nur einer zurück.

Nördlich Tuckum konnten wir ein Dauerquartier beziehen, in Sichtweite lag ein weißes Holzschloß und die See. Es war zauberhaft schön. Von dem Schloß hielten wir respektvollen Abstand, weil es gewiß der russischen Ari ein gutes Ziel bieten würde. Wir hatten ein sehr großes Bauernhaus, von einem mächtigen Strohdach bedeckt. Auf dem First bauten wir unsere Windmeßstelle auf. Jetzt wurden die Tage kälter, und von der See pfiff ein ordentlicher Wind. Als ich eines Abends die lange Leiter zur Meßstelle hinaufstieg, beobachtete ich an dem Leichtmetall des Anemometers Elmsfeuer. Es verschwand, wenn ich das Gerät berührte, um dann später wieder zu erscheinen. Nur noch einmal habe ich dieses Phänomen bisher erleben dürfen: bei einem Flug von Mexico City nach Acapulco mit einer Sondermaschine durch ein kräftiges Gewitter.

Die Tage wurden sehr kurz, und wir schliefen jede Nacht unglaublich lange: um die 15 Stunden. Denn am Nachmittag gab es nur eine spärliche Beleuchtung. Man konnte sich kaum beschäftigen. Wir hatten dienstlich nicht viel zu tun. Da unsere Artillerie unter Munitionsmangel litt, brauchten wir nur selten »Schallwetter«. Wir lieferten den Wetterbericht für einen nahen Fliegerhorst, da seine eigene Wetterstelle ausgefallen war. Die Piloten der deutschen Jagdflugzeuge waren leider alle Italiener – ohne jeden Angriffsschneid. Aber dennoch blieben sie wirkungsvoll, weil die Russen nicht wissen konnten, wer pilotierte. Das Auftauchen der Maschinen bewirkte schon ein Abdrehen der russischen Flugzeuge, ein solcher Ruf ging den tadellosen »Messerschmitt« ME 109 voraus.

Ich möchte sagen: »natürlich« ging die Phantasie der Soldaten in Richtung Frauen. Groß war das einheimische Angebot nicht, aber eines Tages tauchte Reia auf. Sie war Russin und führte ihren kleinen Sohn von etwa fünf Jahren mit sich. Der Krieg hatte sie vertrieben, von ihrem Mann erhielten wir nur spärliche Informationen. Ihre Schwiegermutter begleitete sie. Reia war ein Naturereignis, Mitte 20, an den richtigen Stellen wohlgepolstert, unsere Sprache gut radebrechend und sehr gut gekleidet. Ihre Familie hatte ein kleines Kaufhaus besessen. Kein Wunder, daß sie Aufsehen erregte, besonders bei dem Unteroffizier Pepi. Reias Leute wußten als Flüchtlinge nicht wohin. Unser Unteroffizier befahl deshalb, für Reia eine große »Box« inmitten unserer Pritschen zu bauen. Diese hatte einen großen Vorhang und ein breites Bett. Reia war schlau und stellte sich mit allen Kameraden gleich gut. Schnell erkannte sie, daß Helmut und ich die unverfänglichsten Adressaten waren, wenn sie besondere Gefälligkeiten benötigte. Bei uns bestand nicht die Gefahr, schlußendlich in »Naturalien« bezahlen zu müssen. Reia merkte schnell, daß ich ihren Liebreiz bewunderte, dafür gab sie mir ab und zu einmal ein schwesterliches Küßchen. Ich lieferte ihr alles, was ich organisieren konnte. Gerne faßte sie mich im Nacken am Haaransatz an – bei Jünglingen nach meiner Erfahrung wirkungsvoll.

Der Unteroffizier sah das und vermutete die Realisierung seiner eigenen Phantasien. Das aber wurde äußerst gefährlich, weil Pepis Bett diagonal gegenüber dem großen Vorhang stand und er fortan immer mit durchgeladener 08-Pistole unter dem Kopfkissen schlief. Das war bei uns sonst nicht üblich. Es passierte nichts, aber die Atmosphäre knisterte.

Neben dem Bauernhaus bauten wir nun den schon erwähnten heimeligen Bunker, weil wir uns besser schützen wollten. Dabei ergab sich ein weiterer Zusammenstoß mit Pepi, an den mich Helmut nach 43 Jahren wieder erinnerte. Es war eben die Summe der Ereignisse, welche für mich bedrohlich werden konnte, wenn die militärische Ordnung sich einmal auflösen würde.

Als der Bunker seiner Fertigstellung entgegenging, fehlte nur noch eine Eingangstreppe. Die seitlichen Begrenzungswände wurden durch eine horizontale Parallelschichtung von Rundhölzern gebildet, mit Erdreich hinterfüllt und je Wand mit zwei senkrecht eingerammten Pfählen abgestützt. Pepi hatte diese vier Pfähle einschlagen lassen und dann auf gleicher Höhe abgesägt. Distanzbretter verbanden gegenüberliegende Pfähle. Als nun das ganze Erdreich egalisiert worden war, stellte sich heraus, daß die Pfähle nach oben unschön überstanden. Meinem Kameraden Günter und mir gab Pepi nun die Anweisung, mit der großen Schrotsäge die überstehenden Pfahlstücke und damit natürlich auch die Distanzbretter abzusägen. Vorsichtig gab ich zu bedenken, man müsse vielleicht zuerst prüfen, ob die Pfähle tief genug eingerammt worden seien, um der nun eintretenden Belastung als auskragende Einzelpfähle zu genügen. Täten sie das nicht, so reiche das Versagen eines Pfahles schon aus, um den ganzen Bunkereingang zu verschütten. Pepi wurde sehr unwirsch und murmelte etwas von Studenten, die stets alles besser zu wissen meinten. Lautstark artikulierte er mit sich überschlagender Stimme:

»Die Pfähle sind von mir eingeschlagen worden und in Ordnung. Ich gebe Ihnen den dienstlichen Befehl, die Pfähle sofort abzusägen!«

Das war starker Tobak. Günter und ich setzten also die Schrotsäge an und begannen zu sägen. Nach kurzer Zeit klemmte die Säge so, daß wir sie nicht mehr bewegen konnten. Für mich war das ein klares Zeichen für ungenügende Einspannung des Pfahlfußes. Ich hielt mit Sägen ein. Pepi aber giftete uns an:

»Sofort weitersägen!«

Dabei lief er zornesrot an. Speichel trat aus seinen Mundwinkeln. Wir zogen also das Sägeblatt heraus und begannen von der anderen Seite erneut zu sägen. Plötzlich gab es einen Laut brechenden Holzes, und schon stürzten Kubikmeter Erdreich von rechts und links hinab. Der Bunkereingang war zu, die drinnen arbeitenden Leute eingeschlossen. Alle lachten laut – Pepi wurde ganz still.

Plötzlich brüllte er mich an: »Sie werden doch nicht behaupten wollen, ich sei an dem Einsturz schuld?«

Eisiges Schweigen und Feixen. Ich glaube, daß damit in das Faß Pepi der vorletzte Tropfen vor dem Überlaufen eingefüllt worden war.

Angesichts dieses Vorfalls kann ich im Hinblick auf später nur sagen: Große Ereignisse werfen ihre Schatten voraus. Dabei kann es wie im Kriege auch um Menschenleben gehen: *Von mir recht-*

zeitig mit schriftlichen Warnungen an die Verantwortlichen bemerkt: Einstürze der Flugzeughalle III in Frankfurt/Main und der Kongreßhalle in Berlin.

Am 14. Dezember 1944 eröffneten wir in etwa 1500 Metern Entfernung »Meßstelle C« für den Pilotballonaufstieg, besetzt mit drei Mann. Wir wohnten in einem kleinen Bunker der Abmessungen 4,50 mal 3,50 Meter. Da wir ihn während der Frostperiode gebaut hatten, war er gegen Wintersturm nicht ganz dicht, er wurde es erst nach nun einsetzendem Schneefall. Verantwortlich für die Meßstelle war der ältere Kamerad Jägers, derselbe, welcher schon eingangs erwähnt wurde, weil er mich später beim NSFO anzeigte wegen »Wehrkraftzersetzung«. Vielleicht hat zu seinem Verhalten auch unser Zusammensein auf so engem Raum inmitten einer unwegsamen Schneelandschaft beigetragen. Wer weiß heute, was wir damals alles erzählt haben. Denn der dritte Kamerad Günter war ein Elektriker aus Oberhausen, bekannt durch seinen Ausruf unter Tränen: *»Mein Vater war auch schon immer Kommunist ...«*

Zu diesem Ausbruch seines Gefühlslebens war es vor Monaten gekommen, als wir uns auf einem beschwerlichen Rückzug befanden. Wir waren schon über 50 Kilometer marschiert. Da verließen ihn seine Kräfte. Er setzte sich einfach auf den Boden und wollte nicht mehr aufstehen. Alles half nichts ... Wir bedeuteten ihm, daß der Iwan oder die Feldgendarmerie ihn schnappen würden, wenn er nicht schnell weiterlaufen wolle. Er aber wollte nicht! Da haben wir ihn kräftig in den Hintern getreten, bis er weiterging, wofür er uns später dankbar war.

Kamerad Jägers versuchte mit einer solchen Meßstellenbesatzung den Durchhaltewillen zu stärken, hatte aber bei unserem Pessimismus einen schweren Stand.

Wir drei feierten ein schönes Weihnachtsfest. Kamerad Jägers fabrizierte eine große Buttercremetorte. Vor der Tür des Bunkers lagerte ein halber Hammel in sicherer Höhe. Es gab köstliche Hammelkeule und andere Leckereien. Am zweiten Feiertag wurde ich plötzlich krank und hatte hohes Fieber. Der angenehme Stabsarzt Dr. Ehrlich kam und diagnostizierte »Wolhynisches Fieber«. Es wird auch Fünftagefieber genannt, die Erreger dieser Rickettsiose werden von Läusen übertragen. Es entsteht ein fleckiger Hautausschlag. Es ist dem Fleckfieber verwandt. Tagelang lag ich in Fieberträumen und kann mich nur noch an die sorgsame Pflege durch meinen Kameraden Günter erinnern. Kamerad Jägers war inzwischen ausgezogen, und der Stabsarzt kam jeden Tag. Später hörte ich von ihm, daß meine Krankheit keineswegs harmlos gewesen sei, Gefahr von Enzephalitis.

Im Bunker wurde es nachts sehr kalt, ich benötigte viele Militärdecken, um nicht zu zittern. Die lasteten schwer auf meiner Brust. Günter baute mir ein hölzernes Gestell, das die Hauptlast der Decken aufnehmen konnte. So wurde ich ganz langsam wieder gesund. Den Jahreswechsel verbrachte ich allein mit Günter, der leider Nachricht von einem Fliegerschaden in der elterlichen Wohnung in Oberhausen erhielt. Wir beide begannen das neue Jahr in niedergeschlagener Stimmung.

Ertüchtigt

Finale

Nach Auflösung der »Meßstelle C« kam ich wieder zu Helmut in den heimeligen Bunker zurück, wo sich die »Wehrkraftzersetzungsaffäre« ereignete. Am 22. Januar 1945 wurde ich als Auswerter in das »Behelfssystem« versetzt, wohin mich bei minus zehn Grad ein beschwerlicher, einsamer Fußmarsch von etwa 25 Kilometern führte. Allein im tiefen Schnee stapfend, hatte ich Gelegenheit, meinen Gedanken nachzuhängen. Mir wurde klar, daß die nahe Zukunft ganz einschneidende Veränderungen bringen würde, daß die »braunen« Ängste durch die »roten« eine schlimme Steigerung erfahren könnten. Auch diese wollte ich unbedingt überwinden – nur das »Wie« stand in den Sternen –, um durch intensive Eigendynamik aktiv meine Erfahrungen mit den braunen Ängsten positiv umzusetzen.

Am 9. Februar 1945 schrieb ich meiner Freundin:

»Meine liebe, kleine, blonde Annemie!
Es gibt ein kleines modernes Tanzliedchen:

›Peter, hallo, die Post ist da;
Peter, vielleicht von Erika
oder von der blonden Annemie …‹
Rhythmische Foxtrottklänge, von einer übermütigen und ausgelassenen Mädchenstimme gesungen, finden den Weg vom Soldatensender zu uns in der verlassenen Einöde der Kurlandfront. Wir werden mitgerissen von Schwung und Leichtigkeit, von der Sorglosigkeit dieser Worte – und auch uns wird etwas beschwingter ums Herz! Höre ich diese frohen Klänge, dann wird mir – wörtlich genommen – kalt und heiß, ein seliger Schauder überflutet mich, mir ist fast so, als wenn ich Dich, mein geliebtes Mädchen, an die Hand nehme!
Rauhe Gegenwart versinkt, und ich lebe nur den Träumen, meinen schönsten! In einer ähnlichen Stimmung war ich gerade am gestrigen Abend, als der Postholer durch den tiefen Schnee stapfte und an unsere Tür klopfte. Welche Freude: ein Brief von Dir! Ich dankte und nahm den gelben Umschlag mit Deiner steilen, eigenwilligen Schrift – unter Tausenden fände ich sie auf den ersten Blick – in meine Hände und hielt ihn fest wie etwas, das ich nie verlieren darf. Es ging schon auf zehn Uhr, meine beiden Quartiersgenossen schliefen fest, denn sie hatten bei der wenigen Post, die es nur gibt, nicht ein solches Glück – da beschloß ich, ganz andächtig Deinen Brief zu öffnen und zu lesen. Ich zog den Docht unseres Ölfunzelchens höher – so, daß es fast blakte –, stopfte mir mein Pfeifchen und blies mit Wohlbehagen große, blaue, würzige Tabakwolken von mir – man hörte das Reißen von Papier, und ich hielt Deine lieben Zeilen in meinen Händen! Dann fing ich an zu lesen. Ich vergaß Tabak und Flöhe (denn die gibt es zu unserem Leidwesen neben anderen kleinen Bewohnern zur Genüge) und las, las immer wieder von neuem die lieben Worte und Gedanken, die Du für mich hast! Ich zog Dein Bild aus meiner Brieftasche und stellte es vor mir auf den Tisch. Hättest du gesehen, wie glücklich ich Dich, meine über alles geliebte Annemarie, anschaute, so wäre es gewiß der schönste Dank gewesen, aber Du bist ja nicht hier, so kann ich Dir dies nur schreiben mit solch nüchternen Worten, die kaum das treffen, was ich meine. Heute

abend kann ich dies, gestern fand ich keine Worte, jeder Versuch kam mir fast wie ein Hohn auf das vor, was ich wirklich aussagen wollte. Ich legte mich zu Bett, also auf mein Stroh, und konnte nicht einschlafen, weil ich nur immerzu an Dich denken mußte. Wärest Du bei mir gewesen, ich hätte Dich so fest in meine Arme geschlossen, als wollte ich Dich bis zum Ende der Welt nicht mehr loslassen. Dann aber stand ich auf und trat vor die Tür in die kalte Winternacht. Der Schnee leuchtete hell im Lichte der Sterne, die durch den leicht verhangenen Himmel lugten, und ich suchte meinen, unseren Stern – die Venus. Sie strahlte noch hell am Firmament –, und ihr vertraute ich meine geheimsten Wünsche an – vielleicht trägt dieser Stern sie einst zu Dir. Denn wer weiß, ob Du nicht auch gerade wach liegst und Deine Ruhe nicht finden kannst?

Ja, und dies beruhigte mich: die Gewißheit, daß Du an mich denkst, und ich fühlte mich geborgen, so als seiest Du mein Schutzengel – ja, der bist Du auch, mein Engel, mein Liebes! Nicht weit tackt ein Maschinengewehr in der Nacht, eine Leuchtkugel steht flackernd unter den Wolken – ich werde daran erinnert, ich, der glücklichste Mensch, daß Krieg ist, Krieg, grausamer als Menschen denken könnten, ein Existenzkampf, der um das Wohl und Wehe aller unserer Brüder und Schwestern entscheidet, der Kampf gegen die Macht der Finsternis, den Bolschewismus.

Ja, und doch kann ich so glücklich sein? Meine Eltern sind in genau derselben dauernden Gefahr wie Du, Geliebtes – ich weiß nicht, wo mein Bruder ist. Hat man die jungen Kerlchen aus dem RAD in die Volkssturmbataillone eingereiht? Naumburg ist im Gefahrengebiet – und doch kann ich noch ein wenig froher sein als alle anderen Menschen, ja kenne eine glückliche Minute? Es ist nicht so, als sähe ich das große Leid nicht und kennte nicht die dauernde große Sorge um die Lieben, um alle – um das Vaterland, das in der größten Gefahr schwebt, vor dem Abgrund – wenn nicht ein Wunder geschieht, dann …

Nein, nur nicht aussprechen, nicht in Worte fassen, dann ist es der Wirklichkeit schon wieder um einen Schritt näher, denn ich hoffe noch, hoffe, hoffe … Wir jungen

Menschen werden unser großes Hoffen nie verlieren, denn mit ihm verlören wir unser Kostbarstes, die Jugend!
Ich glaube daran, daß Gott nicht so ungerecht sein kann und alle die Kameraden und Freunde umsonst fallen mußten, daß Hans, mein lieber Freund, für nichts und wieder nichts das härteste Schicksal trägt, das noch vielen von uns bevorsteht. Ich bewahre trotz allem meinen guten Mut und mein Gottvertrauen. Werde ich einmal schwach, dann hole ich mir neue Kraft bei Dir – in unserer Liebe! Ja, jetzt ist es noch gut, denn es gehen noch Briefe von der Heimat zur Front und zurück, aber es wird nicht immer so sein – vielleicht bald anders. Aber auch dann will ich so an Dich denken können wie heute; vielleicht macht dieser Gedanke das härteste Schicksal einmal leichter.
Du, Annemarie, Du liebe, liebste Annemie, mußt mir versprechen, so zu bleiben und uns beide im Gebet nicht zu vergessen! Denn wer es nicht mehr konnte – heute lernt er wieder beten. Ich muß Gott danken für das Geschenk, das er uns beiden machte.
Wer glaubt, es gebe keinen Gott mehr – hier, hier in unsere Herzen soll er schauen, und er wird erkennen, daß er irrte! Unsere Liebe ist auch nur Zukunft, ein Ahnen des wirklichen Glücks, die lebt in Deinem kleinen, goldenen Herzchen und in dem meinen – manchmal auch in unseren Träumen, doch immer in unseren Gedanken …
Und sie wird weiterleben, über diese Welt hinaus in eine glücklichere, wo uns keine Macht der Welt und der Finsternis je wird trennen können.
Diese Gewißheit habe ich – sie ist es, die mich glücklich und froh macht bei allem Ungewissen des Heute. Glauben wir fest, ganz fest an unsere Zukunft, an unser Glück, und wir wissen, daß alle Härte ihren Lohn findet, daß keine Anstrengung zu groß ist für eine glücklichere Zukunft und eine reine Seele!
Nun ist es spät geworden – ich grüße Dich, mein liebes Mädchen, ganz lieb aus dankesvollem Herzen und erflehe für Dich Gottes Schutz und das Allerbeste!
Ich umarme Dich! *Herzinnigst*
Dein Josef
Große Sehnsucht hab' ich, da bin ich wie ein kleiner Junge …«

In diesen Wochen geriet die Front so in Bewegung, daß wir nirgendwo mehr richtig zur Ruhe kommen konnten. Darunter litt auch unser professioneller Einsatz, wir retteten von einem Ort zum anderen immer nur unsere Ausrüstung. Unser Inneres war gleichsam ein Spiegelbild dieser äußeren Verfassung.

Aus dem Brief an meine Freundin ist der Wille nach seelischer Heimstatt herauslesbar, nach Trost vor der Ungewißheit. Der große Optimismus früher Jugend trägt alles und ließ mich leichter ertragen, was die Naturkatastrophe Krieg über uns gebracht hatte. Alles war mit unseren bisherigen Lebenserfahrungen nicht mehr vergleichbar. Deshalb beobachteten wir unser Umfeld mit erhöhter Schärfe. Irgendwelche Unmenschlichkeiten oder gar Grausamkeiten konnten wir aber auf der Seite der regulären deutschen Wehrmacht nie feststellen, was ganz im Gegensatz zu heutigen Fernsehveröffentlichungen und der Meinung vieler Ausländer steht.

Saß ich doch vor kurzer Zeit im Speisewagen des Intercityzuges München – Frankfurt mit einem sympathischen amerikanischen Bankier zusammen, der im Vietnamkrieg Soldat gewesen war. Wir sprachen über Kriegserfahrungen und die wirkungsvollsten Maßnahmen zur Friedenssicherung mit Realitätsnähe. Ich ging davon aus, mit einem gebildeten Menschen zu reden, der das Kriegshandwerk praktisch kennt. Als wir aber auf Unmenschlichkeiten der regulären Truppen kamen, ob er sie erlebt habe, ob ich sie gesehen hätte, da versiegte seine Auskunftsfreude zusehends. Plötzlich wollte er von sich selbst nicht mehr sprechen ... Er bestritt ganz entschieden meine Behauptung erlebter Ritterlichkeit bei der deutschen Wehrmacht. Da war nichts mehr zu machen. Ich dachte mir nur: Die den US-amerikanischen Heilsbringern in Vietnam erteilte Lehre reicht in die tieferen Schichten der Persönlichkeit, sie wurde von ihnen immer noch nicht verkraftet. Oder sollte man den Verdacht haben, daß ein Bild vom aufrechten deutschen Soldaten heute nicht sein darf, weil es nicht sein soll?

Ich sehe in diesem Komplex eine Rechtfertigung für meinen Bericht, wahr darzustellen, wie ein junger Mann die Kriegswirren in bewußter Anständigkeit überstanden hat.

Ein Jüngling kann ja noch kein Meister sein, auch wenn das von ihm gefordert würde. Ein Jüngling aber hat sehr viel guten Willen. Er meint immer, es irgendwie schaffen zu können, auch wenn äußere Unbilden sein Dasein unsäglich erschweren.

Zur Illustration ein Briefauszug vom 16. Februar 1945:

»Gefahr der geistigen Entwicklung Deutschlands

Es gibt nur noch einen Punkt, den wir mit Gewißheit feststellen können: Wir sind in der entscheidenden Phase des jetzigen Völkerringens! Ist diese Phase kurz, dann haben wir Krieg und Existenzberechtigung als selbstbestimmendes Volk vorerst verloren – wollen wir uns aber letztere erhalten, dann brauchen wir noch etwas Zeit dazu, um das Blatt zu wenden. Eine solche Wendung erhoffen, d. h. wünschen wir uns alle, man kann auch daran glauben, aber dies ist alles, denn vernunftmäßig betrachtet, spricht jetzt alle Wahrscheinlichkeit dagegen. Selbst die Erfindung einer neuen, in ihrer Wirkung ungeheuren sog. ›geheimen‹ Waffe kann uns das erforderliche Übergewicht nicht mehr verleihen, wenn es mit unserer Moralität weiter bergab geht. Nur die moralische Haltung eines höchststehenden Volkes wäre imstande, bei der Beschränkung, die in Zukunft ein solcher Kampf von uns fordert, stark und innerlich gefestigt zu bleiben. Man kann eben aus Luft und Kohle noch keinen Weizen und Roggen machen, wohl aber Sprengstoff und Benzin. Luft ist nun das einzige, von dem wir nach der Besetzung Oberschlesiens und der teilweisen Ausschaltung des Ruhrgebietes das nötige Quantum besitzen.
Aber selbst eine solche Aufbesserung des Zustandes würde uns noch große Opfer abfordern und nicht vergleichbar sein mit dem, was man sich im allgemeinen unter ›Sieg‹ vorstellt. Ebenso wie es diesen Begriff im modernen Geschehen nur noch in den weniger harten Kämpfen gibt, gibt es auch keinen ›Besiegten in Ehren‹, sondern nur einen Vernichteten, dem vielleicht durch einen Glücksumstand noch ein kleines Restchen Dasein bleibt – oder auch nicht – auf deutsch: Ausrottung, Exportation, Massenerschießungen.
Wie leben in einem Zeitalter, wo hinter dem Satz ›Das Ziel rechtfertigt die Methode, es zu erreichen‹ alles übrige

zurücksteht. Für den Typus Mensch des 20. Jahrhunderts ist eben der höchste Lebensstandard für seine Schicksalsgemeinschaft Trumpf und nicht das, wonach in den jenseitigen Bezirken der ewigen Gerechtigkeit gewogen wird, nämlich der moralische Wert seiner Persönlichkeit, d. h. seine mehr oder minder reine Seele. Jeder Idealismus, der noch die reinen Werte der Humanität zumindest wahrte, wurde erstickt zugunsten eines hemmungslosen Utilitarismus zugunsten eines rein materialistischen und verbrecherischen Profitjagens.
Was war denn das Verbrecherische, was die englische Politik einst auf ihre Höhe brachte: die Einheit von Politik und Puritanismus, die Verkörperung fand in dem Satz:
Right or wrong, my country.
Dem setzen wir trotz Bekämpfung einer solchen These entgegen:
Unser Recht heißt Hitler!
Offensichtlich fühlt hier jeder einen Gegensatz, den man mit dem entschuldigen möchte: ›Man muß die verbrecherische Methode mit sich selbst schlagen.‹ Sehr gut. Aber fanden sich je in der Geschichte der verflossenen drei Jahrtausende, die genug Möglichkeiten in sich schließen müßte, Völker, die auf einen materiellen Vorteil deshalb verzichteten, weil er moralisch und ethisch nicht einwandfrei erworben war? Nein, die gibt es nicht, dazu steckt der Idealismus in zu wenigen Köpfen und der Egoismus in fast allen.
Und wo droht dies hinzuführen, wenn wir innerlich nicht stark, ganz stark bleiben, denn nur damit können wir ein Unheil verhüten … selbst im für uns glücklichen Ausgang des Krieges? Dahin, daß wir selbst am Ende so sind, wie die, die wir am Anfang bekämpften.
Entscheidend ist letzten Endes unsere ewige Seligkeit und nicht unser Wohlergehen auf Erden.
Wir dürfen um des letzteren willen uns nicht unser ewiges Glück verscherzen, wir dürfen deshalb nicht zum Verbrecher werden.
Dann zog uns der Krieg herab, und wir verloren mit ihm unsere Seele.
Aber waren solche Opfer von sechs Jahren nötig, um die Seele zu verlieren?«

Dieser Text zeigt die innere Not des Jünglings und die uns beherrschenden »roten Ängste«, denn mit den »braunen Ängsten« hatten wir es geschafft zu leben. Angesichts der russischen Übermacht und unserer eigenen Wehrlosigkeit gegenüber den russischen Schlachtfliegern entstand bei der Truppe mehr und mehr grimmiger Haß gegenüber einem Feind, den wir gar nicht packen konnten. Ich habe mir notiert, daß allein in einer Nacht unser Quartier mit 400 bis 500 Schuß schwerer Granaten, Kaliber 21 cm, eingedeckt wurde, die mit Langrohrgeschützen aus für uns unerreichbarer Entfernung kamen.

Unsere Abteilung war zur Hälfte bespannt, wir alle kannten in unserem Bereich den Namen eines jeden Pferdes. Diese unermüdlichen Helfer genossen hohes Ansehen, weil ihre Einsatzbereitschaft die der Menschen bei weitem überstieg. Immer konnten wir uns auf sie verlassen, auch wenn sie schon schwer verwundet waren. So erlebte ich es auf dem Rückzug, daß ein braunes Pferd durch einen Granatsplitter ein Auge verlor, es hing an seinen Bändern etwa zehn Zentimeter aus der Augenhöhle heraus. Dieses Tier hat dann in diesem Zustand noch seinen kleinen Wagen bis zum Abend gezogen, ehe es durch den Gnadentod erlöst werden konnte.

Die Pferdepfleger liebten ihre Schutzbefohlenen mehr als ihre Kameraden. Wenn bei einem Feuerüberfall Pferde getötet worden waren, dann gab es immer Tränen und lautes Wehklagen. In einem solchen Fall machte ein unbeteiligter Kamerad einmal die Bemerkung: »Für uns hat das aber auch gute Seiten, weil es heute abend Pferdebuletten gibt.« Den Pfleger konnten wir nur mit Gewalt davon abhalten, den Betreffenden umzubringen.

Natürlich sah das alles Stunden später anders aus. Unsere Feldküche verarbeitete das gefallene Pferd wie gewohnt, aber der Pferdepfleger aß nicht mit von seiner Liese.

Kurze Zeit später mußte ein russischer Schlachtflieger nahe bei unserer Unterkunft auf einem Acker notlanden. Das Flugzeug stand etwa 150 Meter vom Pferdestall. Wir liefen aus dem Haus und sahen, wie einer unserer Handwerker mit seinem Karabiner an der Hausecke stand, um auf die beiden Russen zu schießen, die offensichtlich unverletzt ausstiegen. Er war so aufgeregt, daß er sein Gewehr gar nicht richtig bedienen konnte, er vergaß zu entsichern. Als sich kein Schuß löste, lud er durch. Wieder löste sich kein Schuß, und er lud erneut durch – bis das Magazin leer war. Da kam der oben genannte Pferdepfleger mit seinem Gewehr aus seinem Stall, er reagierte eiskalt. Sorgfältig legte er an der Hausecke ein Gewehr auf, stellte die richtige Entfernung ein und erschoß beide Russen im Laufen, die fast den nahen Wald erreicht hatten.

Wir alle waren der Meinung, daß das nicht nötig gewesen wäre, wir hätten die beiden in dem kleinen Wald gewiß geschnappt.

Der Vorfall wurde zum Tagesgespräch, niemand billigte das Vorgehen des Pferdepflegers – auch Tanja nicht, eine Russin, die bei unserer Feldküche arbeitete. Spontan sagte sie:

»Wenn die Macht bei den Russen ist, dann schneide ich dem ... mit dem Messer ein Kreuz in den Rücken.«

Von da an hatte der Pferdepfleger Angst vor Tanja.

An den folgenden Tagen konnte ein russischer Einbruch mit sechs Panzern und etwa 200 Mann abgefangen werden, mit Not und Mühe. Plötzlich machten uns Scharfschützen zu schaffen. Es wurde sehr unruhig. Seit dem 18. Februar hatte ich keine Post mehr erhalten. Köln war von den Amerikanern besetzt worden. Erst am 6. April 45 erreichte mich ein Brief meiner Mutter, die noch rechtzeitig nach Lamspringe bei Hildesheim zu ihrem Bruder herausgekommen war.

Mein Vater hatte mit seinem Bataillon eine Stellung bei Köln-Junkersdorf bezogen, jedoch die Männer sich rechtzeitig nach Hause absetzen lassen. Nach dem Kriege erfuhren wir deren Dankbarkeit. Für meinen pflichtbewußten Vater mag das keine leichte Entscheidung gewesen sein, aber es war gewiß eine richtige Handlung. Sie brachte ihn noch in Gefahr, weil ein Greifkommando angesetzt wurde, um ihn zu verhaften. Gewitzt, wie er war, gelang das nicht. Denn er hatte gut vorgesorgt: Im Obergeschoß unseres Hauses konnte er ein Seil erreichen, außen an der Hauswand. Verborgen in einer Nische des Nachbarhausmauerwerkes, überstand er die offensichtlich nicht sehr lange Suche heil.

Mein Einsatz als Funker wurde in den Turbulenzen der Absetzbewegungen allmählich dramatisch. Kaum hatte man im Sprechfunk ein paar Worte gesagt, war ein russischer Funker dazwischen. Dieser sprach mich Deutsch an: *»Halt die Schnauze, deutsches Schwein!«*

Wir verabredeten dann ein codiertes System des schnellen Frequenzwechsels und konnten uns nur deshalb noch verständigen. Was ich zu übermitteln hatte, war nicht sehr viel. Es ging um die

Lenkung der Absetzbewegungen, immer gipfelnd in dem Befehl unseres Kommandeurs: »Leutnant ... haftet mit seinem Kopf dafür, daß jeder Mann mitkommt.«

Das brauchte ich tatsächlich nicht zu verschlüsseln.

Die Nachrichten aus dem Reich bewegten uns nicht mehr besonders, auch wenn es um die Amtsenthebung Görings ging und darum, daß Hitler »gefallen« sei. Wir waren vollauf mit der Rettung unserer eigenen Existenz beschäftigt und damit, uns in einem befreundeten Land anständig zu verhalten.

Unsere Batterie hatte während des Rückmarsches auf einem Bauernhof einen Ruhetag. Da meldete der Bauer dem Batteriechef, ihm sei ein großer Topf mit Schmalz gestohlen worden. Alle mußten antreten. Wir erhielten den Befehl, den Topf zu suchen. Diese Suche dauerte über zehn Stunden und war tatsächlich sehr unbequem, weil die Unteroffiziere darauf zu achten hatten, daß wir auch tatsächlich ständig intensiv suchten. Wir konnten aber den Topf trotz unseres guten Willens nicht finden.

In der Nacht zum 8. Mai 1945 wurden alle unsere Geräte auf die Eisenbahn verladen – wir sollten sie nie mehr wiedersehen.

Keiner wußte, was geschehen würde. Es gab keine aktuellen Nachrichten.

Korpsgruppe Stockhausen

Mit dem Einholen der deutschen Kriegsflagge am 10. Mai 1945 war für uns formell der Krieg zu Ende. Dennoch herrschte kein Durcheinander, die Disziplin der Truppe auf dem Tanker »Rudolf Albrecht« war tadellos, so wie man es gemäß unserer Erziehung auch erwarten konnte.

Am Tage begegneten wir dem aus Libau ausgelaufenen Geleit von etwa 30 Schiffen und einem britischen Flugzeug mit vier Motoren, das uns bewachend umkreiste. Endlich verloren wir die Angst vor den sowjetischen Unterseebooten, die ja auch nach dem Waffenstillstand noch Jagd auf deutsche Schiffe gemacht hatten.

Wegen unseres Tiefganges hatten wir keine Möglichkeit, ohne Hilfestellung durch die Grundminensperre nach Kiel zu gelangen. Dann kamen zwei deutsche Minensuchboote und geleiteten uns zur Kieler Reede, wo wir gegen 15 Uhr anlangten. Da lagen wir nun den Freitag und Samstag, bewacht von britischen Patrouillenbooten mit Scheinwerfern und Maschinengewehren. Sie schossen auf jeden im Wasser treibenden Gegenstand. So wurde die Versuchung unterbunden, die Seemeile bis zum Ufer schwimmend zurückzulegen. Alle Kameraden diskutierten, schwankend von pessimistischer bis zu optimistischer Einschätzung der Zukunft.

In einem Punkt aber waren alle sehr glücklich: Wir waren dem Iwan noch einmal ausgebüxst. Da wir noch alle Waffen hatten und sich auf dem Schiff auch viel Munition befand, gab es in der Nacht ein prachtvolles Feuerwerk mit wunderbarer Leuchtspurmunition. Die Briten tolerierten unser Verhalten. Samstag nacht brachten sie sogar Verpflegung auf unser Schiff, denn Kameraden ohne »Fluchtverpflegung«, wie Helmut und ich sie hatten, mußten schon ganz schön »Kohldampf schieben«.

Am Sonntag morgen, dem 15. Mai 1945, setzte sich unser Schiff wieder in Bewegung. Wir fuhren nach Heiligenhafen. Uns war nicht klar, wie wir uns verhalten sollten, da bisher keine britischen Soldaten an Bord gewesen waren. Zuerst kam der Befehl, unsere Waffen über Bord zu werfen. Dann aber wurde angeordnet, sie so zu stapeln, daß es die Briten sehen konnten.

Nun kamen sie an Bord. Es waren einfache Soldaten mit Maschinenpistolen. Wir standen so ganz freundlich herum und hoben die Hände hoch. Der Brite wußte offensichtlich auch nicht, wie es weitergehen sollte. Da forderte er einen nach dem anderen auf vorzutreten. Wir folgten und erhielten von ihm einen symbolischen Tritt in den Hintern. Ich sagte: »Thank you, Sir.« Da war das Eis gebrochen, und er wurde sicherer, daß wir ihn verstehen konnten.

Mit Fähren gingen wir an Land, wo wir antreten mußten und unser Hab und Gut untersucht wurde. Schnell merkten wir das Interesse der Briten an Uhren und Füllfederhaltern. Sie nahmen uns diese weg. Auch feststehende Messer wurden abgenommen. Ich verlor meinen Dolch, behielt aber mein großes, feststellbares Klappmesser und konnte Taschenuhr und Füllfederhalter verbergen. Alle wurden genau untersucht, ob sie männlich waren, weil einige Kameraden ihre lettischen Freundinnen in deutscher Uniform mitgenommen hatten. Besondere Aufmerksamkeit galt den Angehörigen von SS-Verbänden, die gegen Entdeckung gut vorbereitet waren. Wir wußten jedoch um ihre Eigenschaft. Der Kamerad, welcher vor Helmut die letzte Kontrolle passieren mußte, war auch SS-Mann. Ein netter blonder Jüngling. In seiner Feldflasche hatte er eine Walther-Pistole PPK Kaliber 7,65 mm versteckt. Keiner hatte das bisher bei der Kontrolle bemerkt. Da ging er an dem britischen Offizier vorbei, dem der Jüngling offensichtlich gefiel. Mit seinem Stöckchen hob er die baumelnde Feldflasche spielerisch an, da klapperte die Pistole. Der Mann wurde sofort als besonders gefährlich regelrecht verhaftet. Er verschwand zusammen mit den Briten, welche uns Marschbefehle hinterließen.

Die Reste der B 62 traten ordnungsgemäß an und formierten eine Marschkolonne. Es wurde ein Lied angestimmt und aus befreiten Kehlen kräftig gesungen. Die Bevölkerung von Heiligenhafen strömte auf die Straßen. Die Menschen gingen neben uns her, hakten sich ein und brachten Blumenschmuck mit Liebesgaben. So hatten wir uns tatsächlich die Heimkehr nach Deutschland nicht vorgestellt! Alle Gesichter blickten heiter, alle Menschen waren froh. Wir traten bewußt diszipliniert auf, so wie es die Bevölkerung offensichtlich von der deutschen Wehrmacht auch erwartete.

Unser Marsch führte über zwölf Kilometer nach dem Flecken Rellin, Kreis Oldenburg, Regierungsbezirk Schleswig, wo wir Quartier machen sollten. Kein Brite war mehr zu sehen. In einem Dorf, das wir passierten, waren deutsche Soldaten unter der Dorflinde. Sie standen so wie Zivilisten herum und gaben bei unserem Vorbeimarsch abfällige Laute von sich. Da fiel uns auf, daß sie alle rote Halstücher trugen. Wir traten also noch zackiger auf. Den Kommandeur ärgerte diese Mißachtung auch, er befahl umzukehren und nochmals an den »Roten« vorbeizumarschieren. Diese hielten nun mit ihren Mißfallensäußerungen inne, offensichtlich zähneknirschend – aber sie wollten ja nicht verprügelt werden.

Gegen 21 Uhr trafen wir in Rellin ein und fanden Platz in einer großen Scheune. Ein britischer Pkw mit zwei Soldaten empfing uns, und diese teilten mit, daß wir von nun an unter Selbstverwaltung stünden. Die Funktion unserer Dienstgrade habe sich nicht verändert, die Offiziere würden ihre Pistolen wieder zurückerhalten und Vergehen ab sofort durch die britische Militärgerichtsbarkeit streng geahndet werden.

Die erste Nacht verbrachten wir nicht sehr gut, weil alle unsere Decken von der See her naß waren. Am nächsten Tage aber schien die Sonne. Wir konnten uns und unsere Sachen waschen und die nähere Umgebung erkunden. Der Bauernhof wurde bewirtschaftet, Vieh war vorhanden, und die Einwohner von Rellin begegneten uns freundlich. Es gab sogar britische Verpflegung: 300 Gramm Brot und 150 Gramm Fleisch. Helmut und ich hatten uns einen schönen Platz im Stroh der Scheune gesichert. Wir überdachten unsere Lage und kamen zu der Befürchtung, daß gewiß angesichts der ständig zuströmenden weiteren deutschen Soldaten bald die Verpflegung knapp werden könnte. So hielten wir Ausschau nach Eßbarem. Es gab praktisch nichts, wenn man nicht den Bauern direkt bestehlen wollte. Da entdeckten wir im Feld eine kleine Miete mit Steckrüben. Wir beschlossen, für schlechte Zeiten vorzusorgen: Wir trugen jeder eine volle Zeltplane in das nahe Wäldchen, wo wir sie gut getarnt wieder eingruben. Später konnten wir von dieser Reserve unseren Hunger stillen – gemischt mit Brennesseln und vielen Weinbergschnecken kochten wir am Straßenrand in einem englischen Kekskanister eine nahrhafte, aber leider salzlose Suppe.

Am 17. Mai 1945 hörten wir, daß auf der bei Eutin abgesperrten Halbinsel etwa 150.000 deutsche Soldaten unter Selbstverwaltung interniert worden seien. Nun organisierten wir unser Gemeinwesen. Es gab eine Dorfwache bei Tag und Nacht, ausgerüstet mit schön geschnitzten, dicken Knüppeln. Die britische Aufsicht brachte in unserem Dorf einen großen Lautsprecher an, aus dem, angekündigt mit den charakteristischen Paukenschlägen, die wohlbekannten Töne von »Radio London Deutschland-Dienst« erschallten. Wir sollten »umerzogen« werden.

Ich meinte, daß das Wort Reeducation sich eigentlich so nicht treffend übersetzen läßt und daß mir der 35jährige Direktor Hugh Carleton Greene keineswegs sympathisch war. Um so mehr schätze ich aber seinen Bruder Graham Greene. Bekanntlich leitete Hugh Carleton von 1940 bis 1946 den BBC-Deutschlanddienst. Bei den Kameraden kam er überhaupt nicht an. 1960 bis 1968 war er Generaldirektor der BBC.

Unser NSFO-Hauptmann Dr. Woike war auch in Rellin, nach wie vor von allen Kameraden hoch geschätzt und mit uns in ständigem Gedankenaustausch über die Zeichen unserer Zeit und darüber, wie wir damit umgehen könnten. In einer solchen Diskussion sagte er einmal:

»Es ist nur einer unter uns, der seine Meinung nicht hat ändern brauchen – der Obergefreite Ernst!«

Gewiß war das übertrieben, weil ich genügend Gesinnungsgenossen kannte – besonders meinen Freund Helmut. Dr. Woike aber bat mich, ihm ein Handschreiben zu verfertigen, aus dem hervorgehe, wie menschlich er mich angesichts der NS-Richtlinien immer behandelt habe. Da das die volle Wahrheit war, gab ich mir bei der Formulierung besondere Mühe.

Leider war unser geliebter Oberleutnant Schnelle nicht mit uns aus Kurland herausgekommen, wohl aber der Pferdepfleger, welcher die russischen Flieger erschossen hatte. Dieser hatte Schnelle in den letzten Stunden in Kurland noch gebeten, Tanja erschießen zu dürfen, da sie ihm ja ans Leder wolle.

Schnelle hatte das selbstverständlich abgelehnt, denn solche Handlungen gab es in der B 62 nie. Der Pferdepfleger machte weiterhin einen schlechten Eindruck, weil er nun stolz verkündete, der Dieb des Schmalztopfes gewesen zu sein. Direkt unter seinem Pferd war er versteckt gewesen, nur zugänglich, wenn man das Tier losband. Kein Wunder, daß wir den Topf bei tagelanger Suche nicht hatten finden können.

Helmut erinnert sich heute daran, daß dieser Pferdepfleger ganz offensichtlich manche Sympathien der Ortsansässigen erlangen konnte. Er berichtete von einem Vorfall, den ich total vergessen hatte. Danach stellte ich Helmut eine Bauerntochter vor, ein hübsches blondes Mädchen. Die Schöne jedoch war mit der Wahl meines Freundes überhaupt nicht einverstanden und gab mir den Rat, doch einen anderen Kameraden als Freund zu wählen: beispielsweise diesen Pferdepfleger!

In diesen Tagen wurde zwar die alte militärische Disziplin wieder voll errichtet, das Verhältnis der Kameraden untereinander war jedoch nicht mehr so wie früher. Daran konnte auch die Nachricht nichts ändern, daß zwei deutsche Regimenter von den Briten wiederbewaffnet worden seien. Alle spekulierten über unser Schicksal, die Vermutungen reichten von Entlassung bis zur Verschickung. Offen zur Schau gestellter Nazi-Haß war plötzlich modern geworden. Wie sich die Fähnchen doch nach dem Winde drehen …

Ich konnte mich in diesen Tagen gut beschäftigen, hatte ich doch einige meiner Bücher gerettet. Besonders der Göschenband 38 Dr. Wilhelm Schenk jun.: »Organische Chemie« von 1939 ist heute noch ein nützliches Erinnerungsstück. In Rellin wurde nun eine Art »Lageruniversität« gegründet, bei der wir alle fleißig mitmachten. Ich hatte belegt:

1. Fortgeschrittenes Englisch
2. Französisch
3. Angewandte Geometrie und Vermessungskunde

Letzteres wurde von Dr. Woike vermittelt – lehrreich und intensiv, so wie wir es von ihm gewohnt waren. Ein sehr hübsches Fräulein Königstein trat als Englischlehrerin auf. Sie war eine Vertriebene aus den Ostgebieten. Wir wunderten uns, daß sie auch während der Unterrichtsstunden nie ihr großes Kopftuch ablegte – es war ja sommerlich heiß. Dann kamen wir dahinter: Man hatte ihr alle Hauptbaare abgeschnitten bei der Vertreibung, sie schämte sich unsäglich. Zu unserer Ortsbesatzung waren einige fremde Kameraden hinzugekommen. Ein Sanitätsunteroffizier fand meine besondere Beachtung, weil er über offensichtlich beträchtliche naturwissenschaftliche Kenntnisse verfügte und eine ganz besondere Persönlichkeit darstellte. Als wir immer vertrauter miteinander wurden, da gestand er mir seine wahre Identität. Er hatte eine Tätigkeit in Peenemünde bei der V2-Waffenentwicklung ausgeübt und sich speziell mit der Zünderentwicklung befaßt. Sein wahrer Dienstgrad war Oberstleutnant, was schon zu seinem Erscheinungsbild passen konnte – aber bewiesen wurde das nie. Dagegen konnte er mir technische Unterlagen über Zünderkonstruktionen zeigen, Berechnungen und Zeichnungen, die sehr wohl zu Raketen hätten passen können. Seine Sorge war, diese Unterlagen könnten in »rote« Hände fallen. Wir haben deshalb einen der großen englischen Kekskanister mit diesen Papieren gefüllt und den Schatz nachts außen an der Friedhofsmauer vergraben.

Als ich bei David Irving etwas über die V-Waffen-Entwicklung las, wurde ich an diesen netten Kameraden erinnert. Irving berichtet von den Bemühungen, Adolf Hitler von den V2-Raketen zu überzeugen. Man argumentierte mit der Überschallgeschwindigkeit der Waffe nach dem Wiedereintritt in die dichtere Atmosphäre und ihrer Tragfähigkeit für 1000 Kilogramm Sprengstoff. Hitler hörte interessiert zu, wies aber dann spontan auf den Umstand hin, daß man so ja nur tiefe Löcher in den Erdboden schießen könne, militärisch zu nichts nütze. Es komme ganz wesentlich auf sehr schnell reagierende Zünder an. So kann man doch nur staunen über die natürliche technische Intelligenz dieses »größten Feldherrn aller Zeiten«, wie ihn Spötter nannten. Das scheint tatsächlich kein Märchen gewesen zu sein, wie sich heute aus Berichten über die damaligen Neuentwicklungen von Panzern, Fluggeräten und Bunkern ergibt. Wer entscheidet, der aber kann auch unvermeidbare Fehler machen – was bei Hitler gewiß der Fall war.

Wie wir es erwartet hatten, wurde unsere Verpflegung immer knapper. Schließlich gab es täglich nur noch sieben Kekse und einen kleinen halben Salzhering. Ab und zu wurde das noch täglich mit 15 Gramm Margarine aufgebessert – zuviel, um zu sterben, zuwenig, um zu leben. Helmut und ich wurden sehr aktiv, wir sammelten viele Weinbergschnecken und brieten diese dann in der Margarine. Brennesseln und Steckrüben kamen noch hinzu, und unser Magen knurrte weniger. Eines Nachts in der Scheune krochen uns sehr viele Weinbergschnecken davon. Die Kameraden schmissen uns beide hinaus.

Alle unsere Überlegungen kreisten ums Essen. So kam ich auf die Idee, die Schrotmühle in der Scheune näher zu untersuchen. Denn jeden Morgen schrotete der Bauer dort Getreide und Erbsen für sein Vieh. Wir fertigten uns geeignete Werkzeuge an, um die toten Winkel der Mühle erreichen zu können. Helmut war besonders hungrig und wurde vom Bauern dabei erwischt, wie er von diesem rohen Schrot aß. Der Bauer nahm Helmut mit ins Haus und gab ihm Bratkartoffeln mit Spiegeleiern.

Mit dem Hungern war es eine besondere Sache. Nach einigen Tagen kam man mit viel weniger Essen aus, ohne bohrenden Hunger zu haben – es blieb nur noch der psychologische Hunger, das Bewußtsein, daß uns mit Absicht Nahrung vorenthalten wurde.

Der bekannte Filmschauspieler Mathias Wiemann kam in unser Dorf und trug Lieder aus dem Dreißigjährigen Krieg vor.

Das »Dennoch-Lied« blieb uns in Erinnerung:

Der goldne Helm fiel uns vom Haupt,
an den wir einst so tief geglaubt –
doch: Kamerad, faß Mut! ...
Denn wer ein rechter Kerl nur ist,
glaubt an sich selbst zu jeder Frist –
drum: Kamerad, faß Mut! ...

Davon aber wurden wir nur geistig satt.

Von unserer alten Batterie waren wir genau 43 Mann. Das half in vielen Wechselfällen unseres Lebens, weil es zuverlässige Kameraden gab. Mitte Juni konnte man als Hilfslandwirt seine Entlassung beantragen. Ich tat das unter Benennung des Bauernhofes eines Vetters in Lamspringe.

Am 20. Juni 1945 marschierten wir 17 Kilometer zum Lager Warendorf, der ersten Stufe zur Entlassung. In einer Marschpause erschien Generaloberst Stockhausen und sprach zu uns. Seine Sorge war unsere seelische Verfassung bei der bevorstehenden Konfrontation mit der von früher her wohlvertrauten Heimat. Wir hatten ja keine Erfahrung mit »roten« Gruppierungen, wir waren die alte militärische Ordnung gewohnt, bei der man doch ganz gut hatte leben können. Unsere Gesichter wurden lang und länger ... Es war eine gute Vorbereitung auf das Zivilleben. Generaloberst Stockhausen machte auf alle Kameraden einen sehr positiven Eindruck; sein Bild paßte zu unserer Vorstellung vom aufrechten und sympathischen deutschen General.

Bis zur eigentlichen Entlassung hatten wir noch verschiedene Stationen zu durchlaufen: Entlassungslager 1, Gruppe Q 4 in Lager 5. Am 26. Juni war die eigentliche Entlassungsprozedur mit Entlausung durch DDT – eine Wohltat. Die britischen Offiziere waren offensichtlich Juden, welche tadelloses Deutsch sprachen – sie behandelten uns ordentlich. Unsere Persönlichkeitsrechte wurden nicht beeinträchtigt. Nach einer Abschlußkontrolle durch britische Mannschaften mit erneuter Jagd nach Uhren und Füllfederhaltern fanden die Formalitäten ihren Abschluß. Ich hatte mit den »Filzungen« ja Erfahrung und hebe meine alte Taschenuhr noch heute auf, mit dem Pelikan-Füllfederhalter schreibe ich immer noch.

Nun kamen wir in das überfüllte Lager 2 unter freiem Himmel bei Regen. Das machte uns nichts mehr aus, weil unsere Gruppe unter der Nummer 432 an der Entlassung in klarer Reihenfolge zwangsläufig teilnahm. Wir warteten zwei Tage und empfingen eine gute Marschverpflegung: 2000 Gramm Brot, 1000 Gramm Wurst, 160 Gramm Butter, 25 Gramm Zucker und 25 Gramm Kaffee. Das war einfach fürstlich!

Am 27. Juni wurden wir zu 30 Mann auf einen Lkw geladen und nach Lüneburg gebracht, wo wir auf dem Speicher einer Kaserne gut nächtigen konnten. Alle Kameraden waren froh, keiner redete mehr von Politik – ob braun, rot oder anders gefärbt. Auf unsere

Uniformen hatten wir ein gelbes Dreieck zu nähen, welches uns als »Entlassene« kennzeichnete.

Nach der Meldung auf dem Arbeitsamt in Alfeld kam ich am 29. Juni 1945 in Lamspringe an, wo mich meine Mutter gegen 14 Uhr in ihre Arme schließen konnte. Keiner von uns hatte zu hoffen gewagt, diese Wirren so unblessiert zu überstehen.

Mein Freund Helmut hatte auch eine gute Adresse für seine Entlassung: Gehilfe in der Gärtnerei seines Schwagers in Woltorf bei Peine. Die letzten Nachrichten hatten nicht darauf hingedeutet, alle Familienmitglieder heil und zusammen an einer Stelle zu finden. Helmut kam vor dem Dorf ein Radfahrer entgegen, der wußte, daß die ganze Familie im ersten Haus recht gesund und munter wohne.

Helmuts Mutter berichtete jetzt, daß sein 15jähriger Bruder in der Nacht intensiv geträumt habe. Er sei laut rufend aufgewacht. Die Mutter habe ihn wieder beruhigt. Er weckte sie aber nochmals auf: »Helmut wird morgen heimkehren!«

Refugio-Bande in memoriam

Ende Juli 1945 kam ich wieder in das geliebte Köln zurück. Unser Haus war noch gut zu gebrauchen. Die alten Freunde fanden sich so nach und nach wieder ein. Wir standen auf der Straße und diskutierten – auch über die schmerzlich vermißten Mitglieder der Refugio-Bande.

Durch den Wechsel in der Regierungsgewalt ergab sich leider ein hohes Maß an Unordnung im Gemeinwesen. In verschiedenen Häusern wurden die Eigentümer ausgewiesen, weil man ihnen etwas »anhängen« konnte, und durch Menschen ersetzt, die auf uns einen sehr ungünstigen Eindruck machten. Sie haben sich Übergriffe gegen unsere Nachbarn und deren Eigentum erlaubt, begründet durch ihre Eigenschaft als »Verfolgte des Naziregimes« oder als Mitglieder des »kommunistischen Ortsausschusses«.

Aber viel häufiger standen wir einfach »nur so« auf der Straße herum, um präsent zu sein mit unseren kunstvoll geschnitzten Knüppeln. Da wurde der Ton in unserem »Roten Tinten«-Viertel wieder »ganz zivil« und gepflegt.

Unsere Pfarrkirche St. Barbara war wieder Treffpunkt und Orientierungshilfe. Das »katholische Dilemma« im Dritten Reich wurde von den Kölnern als nicht so dramatisch empfunden. Offensichtlich auch deshalb, weil sie ja »bei den Römern gelernt« hatten. Durch das unter Hitler abgeschlossene, wenn auch durch die vorhergegangenen Regierungen vorbereitete »Reichskonkordat« und die Aufhebung des Exkommunikationsdekretes der bayerischen Bischöfe gegen alle Mitglieder der NSDAP und ihrer Gliederungen fühlten sich die Katholiken Deutschlands zunächst recht sicher. Aber schon 1937 schrieb Pius XI. seine Enzyklika »Mit brennender Sorge«, wesentlich entworfen von Michael Kardinal von Faulhaber, gegen den Nationalsozialismus und seine Herrschaft. Sie wurde sogar noch von den meisten Kanzeln des Reichs verlesen, in einer Nacht- und Nebelaktion durch Boten zugestellt. Leider hat der Papst sowenig wie sein Nachfolger öffentlich etwas gegen die seit 1933 bereits bekannten Fakten der Diskriminierung und Verfolgung der Juden in Deutschland gesagt.

Den Kölnern lag es näher, durch Taten ihre innere Haltung zu manifestieren: In der Glockenstube St. Barbara lebte drei Jahre lang ein jüdisches Pärchen mit einem dort zur Welt gebrachten Kind, diskret verpflegt durch das Pfarrhaus.

Wir Deutschen sollten immer im Auge behalten, daß wir auch nicht besser sind als viele andere Völker. Auch diese haben schwere Fehler gemacht in ihrem Verhalten. Erst jetzt haben wir durch die Öffnung britischer Archive erfahren, *warum damals die deutschen Judenverfolgungen regelrecht verschwiegen worden sind:* einmal aus echten Zweifeln an der Echtheit der Berichte über die Judenvernichtung in Osteuropa, etwa am Gerstein-Bericht, der über schwedische Diplomaten weitergegeben wurde, zum anderen aber auch aus Sorge vor internationalem Druck, die Zuwanderung nach Palästina für europäische Juden freizugeben – es war die Furcht vor sicherem Ärger mit den Arabern.

Die Notwendigkeit von Selbsterforschungen für die Lebenserfüllung wird heute nicht mehr bestritten. Die Selbstanalyse ist beschwerlich und benötigt Sachverstand. Dazu gehören die akademischen Grundlagen und die Fallbeispiele. Diese können nicht umfassend genug geschildert werden, insbesondere darf der Berichterstatter nicht den Fehler machen, nur bestimmte Fakten zu erwähnen, die er zur Erlangung einer speziellen Problemlösung als notwendig erachtet. Er sollte alles möglichst umfassend und detailliert darlegen, weil er selbst nie wissen kann, zu welchen Analogieschlüssen der Leser dieses Material heranziehen möchte. Denn ein moderner Mensch, der respektiert werden will, hat kein Recht, unwissend und unbewußt *so einfach dahinzuleben*.

Mein ganzes Leben in den Monaten nach der »braunen Zeit« war für mich reine Freude! Ich ging ständig »wie auf Wolken«, hatte mit allen Sachen, die ich anfaßte, Erfolg und entdeckte nach und nach, welche wertvollen Fertigkeiten ich durch die Zeiten des Dritten Reiches erworben hatte – körperliche, geistige und seelische. Das Stahlbad des Krieges hatte mich ertüchtigt, nun hatte ich viel weniger Angst vor den Unbilden des Lebens, die besonders in der Arbeitswelt doch unvermeidbar sind.

Immer blieb mir in Erinnerung, was die »alten Frontschweine« den »jungen Spunden« in Rußland gesagt hatten: *»Richtig mitreden dürft ihr nur, wenn ihr da gewesen seid, wo wir schon hingeschissen haben ...«*

Meine vorsichtige Grundhaltung verstärkte sich weiter, meine Neugierde blieb wacher denn je, und meine kritische Betrachtung der Mitmenschen wurde noch aktiviert. Taten diese doch Dinge, die ich mit meinen 21 Lebensjahren überhaupt nicht verstehen konnte. Beispielsweise aßen sie angebrütete Hühnereier! Sie hielten das für gut.

Helmut hatte sich nun so weit etabliert, daß er wieder auf Wanderschaft gehen konnte, um die Welt zu erkunden. Eines Tages wollte er auch mich in Köln besuchen, traf dort aber viel zu früh ein. Bereits vor sechs Uhr morgens saß er vor unserer Haustüre auf dem Treppengeländer.

Ich hörte die von ihm eingeleiteten Schwingungen und fand ihn dann mit der Bibel als Lektüre auf seinen Knien.